高等职业教育社区管理与服务专业系列教材

社区服务

主　编　刘　燕　贾小波
副主编　李丽敏　崔　静
参　编　李兴红　王　敬　王重阳
　　　　何　萍　何长菊

机械工业出版社

本书重点突出"工作过程导向"的职业教育理念，准确定位高等职业教育人才培养目标，紧扣相关专业人才核心能力，按照"理论够用，突出实务"的原则，最大限度地简化知识体系，强化学生的专业动手能力。全书内容以"模块——项目——任务"为主线，包含认知和实务两个模块，共12个项目，每个项目包括几个具体任务，使学生在完成任务的过程中掌握必要的理论知识和技能。

本书既可作为高等职业院校社区管理与服务、社会工作、公共事业管理等专业（方向）的课程指导用书，使学生能系统、全面地了解社区服务的工作内容和基本方法，为其从事社区服务工作打下坚实的基础，也可作为从事社区工作、社区管理的广大社区干部和基层社区工作者的培训教材和参考用书。

为方便教学，本书配备电子课件、习题答案、试卷等教学资源。凡选用本书作为教材的教师均可登录机械工业出版社教育服务网 www.cmpedu.com 下载。咨询电话：010-88379375；服务 QQ：945379158。

图书在版编目（CIP）数据

社区服务 / 刘燕，贾小波主编．—北京：机械工业出版社，2021.10（2025.2 重印）
高等职业教育社区管理与服务专业系列教材
ISBN 978-7-111-69352-9

Ⅰ．①社… Ⅱ．①刘… ②贾… Ⅲ．①社区服务—中国—高等职业教育—教材 Ⅳ．① D669.3

中国版本图书馆 CIP 数据核字（2021）第 205120 号

机械工业出版社（北京市百万庄大街 22 号 邮政编码 100037）
策划编辑：孔文梅　　责任编辑：孔文梅
责任校对：刘宏艳　　封面设计：鞠　杨
责任印制：邹　敏
北京中科印刷有限公司印刷
2025 年 2 月第 1 版第 8 次印刷
184mm×260mm・14.75 印张・325 千字
标准书号：ISBN 978-7-111-69352-9
定价：49.00 元

电话服务	网络服务
客服电话：010-88361066	机 工 官 网：www.cmpbook.com
010-88379833	机 工 官 博：weibo.com/cmp1952
010-68326294	金 书 网：www.golden-book.com
封底无防伪标均为盗版	机工教育服务网：www.cmpedu.com

前言

经过多年发展，我国的社区工作者在社区服务领域积累了许多宝贵经验，取得了不少理论研究成果。为了更好地满足社区居民多样化的需求，促进社区服务的进一步发展，很有必要将社区工作者的实践经验与教育理论工作者的研究成果梳理出来，以供大家参考。虽然近年来我国社区服务的专业教育快速发展，但是可用的教材却非常有限且内容已较为陈旧，大多重理论、轻实务，不太符合高职院校对学生实务能力培养的目标，不能满足教学的需求，亟待更新。因此，我们特别邀请了一批经验丰富的一线社区工作者参与本书的编写，以增强本书的可操作性和应用性。同时，本书设计了教学环节相关要素，方便学生自主学习。

本书重点突出"工作过程导向"的职业教育理念，准确定位高等职业教育人才培养目标，紧扣相关专业人才核心能力，按照"理论够用，突出实务"的原则，最大限度地简化知识体系，强化学生的专业动手能力。本书内容以"模块—项目—任务"为主线，包含认知和实务两个模块，共12个项目，每个项目包括几个具体任务，使学生能够在完成任务的过程中掌握必要的理论知识和技能。

本书由刘燕和贾小波主编，各项目撰写的具体分工如下：崔静编写项目一、十一，刘燕编写项目二、九，何萍编写项目三，李丽敏编写项目四、六，王重阳编写项目五，李兴红编写项目七、十，何长菊编写项目八，王敬编写项目十二。刘燕和贾小波共同负责最后的统稿和定稿工作。刘燕、贾小波、李丽敏、崔静、何长菊均为重庆青年职业技术学院教师，王敬为天津天狮学院教师，李兴红为重庆市渝北区益群社会工作服务中心副主任，王重阳为珠海市瑞众社会工作服务中心负责人，何萍为重庆市忠县心一社会工作服务中心项目主管。

在编写过程中，我们引用和参考了许多学者的研究成果，在此表示最真挚的感谢！

为方便教学，本书配备了电子课件、习题答案、试卷等教学资源。凡选用本书作为教材的教师均可登录机械工业出版社教育服务网www.cmpedu.com免费下载。如有问题请致电010-88379375，服务QQ：945379158。

目前，我国的社区服务正处于不断完善的过程中，加之编写团队的能力和水平有限，书中难免存在不当之处，恳请广大专家、学者、同行和读者批评指正，以利于我们在实践中继续修改和完善。

编　者

二维码索引

序号	微课名称	二维码	页码	序号	微课名称	二维码	页码
1	社区服务的内涵		3	9	社区老年服务的内容		76
2	社区服务的内容		10	10	社区老年服务的基本类型		81
3	我国社区服务队伍的构成		18	11	社区妇女服务的特点		99
4	我国社区服务队伍的建设思路		28	12	社区妇女服务的内容		101
5	我国主要的社区服务模式		34	13	社区残疾人服务的内容		118
6	撰写社区服务项目书		42	14	社区矫正服务的内涵		133
7	社区青少年德育服务的内容		53	15	社区矫正工作者		136
8	社区青少年服务项目分类		66	16	社区优抚服务的内涵		149

(续)

序号	微课名称	二维码	页码	序号	微课名称	二维码	页码
17	社会工作介入社区优抚服务的策略		158	21	社区再就业服务的工作方法		196
18	社区流动人口服务的内容		171	22	社区社会保障服务的内涵		208
19	社区流动人口服务项目的设计		182	23	开展社区社会救助服务活动的技巧		221
20	社区再就业服务的内容		194				

目录 Contents

前言
二维码索引

模块一　社区服务认知

项目一　走进社区服务 2
　　任务一　认识社区服务 2
　　任务二　把握社区服务的原则、内容与运行机制 8
　　课后作业 16

项目二　构建社区服务队伍 17
　　任务一　认知社区服务队伍的构成及素质要求 17
　　任务二　探讨我国社区服务队伍建设的现状及思路 24
　　课后作业 32

项目三　认知社区服务工作方法 33
　　任务一　熟悉社区服务模式及工作方法 33
　　任务二　设计社区服务项目 39
　　课后作业 48

模块二　社区服务实务

项目四　开展社区青少年服务 50
　　任务一　探讨社区青少年服务的内涵与内容 50
　　任务二　掌握社区青少年服务的工作方法 58
　　任务三　设计与实施社区青少年服务项目 65
　　课后作业 71

项目五　开展社区老年服务 73
　　任务一　探讨社区老年人及老年服务的内容 73
　　任务二　掌握社区老年服务的类型与工作方法 80
　　任务三　设计与实施社区老年服务需求评估及项目方案 86
　　课后作业 95

项目六　开展社区妇女服务 97
　　任务一　探讨社区妇女服务的内涵与内容 97

  任务二 掌握社区妇女服务的工作方法 104
  课后作业 110

项目七 开展社区残疾人服务 112
  任务一 探讨社区残疾人服务的内涵 112
  任务二 掌握社区残疾人服务的内容 118
  任务三 设计与实施社区残疾人服务项目 124
  课后作业 130

项目八 开展社区矫正服务 132
  任务一 探讨社区矫正及矫正对象的内涵 132
  任务二 掌握社区矫正服务的基本价值理念与专业方法 138
  课后作业 147

项目九 开展社区优抚服务 148
  任务一 探讨社区优抚对象与优抚服务的内容 148
  任务二 掌握社区优抚服务的工作方法 154
  任务三 组织与开展社区优抚服务活动 163
  课后作业 166

项目十 开展社区流动人口服务 168
  任务一 探讨社区流动人口服务的内容 168
  任务二 掌握社区流动人口服务的工作方法 175
  任务三 设计与实施社区流动人口服务项目 181
  课后作业 187

项目十一 开展社区再就业服务 189
  任务一 探讨社区再就业服务的内涵与内容 189
  任务二 掌握社区再就业服务的工作方法 196
  课后作业 203

项目十二 开展社区社会保障服务 205
  任务一 探讨社区社会保障服务的基础与内容 205
  任务二 掌握社区社会保障服务的工作方法 211
  任务三 设计与实施社区社会救助服务活动 219
  课后作业 224

参考文献 226

模块一 / Module 1

01 社区服务认知

项目一　走进社区服务 // 2

项目二　构建社区服务队伍 // 17

项目三　认知社区服务工作方法 // 33

项目一　走进社区服务

项目概述

本项目通过介绍社区服务的内涵、特征及功能，阐述社区服务的原则和内容，探索我国社区服务的运行机制，以使学生能够结合实际，把握社区服务的内涵和内容，从而为后续项目的学习做好铺垫。

学习目标

知识目标：明确社区服务的内涵；理解社区服务的特征、功能和原则；掌握社区服务的内容；了解社区服务的运行机制。

能力目标：能够根据社区服务的内涵、原则及内容灵活地开展各项社区服务。

任务一　认识社区服务

任务描述

作为一名社区工作者，为了更好地展开社区服务，必须弄清楚社区服务及其服务对象的内涵，同时明确社区服务的特征和功能。

案例导入

社工站向社区空巢老人送关爱

每年重阳节之际，各个社区就会组织开展丰富多彩的主题活动，为辖区的空巢老人送上节日的问候。其中，柳州市柳南区潭西街道潭西社区红蜡烛社工站携手结对共建单位，开展了关爱空巢老人服务活动，为社区空巢老人送去关爱。

据悉，红蜡烛社工站以"社区指导、社工组织承办、志愿服务者参与"的方式，给空巢老人送上个性化的社会服务。具体服务内容包括：首先，社工站成立"关爱慰问""圆梦微心愿""居家安全宣传""幸福之约"四个志愿服务活动小组；其次，通过开展"微微烛光""情暖四季"等关爱帮扶活动，以"家门口"服务模式向空巢老人提供服务；最后，创建如"一季一品、一季一展"服务品牌，不仅提升了政府和社区的服务水平，居民的幸福感也明显增强。

截至2018年10月16日，柳南区社工联合社区志愿者先后开展了端午、中秋、重阳、春节等主题服务活动，已累计开展服务500人次、1800小时、900项次，发放慰问物资600份次，深受社区居民的赞扬。

案例思考

1. 结合案例，谈谈你对社区服务的理解。
2. 社区服务的对象除了老人，还应包括哪些群体？

知识链接

随着我国市场经济的发展和改革开放的不断深入，城市社区服务在提高居民生活质量，化解社会矛盾，扩大就业，提高人民群众的获得感、幸福感、安全感，促进社会稳定等方面发挥了重要的作用，是我国社会福利社会化改革的重要组成部分，属于城市基层工作的范畴，是正在发展的朝阳事业，具有丰富的内涵。

一、社区服务的内涵

（一）社区服务的含义

社区服务是我国一个特有名词，这个词在西方国家用得不多，他们一般把立足于社区的社会服务统称为"社区照顾"或"社区工作"。19世纪80年代，"社区照顾"首先出现在英国——第一座社区睦邻中心汤恩比馆在伦敦东区建立，20世纪30年代后被英国政府正式纳入社会福利政策范畴，并用"社会服务""社区照顾""儿童及青少年照顾""老人照顾"等相应词汇来指代一些机构在社区内开展的服务、由社区提供的服务，或政府与个人等为了社区发展所提供的服务。

在我国，社区服务是改革开放以后新出现的一种服务事业。"社区服务"这一叫法是20世纪80年代起才在我国得到广泛使用，但是内容与其相近的"民政福利性"社会服务在新中国成立之初便一直存在。随着我国经济体制的改革，这类服务在20世纪70年代末悄然开始向新型的社区服务转变，至20世纪80年代中期迅速展开，我国民政部于1987年首次明确提出了社区服务的概念。自民政部倡导社区服务以来，社区服务已从最初探索社会福利和职工福利，开始向社会生活更广泛的领域拓展和延伸，这对于促进经济发展、社会安定以及人民生活质量的提高均发挥了重要作用。

本书所说的社区服务是指以社区为一定的活动空间，依靠政府、社区居委会和其他各方面力量，直接针对社区居民的需要和问题，提供社区公共服务和便民利民的物质文化生活服务。它具有地域性、公益性、群众性等多重特征。社区服务是一种互助合作、互益共建的社会行动，不能单纯依赖政府或某个组织，而要充分挖掘社区的自身资源，达成广泛的关注和积极的参与，从而形成一种主动的、双向的和互益性的参与分享机制。

社区服务的主要任务是面向社区青少年、老年人、妇女、残疾人、矫正人员、优抚对象、流动人口、失业人员等群体，开展面向社区居民的便民利民的物质文化生活服务，面向社区单位的后勤保障社会化服务，面向下岗失业人员的再就业服务以及社会保障社会化服务。

（二）社区服务对象

社区服务对象是指社区工作者开展服务的指向人群，既包括面向弱势群体、优抚对象及边缘人群的社会救助和福利服务，又包括面向一般社区居民的便民利民的日常生活服务。

1. 特殊群体

（1）弱势群体。各类弱势群体是指在经济、社会竞争中处于不利地位而存在种种生活困难的人群，如青少年、老年人、妇女、残疾人、社区矫正人员、流动人口、失业人员、最低生活保障对象等。

（2）优抚对象。优抚对象是指优抚工作的特定保障对象，根据我国《军人抚恤优待条例》规定，包括中国人民解放军现役军人、服现役或者退出现役的残疾军人以及复员军人、退伍军人、烈士遗属、因公牺牲军人遗属、病故军人遗属、现役军人家属为该条例规定的抚恤优待对象，按规定享受抚恤优待。

（3）边缘人群。边缘人群是一个相对于主流社会而言的一个群体概念，主要是指被社会忽视或极少关注的群体，被主流（主流社会、主流人群、主流意识形态、主流文化、主流经济等）所排斥、不包容的群体。

2. 一般社区居民

只要是辖区范围内的居民，不分年龄、性别、民族、职业、文化程度、婚否，都属于社区服务的对象，均可享受基本的社区服务。

（三）社区服务与商业服务的区别

在我国，社区服务具有双重属性，既是一项事业，又是一种产业。作为事业，社区服务是不以营利为目的的专业型社会服务；作为产业，社区服务是一种特殊的第三产业，其特殊性主要表现在社会福利属性上，开展社区服务必须以维护和保障社区特殊困难群众和大多数居民的基本生活权益为出发点，强调其社会福利属性，坚持把社会效益放在首位，防止为了片面追求经济效益而牺牲社会效益。因此，社区服务有别于商业服务，具体区别见表1-1。

表1-1 社区服务与商业服务比较表

服务类型	服务对象	服务目的	行业性质	服务方式	服务效果
社区服务	优先考虑社区的弱势群体，其次是社区其他居民	非营利	福利服务事业	无偿、低偿、有偿服务相结合	社会效益
商业服务	面向社区所有成员	营利	市场竞争	有偿服务	经济效益

二、社区服务的特征

社区服务具有地域性、公益性、群众性、互助性、综合性。其中，公益性是社区服务的本质特征。

（1）地域性。社区是人们从事社会活动的场所，因此社区服务是在一定区域范围内，以街道和社区居委会为依托所从事的社会服务行业。在我国，城市社区服务以街道、居委会、小区为依托展开，农村社区服务以村、镇为依托展开，具有明显的地域性特征。

（2）公益性。公益性或者福利性，指社区服务不以营利为目的，以福利服务为主，根据不同的服务对象和服务内容实行无偿服务、低偿服务或有偿服务。社区服务首先着眼于最需要帮助的弱势群体，因而从本质上看，社区服务是一项公益事业，并把社会效益放在首位，旨在提高社区的福利水平。

（3）群众性。群众性是指动员广大社区成员和社会各方力量广泛参与社会服务，人人都是服务对象，人人都是服务者。所以，从某种程度上讲，社区服务就是一种群众自我服务的方式，群众的事情由群众自己办理，既依靠社区居民，又服务于社区居民。

（4）互助性。互助性是指社区服务依靠社区单位和广大居民互助互济、互相补偿，发挥各自的专长和优势，做到资源共享，通过互助的方式解决社区自身的实际困难和问题。

（5）综合性。综合性是指社区服务是个复杂的系统工程，涉及许多政府职能部门，如工商、城管、市政、文化、卫生、环卫、公安等，需要这些部门齐抓共管，在工作上给予指导，在政策上给予支持。社区服务的主体包括社区内的政府、街道办事处、社区组织、第三方组织机构和个人，具体的执行主体包括以居委会为代表的社区工作者、各种社会团体的工作人员、志愿者等。

三、社区服务的功能

社区服务的特点决定了社区服务的功能定位。从目前来看，社区服务主要发挥了以下几个方面的功能。

1. 解难功能

社区服务以社区为活动领域，以社区居民为服务对象，以解决社区本身的矛盾和问题为基本出发点和基本任务，因而具有明显的排忧解难功能。

2. 协调整合功能

社区工作者一方面可以将社区范围内独特的地理资源、人力资源、环境资源、人文资源等整合起来，更好地发挥作用；另一方面应特别注重整合社区里各种有益的人际关系，使这种人际关系成为解决困难的资源，同时又能促进社区居民对社区的归属感和认同感。此外，社区工作者还应整合社区服务的各种功能，以更好地满足社区居民的多样化需求。

3. 调解预防功能

社区工作者在服务过程中，除了帮助居民解决已经产生的矛盾或者问题，还应运用"社区漫步"等社会调查方法掌握社区各方面的情况，对于一些可能会出现的问题做到心中有数，并通过及时的干预和服务来有效防止一些问题的出现，甚至扩大化。

4. 稳定功能

根据社区服务的性质、目的和内容，社区服务的基本职能体现为互助互济、协调人际关系、缓解社会矛盾、解决社会问题、稳定社会秩序，而这些职能的发挥必将促进社区稳定。例如，社区通过民事调解服务解决了社区内大量存在的民事纠纷，避免了矛盾的扩大化和重大刑事案件的发生。同时，通过门卫管理、安全巡逻等服务，有效地进行了防盗、防火等社会治安工作，直接稳定了社会秩序。

5. 满足功能

党的十九大报告中明确指出，中国特色社会主义进入新时代，我国社会主要矛盾已经转化为人民日益增长的美好生活需要和不平衡不充分的发展之间的矛盾。从"人民日益增长的物质文化需要"到"人民日益增长的美好生活需要"的转变可以看出，居民的需求不再仅仅停留在物质生活层面，还表现出多样化的需求。社区工作者通过开展各种丰富多彩的社区活动，在一定程度上能够更好地满足居民多层次的需求。

> **典型案例**

加强社区阵地建设　完善社区服务功能

河南省长葛市于2018年新建成的15处规范化社区目前已全部投入使用，为进一步完善社区服务功能，充分发挥社区阵地作用，创新社区工作方式，市社区办多措并举，助推社区服务功能提升。

（1）搭建文化活动平台。开设社区"百姓文化讲堂"，由社会文化志愿者、党员志愿者组成宣讲团，为社区居民开展定期宣讲。依托社区文体活动中心、图书阅览室、多功能室等场所和设施的作用，积极培育业余文体团队，组建书法、绘画、戏曲、广场舞等各类群众性活动团体，满足党员群众的精神文化需求，进一步丰富社区居民的精神文化生活。

（2）搭建互帮互助平台。统筹社区各类资源，组织动员社会各界爱心人士、志愿者和在职党员、社区工作人员开展社区困难居民"微心愿"认领活动，使他们感受到社区大家庭的温暖。

（3）开展各类公益活动。开展"口腔义诊"进社区活动、"庆佳节送春联"活动、社区"居民一家亲共度佳节"活动，组织社区儿童参加"学国学·读经典"阅读活动。

（4）实施"便民式"服务。依托社区便民服务大厅，在做好现有公共服务的基础上，还推出了多项全天候特色服务措施，提供"代办、代邮、上门办、预约办"等服务。通过实施"联合办公""一站式服务"，逐步实现公共服务全覆盖，让辖区居民"少跑一趟路、少走一扇门、少等一分钟"。

拓展阅读

我国社区服务的发展历程

我国社区服务的产生和发展大致经历了三个阶段。

第一阶段：社区服务的产生与推广阶段（1986—1993 年）。

国家民政部于 1986 年第一次提出了在城市开展社区服务的要求，随后于 1987 年在大连召开的民政工作会议上指出，社区服务是"在政府的领导下，发动和组织社区内的成员开展互助性社会服务活动，就地解决本社区的社会问题"。同年 9 月又在武汉召开了"全国城市社区服务工作座谈会"，倡导在城市开展以民政对象为服务主体的社区服务，并在全国部分城市进行社区服务试点工作，同时对社区服务的内容进行了定位，提出城市社区服务应从七个方面做起，即老人服务、残疾人服务、优抚对象服务、困难户服务、儿童服务、家庭服务以及其他便民服务，逐步形成服务网络，并不断延伸和扩展。这次会议揭开了我国社区服务的序幕，标志着我国城市社区服务的产生。1989 年 9 月，民政部在杭州召开全国城市社区服务工作经验交流会，总结交流试点经验，并印发了《全国城市社区服务工作经验交流会议纪要》，明确了社区服务的指导思想，要求在全国全面普及社区服务工作。到 1992 年年底，全国有 70% 以上的街道开展了社区服务，各类社区服务设施 11.2 万个。

第二阶段：社区服务的巩固发展阶段（1993—2006 年）。

1993 年 8 月，民政部、国家计委、财政部等中央 14 个部委联合颁布了《关于加快发展社区服务业的意见》。这是民政部在全国倡导开展社区服务以来出台的第一个政策性文件，标志着社区服务作为一种特殊产业进入了新的发展阶段。该意见将社区服务业作为新兴社会服务业确定为第三产业，提出要发动国家、集体和个人的积极性，依靠社会各方面力量，推动社区服务业全面、快速地发展。在此基础上，民政部于 1994 年年底在上海召开全国社区服务经验交流会，进一步澄清了社区服务发展中存在的一些模糊认识，重申了社区服务的福利服务宗旨和坚持社会效益为主的基本原则。同年 10 月，国务院在北京召开了全国社会发展工作会议，将社区服务列入《全国社会发展纲要》。

第三阶段：社区服务全面发展阶段（2006 年至今）。

2006 年 4 月，国务院发布了《关于加强和改进社区服务工作的意见》，首次将社区公共服务领域的立法从部委规章的层面上升到国家法规的层面，提出要通过努力，逐步建立与社会主义市场经济体制相适应、覆盖社区全体成员、服务主体多元、服务功能完善、服务质量和管理水平较高的社区服务体系，努力实现社区居民困有所助、难有所帮、需有所应。该意见中明确了社区服务重点领域和内容包括：社区就业服务，社区社会保障服务，社区救助服务，社区卫生和计划生育服务，社区文化、教育、体育服务，社区流动人口管理和服务，社区安全服务。该意见的颁发标志着我国社区建设工作进入了一个崭新的阶段。随后,民政部于 2007 年 3 月出台了《全国农村社区建设实验县(市、区)工作实施方案》,在全国各地积极推进新型农村社区建设,使农村社区服务设施建设步伐明显加快,设施数量不断增加,覆盖面不断扩大,农村社区服务对象和内容得到拓展。

任务二 把握社区服务的原则、内容与运行机制

任务描述

社区工作者在开展社区各项服务之前,必须准确掌握社区服务的原则、内容与运行机制,这样才能结合不同服务对象的特点提供有针对性的服务,以满足服务对象的多样化需求。

案例导入

某老旧社区的居民对社区服务有强烈需求,然而该社区居委会人手紧张,服务供给有限。为此,社区居委会引进了一家社会工作机构,希望借助专业力量加强社区服务。该社会工作机构在社区走访中发现,社区中已有居民骨干自发组织了一些活动。进一步调查后了解到,有些居民骨干认为,大家组织起来就为了自娱自乐,不要多管闲事;有的居民骨干虽然想为居民们做点事,但不知道该怎么做;还有的曾经尝试过开展社区服务,但看不到成效,感到很无力,没能坚持下去。同时,这些居民骨干开展活动面临缺少服务场地、设备、资金和人员等困难,也不知道该如何去争取资源。

案例思考
1. 该社区面临的主要困境及需求有哪些?
2. 针对该社区目前的困境,探讨解决的办法。

知识链接

一、社区服务的原则

社区工作者在服务过程中必须要坚守一定的服务原则才能确保服务的质量。

1. 理论指导原则

长期以来,我们把社区服务等同于给群众解决困难,等同于"送温暖",而忽视了专

业性的理论研究和理论指导，没有认识到社区服务是社会工作的重要组成部分，以致不能很好地解决社会问题，对社区的发展也没有产生相应的推动作用。因此，当前必须结合社会工作的学科建设，强调理论指导的原则，从宏观上提升社区服务的水平和效果。

2. 以人为本原则

"以人为本"要求社区服务的工作人员和社区服务的相关管理制度都必须从尊重、团结、爱护服务对象的愿望出发，尊重人、理解人、关心人，坚持以诚待人、以情感人。只有这样，社区成员及社区服务的接受对象才会减少心理上的隔阂，真心、平等地接受服务；才会乐意接近提供服务的人员和机构，予以积极配合，从而提升社区服务工作的有效性。

以人为本原则既是科学发展观的核心，也是建设和谐社会的需要，还是改进社区服务工作要把握的第一原则。社区工作者在社区服务过程中要主动关心社区成员的生活，了解其真实和急迫的需求，尽力为其解决实际问题。另外，还要尊重社区成员，开发每个人的潜在能力，为每个社区成员的发展提供充分且必要的条件，调动群众的积极性，发挥群众的主动性与创造性。

3. 全面规划原则

社区服务的对象是全体社区成员，内容涉及物质和精神的方方面面，服务人员有专业和非专业、志愿者和职业者、个人与单位的不同，方法有专业性的心理疏导和实际帮困的区分，因此，对于社区服务这样一项复杂的系统工程，必须进行全面的综合规划。在现代社会，无论城市社区、农村社区还是集镇社区，社区服务都是社会发展的重要组成部分，除了社会发展的总体规划之外，对社区服务也要有全面规划，对服务项目的设定、人员的组织、资金的筹集、工作的落实等都要有全面的规划。

4. 突出重点原则

尽管社区服务是以全体社区成员为对象，但是要从帮助弱者、增强社会福利的目的来看，社区服务必须在兼顾一般的同时突出重点，把有限的经费和力量用在重点扶持的对象和重要项目上。当前，随着社会的发展和市场经济的不断深入，社区内也出现了一些亟须解决的棘手问题，如老年人问题，产业结构、劳动力结构等调整过程中的下岗失业人员问题，贫困现象以及就医困难等问题，这些问题不仅使当事人面临较大困难，而且使社区的稳定和发展受到很大影响，必须作为社区服务的重点加以解决。

5. 自我服务和自我发展原则

就性质来说，社区服务是一项群众性的自我服务活动。社区成员既是服务的客体又是服务的主体，既是服务的对象又是服务的参与者与工作者。为此，发动社区群众积极参与、互相帮助，是做好社区服务的基础和条件。自我服务的同时，既要实现社会效益，又要注意经济效益，实行"义务、有偿、经营"三者并举的方针，区别不同服务对象，在对弱者实行义务服务的同时，又要实行微利经营，做到为民、便民、利民，促进社区发展。

二、社区服务的内容

（一）针对社区特殊群体提供的社区服务

1. 社区青少年服务

青少年是社会上最具活力的一个群体，他们是社会发展的生力军和后备力量，其发展状况关系到未来社会的良性运行与协调发展。因此，社会各方面力量，包括家庭、社区、政府组织及非政府组织，都要关注并促进青少年在生理、心理和社会适应等方面实现健康发展。

青少年的成长内容是多层次、多元化的，不仅体现为学业成绩的提高，还表现为体育、德育、创造力和组织能力的发展。社区青少年服务主要包括教育服务、心理援助服务及行为矫正服务。

2. 社区老年服务

社区老年服务是社区服务最基本的内容之一。国际上通常把60岁以上的人口占总人口的比重达到10%，或65岁以上人口占总人口的比重达到7%，作为国家或地区进入老龄化社会的标准。以此为标准，我国自2000年已进入老龄化社会。据2021年5月国家统计局发布的第七次全国人口普查数据显示，近10年间，我国已经跨过了第一个快速人口老龄化期，我们很快还需应对一个更快速的人口老龄化期。2020年，我国大陆地区60岁及以上的老年人口总量为2.64亿人，已占到总人口的18.7%（其中，65岁及以上人口为19 064万人，占总人口的13.50%）。自我国2000年步入老龄化社会以来的20年间，老年人口比例增长了8.4个百分点，其中，从2010年第六次全国人口普查到2020年第七次全国人口普查的10年间升高了5.4个百分点。积极应对人口老龄化的现实迫切性空前凸显，党的十九届五中全会应势而为地将其上升至国家战略的高度。由此可见，对于老年人的照顾服务已迫在眉睫。

目前，社区老年服务的内容包括：①生活照料类，为老年人提供托老、购物、送餐、代购物品、家政服务等一般照料和陪护等特殊照顾服务；②医疗保健类，建立健康档案，为老年人提供陪护、陪伴看病、疾病防治、康复护理、心理卫生、健康教育等服务；③文化教育类，为老年人提供老年学校、知识讲座、学习培训、书法绘画、图书阅览等服务；④法律维权类，为老年人提供法律法规咨询、法律援助及维护老年人赡养、财产、婚姻等合法权利等服务；⑤体育健身类，为老年人提供活动场所、体育健身设施等服务；⑥志愿服务类，为老年人提供邻里互助、定期看望、电话问候、谈心交流等服务；⑦应急救援服务类，社区居家养老服务为有需要的独居、有突发疾病的老年人安装"一键通"电话，利用社区服务中心平台，及时发现并紧急处理老年人遭遇的各种疾病和意外事件。

3. 社区妇女服务

社区妇女服务是指在社区范围内，针对妇女的自我成长，在参与政治、经济、社会、文化的过程中遇到的群体或个体问题而展开的社会服务。服务内容主要包括妇女价值认知服务、维护妇女合法权益服务、健康保健服务、优生优育服务、婚姻家庭咨询服务、文娱体育活动服务。

4. 社区残疾人服务

为残疾人提供服务是社区服务的最基本内容之一，体现着社会的文明与进步。残疾人由于自身的障碍和需求的多样性，需要更广泛、更有针对性的服务，是社区服务工作的重点对象。残疾人服务项目包括康复服务、生活保障、就业服务、法律援助、文化生活等。

5. 社区矫正服务

社区矫正服务包括帮助社区矫正对象解决面临的现有困难和问题，通过个别谈话、集中学习、技能培训等方式，对社区矫正服务对象展开法律知识、行为准则、就业能力和人际关系等方面的培训；充分发动社会各阶层的力量，发挥社区资源的社会功能，帮助社区矫正对象顺利完成再社会化。

6. 社区优抚服务

社区优抚服务包括开展多种形式的拥军优属活动，帮助优抚对象解决住房、就医和日常生活困难；帮助行动不便者及时领取国家抚恤金、政府定期定量发放的补助和临时补助；对现役军人家属的就业、就学、入托等提供切实帮助；经常开展军民联谊活动等。

7. 社区流动人口服务

据 2021 年 5 月国家统计局发布的第七次全国人口普查数据显示，我国有流动人口近 3.76 亿，与 2010 年相比增加了 69.73%。我国经济社会持续发展，为人口的流动创造了条件，人口流动趋势更加明显，流动人口规模也进一步扩大。流动人口管理是城市住民管理中的一大核心点。目前，社区流动人口服务主要包括法制管理、户籍管理、劳务管理、治安管理、人口管理、社会管理和服务管理（如教育培训服务、提供招工信息、出租房屋、登门办证）。

8. 社区下岗失业人员服务

下岗失业人员仍是社区主流的弱势群体，社区在促进下岗失业人员再就业工作中发挥着桥梁和纽带作用。目前，针对下岗失业人员的社区服务主要包括提供就业信息、职业指导、劳动技能培训，开发、提供就业岗位和社会保障的社会化服务。

（二）面向社区居民的便民利民服务

面向社区普通居民的便民利民的日常生活服务，与一般意义上的慈善事业不同。我国城市社区服务兼有"福利服务"和"方便人民生活"的双重任务，发挥着社会保障和社会服务双重功能。如果说面向各类弱势人群和优抚对象的社区服务，主要体现了它的福利服务和社会保障功能的话，那么，为广大居民群众提供社区服务则是它的社会服务功能的一种重要表现。面向社区居民的便民利民服务有以下几种：①以社区居民生活为中心的服务，包括开办社区商店、开办社区医疗、设立代办服务、完善社区服务体系；②以改善社区环境为中心的服务，包括解决现存的环境污染问题（如垃圾分类、居民楼道及门前环境卫生的保护、消除火灾隐患）、社区绿地建设与维护（绿化面积的维护和扩大、噪声污染处理、"四害"治理等）；③以房屋为中心的服务，包括提供房屋产权政策咨询及其他业务服务等；④以社区医疗卫生为中心的服务，包括疾病预防、医疗诊断、医疗康复、健康咨询等。

本书探讨的社区服务内容主要是针对社区特殊群体提供的社区服务。

三、社区服务的运行机制

目前，我国的社区服务事业已经在全国各地轰轰烈烈地开展起来，历经数十年的发展，已在资金筹措、人力资源整合以及管理模式方面逐渐积累了一些经验，推动了整个社区服务的运行与发展。

（一）社区服务的筹资模式

社区服务的无形资源——资金，是保证社区服务事业持续运转的物质基础，也是衡量一个地方社区服务事业发展水平的重要标志。从我国目前情况来看，社区服务资金的供给渠道及状况主要包括：

（1）政府对社区服务的资金投入。社区服务作为社会保障体系的一部分，有很大部分属于政府的责任范畴，因此，政府的投入始终是社区服务的重要资金来源。

（2）各种社会捐助形式的资金投入。随着社区服务的发展和公民参与意识的提高，社会捐助的资金也有不断增长的趋势，社会各界对社区服务的资金援助包括机关、企业、社会团体或个人的捐助。

（3）有奖募捐基金投入。有奖募捐基金是近年来中国社会福利资金的主要形式，各大城市也纷纷从有奖募捐基金中提取一定的资金用于发展社区服务事业。

（二）社区服务的人力资源

社区服务是一个庞大的系统工程，包含着多方面的工作任务及功能的实现，需要较多的质与量的投入，社区服务发展的规模和品质更依赖于社区人力资源开发的深度和广度，建立一支高素质的专业化服务队伍对社区服务的长远发展有非常重要的意义。通过多年的发展，我国各地已逐步建立起一支以职业社区工作者为骨干，以社区服务志愿者为基础的社区服务队伍。

（三）社区服务的管理模式

社区服务的管理模式一般是指一种相对稳定的社区功能结构方式，即根据社区服务需求的变化，把辖区内部有关组织的功能进行优化组合，构成一套区域共同体一体化的社区服务管理方式，简言之，主要指社区管理形态与运行机制，即社区服务是如何和通过什么途径提供的。

依据城市社区发展历程，社区服务先后形成设施网络说、两翼起飞说、三元整合说、四轮驱动说四种基本模式。"设施网络说"是指建设多层次、多形态、多系列服务设施和依托服务设施网络开展服务活动，满足社区居民需要。市区街道居委会社区服务中心、敬老院、福利院等是主要设施，形成以设施服务诸多要素有机结合为社区服务基本模式的格局。"两翼起飞说"是指设施服务与居民互助服务相结合，并存共生和相互补充，设施服务与互助服务，犹如社区服务主体的两翼，共同构成社区服务基本模式。"三元整合说"是指扶助、互助和指导自助。扶助是对有困难的社区居民给予关怀、扶持和帮助，互助是居民间志愿服务，指导自助是指尽力发掘和提高个人、家庭自我解决问题的能力。"四轮驱动说"是指将以社区为基础的"上门服务"作为社区服务的基本形式，而且侧重于将家庭照顾、社区照顾、机构照顾和志愿服务四方面的优势整合起来，共同构建综合性与整合性的社区服务体系。

典型案例

军门社区工作法　深入推进社区治理和服务创新

军门社区工作法是在福建省福州市鼓楼区贯彻落实《中共中央国务院关于加强和完善城乡社区治理的意见》、大力推进全国社区治理和服务创新实验区建设中形成的社区治理创新成果。近年来，鼓楼区以实验区建设为抓手，积极探索具有鼓楼特色的社区治理和服务创新路径，有效提升了社区居民群众的获得感、幸福感和安全感。

（1）加强自治能力建设。一是优化"三位一体"的工作格局。全面厘清社区党组织、社区居委会、社区工作服务站的功能定位和职责要求，梳理可由社会组织承接的工作事项，明确权责边界和协作事项，形成分工协作、统筹管理、互相补台、同向发力的工作整体。二是完善社区居委会组织体系。在社区居委会下成立或完善社区治安和人民调解、社区事务协调、社区环境与物业管理等6个专业委员会并建立健全工作章程，加强社区居委会规范化建设。三是优化社区居民自治工作载体。优化社区居民会议、"两委"联席会议等传统居民自治工作载体，发挥社区居民微信群、社区论坛等信息化平台的积极作用，搭建"参与式预算"微实事协商平台，吸引居民参与社区公共事务协商。

（2）优化社区服务供给。一是推行便民化举措。搭建鼓楼智慧社区信息平台，实行"一号"申请、"一窗"受理、"一网"通办的"互联网+"服务模式，为居民提供在线互动、政策推送、办事流程查阅等服务。二是开展特色化服务。建成10个社区居家养老服务照料中心、69个社区养老服务站，年均投入800万元，打造"三重三精三化"社区养老服务模式。创办少儿托管中心、"四点钟学校"，解决学龄儿童"放学后两小时"无人照看问题。三是推行品牌化创建。打造"我们的节日""百场文化进社区""邻里节"等社区品牌活动,通过活动吸引社区居民走出家门,互动交流,把"陌生人社区"转化为"熟人邻里"。推广军门社区"吉祥三宝"品牌服务,对困难群体、特殊群体建立"建档、跟进、督导"工作机制,链接社区资源,实现子女上学有着落、病人医疗有救助、精神慰藉有关怀。

（3）夯实社区治理基础。一是抓赋权减负。推行街道社区和区直部门工作"双评议"机制,要求区直部门在评先选优、年度考核时,应充分征求所在社区组织意见。落实社区工作准入制度,制定社区印章管理规定及负面清单试行办法。二是抓资源倾斜。建立公共财政投入和党费回拨、慈善捐赠、居民自筹、低偿服务等多种社区经费保障机制,出台文件提高社区工作者待遇和绩效奖惩力度,以"办公场所最小化、服务场所最大化"为原则建设社区公共服务平台,社区"一老一少一普"活动场所、社区服务中心、社区综合受理平台成为鼓楼区所有社区的"标配"。三是抓责任传导。出台加强社区服务规范化建设意见,做到工作有目标、检查有标准、考评有依据。建立精品社区、示范社区评选奖励和社区、社区工作者奖惩机制,开展常态化督查,完善居民评议社区机制,从物质奖励、评先评优、岗位调整等方面进行奖惩,倒逼责任落实。

> **拓展阅读**

民政部加快推进社区"三社联动"机制建设

党的十九大要求,加强社会治理制度建设,完善党委领导、政府负责、社会协同、公众参与、法制保障的社会治理体制,提高社会治理社会化、法制化、智能化、专业化水平。在推进"三社联动"方面,民政部主要开展了以下三方面工作。

（1）积极推进中央层面"三社联动"制度建设。2013年,民政部联合财政部出台了《关于加快推进社区社会工作服务的意见》（民发〔2013〕178号）,提出"探索建立以社区为平台、社会组织为载体、社会工作专业人才为支撑的新型社区服务管理机制。"2016年,中共中央办公厅、国务院办公厅印发《关于改革社会组织管理制度促进社会组织健康有序发展的意见》,围绕"大力培育发展社区社会组织",提出了降低准入门槛、积极扶持发展、增强服务功能三方面要求,第一次在中央文件中明确提出要建立社区社会组织与社区建设、社会工作联动机制,促进资源共享、优势互补。同年,民政部等16部门印发《城乡社区服务体系建设规划（2016—2020年）》（民发〔2016〕191号）,明确"三社联动"机制的具体内容,即"建立居民群众提出需求、社区组织开发设计、社会组织竞争承接、社工团队执行实施、相关各方监督评估的联动机制。"2017年,中共中央、国务院《关于加强和完善城乡社区治理的意见》进一步明确要求加强"三社联动"机制建设,完善社区组织发现居民需求、统筹设计服务项目、支持社会组织承接、引导专业社会工作团队参与的工作体系。这些政策在中央层面为建立健全"三社联动"机制指明了方向。

（2）认真指导地方开展"三社联动"实践。2015年年底，民政部组织召开了全国社区社会工作暨"三社联动"推进会，全面总结了各地社区社会工作和"三社联动"的经验与成绩，分析了当前的形势，明确了加快推进"三社联动"的思路与任务，对在全国范围内推进"三社联动"进行了全面部署。近年来，民政部认真指导全国各地，特别是社会工作服务示范社区、社区治理和服务创新实验区，在建立健全"三社联动"机制上进行探索，不断完善社会组织和社会工作专业人才参与社区治理的工作机制。从各地实践来看，目前已经形成三种"三社联动"推进形式：①政府购买服务机制，主要是大力推进政府向社会组织购买社区服务，引导社会组织专业化发展，促进其持续提升参与社区服务的能力，发挥社会组织的独特优势，优化社区服务供给，有效满足人民群众日益增长的社区服务需求；②公益创投机制，主要是面向社会组织、社会工作服务机构、基层群众性自治组织等进行社区服务项目开发，给予资金资助，通过实施公益服务项目培育和孵化社区社会组织，与基层群众性自治组织共同推进社区居民自我管理、自我服务；③设施项目外包机制，主要是把社区服务设施和服务项目通过竞标方式交给符合条件的社会组织，引入社会工作专业人才，在社区"两委"的领导下，面向居民开展优质服务。

（3）加强社会工作专业人才队伍建设。在"三社"中，比起社区和社会组织，社会工作是"短板"。近年来，民政部在加强社区、社会组织建设的同时，还大力推进社会工作及其专业人才队伍建设。①重点面向基层社区工作人员广泛开展社会工作专业培训，鼓励符合条件的人员报名参加社会工作者职业水平考试。截至2020年年底，我国社会工作专业人才总量已达150万人，持证社会工作人员突破66万人。社会工作在疫情防控、社会救助、老龄事业、青少年发展、医疗健康、社区服务、乡村建设等多个领域均发挥了重要作用。不少地方建立了社会工作职业津贴制度，对取得社会工作者职业资格证书的社区工作人员按月发放一定金额的职业津贴，以此引导并鼓励社区工作人员提升专业服务水平。②不断完善社会工作者职业资格制度。2017年，社会工作者职业资格制度列入国家职业资格目录清单，为进一步完善社会工作者职业资格制度奠定了基础。2018年，人力资源和社会保障部及民政部联合出台了《高级社会工作师评价办法》，明确了高级社会工作师的评价方式和组织实施办法，标志着我国初、中、高级相衔接的社会工作者职业资格制度体系初步建成。2020年，全国社会工作者职业水平考试报名人数突破60万，创历史新高。社会工作者职业水平评价的社会影响力和认可度日益提升。③完善"社会工作者+志愿者"服务机制。配合制定出台《志愿服务条例》、引导志愿服务组织规范化发展、推动志愿者队伍不断发展壮大，为建立健全社会工作者和志愿者协同服务机制奠定坚实的基础。鼓励充分发挥社会工作者专业优势，引领带动志愿者广泛参与社会服务，初步形成了社会工作者引领志愿者、志愿者协助社会工作者的服务格局。

课后作业

一、不定项选择题

1. 社区服务的本质特征是（　　）。
   A. 公益性　　B. 群众性　　C. 地域性　　D. 互动性
2. 社区服务中的特殊群体包括（　　）。
   A. 下岗失业人员　B. 优抚对象　C. 矫正对象　D. 一般居民
3. 社区服务的特点包括（　　）。
   A. 营利性　　B. 地域性　　C. 公益性　　D. 综合性
4. 社区服务的功能包括（　　）。
   A. 解难功能　B. 整合功能　C. 预防功能　D. 稳定功能
5. 社区服务的原则不包括（　　）。
   A. 理论指导　　　　　　　B. 突出重点
   C. 政府管理　　　　　　　D. 自我服务和自我发展

二、简答题

1. 简述社区服务的含义。
2. 简述社区服务与商业服务的区别。
3. 简述社区服务的内容。
4. 简述社区服务的筹资模式。

三、实训题

任务描述：将学生分成小组，以小组为单位，选择某社区，就该社区的服务对象及服务内容展开调查，并撰写调查报告。

任务引导：

1. 通过与该社区的居委会建立联系，了解该社区服务对象的内部结构、具体特点及社区服务的主要内容。
2. 依据调查结果，展开数据分析，撰写调查报告，并以小组为单位汇报调查报告。

项目二　构建社区服务队伍

项目概述

社区服务队伍承担着社区各项职能和各项活动的开展,成为联系政府和社区居民的桥梁和纽带。本项目阐述了社区服务队伍的构成,分析了社区工作者应该扮演的角色和应该满足的素质要求,并针对目前我国社区服务队伍的现状及存在的问题,探讨了如何从职业资格准入、岗位匹配、培训督导三个方面来加强社区服务队伍的建设和管理。

学习目标

知识目标:了解我国社区服务队伍的构成;明确社区工作者应扮演的角色和应具备的素质。

能力目标:能够按照社区工作者的素质要求组织开展社区服务活动。

任务一　认知社区服务队伍的构成及素质要求

任务描述

作为一名合格的社区工作者,必须明确社区服务队伍的构成,以便寻求未来工作的合伙人。同时,应按照社区工作者的素质要求去严格要求自己,不断提升自己的服务水平。

案例导入

在社区专业认知实训活动结束后,有同学提出:"社区居委会里的大多数工作人员都是老大妈,她们管的都是些家长里短、鸡毛蒜皮的小事,并没有按照我们课程上所学的那些专业知识和技巧来做,而且她们都没有接受过系统的专业学习,所以我认为她们不算是专业的社区工作者。"而另一位同学却表示:"他们虽然没有接受过系统的专业学习,却有十分丰富的助人经验,能够运用各种有效的方法为社区居民提供服务。"

案例思考

结合案例,走访邻近社区,谈谈你对社区工作者的理解,并分析该社区服务队伍由哪些人员构成。

> **知识链接**

随着经济社会的持续发展，我国已经进入社会主义新时代，人民群众对生活质量的要求不断提高，对社区服务的需求也发生了深刻变化，多样化、专业化服务已经成为当前社区工作的发展方向。社区工作者既是社区工作的主体，又是社区建设的主力军，承担着社区各项职能和活动的开展，是执行党和国家方针政策的重要群体，是上级政府联系群众的桥梁和纽带。社区服务队伍的业务素质和职业水平直接决定着社区能否为居民提供优质、便捷、高效的服务。

我国社区服务队伍的构成

一、社区服务队伍的构成

在社区层面，居民对于美好社区生活的追求就是社区工作及社区工作者的奋斗目标，而这些都必须依靠社区服务队伍的努力奋斗才能实现。社区服务队伍是社区建设与社区服务最直接的执行者和实践者，承担着社区的服务职能，直接服务于社区内广大居民，社区服务队伍的建设与发展是社区服务体系运行机制中的重要组成部分，造就一支专业、高效且富有活力的社区服务队伍十分重要。

我国社区服务涉及面广、服务对象多、工作内容繁杂，社区服务队伍呈现出来源逐渐复杂、规模不断扩大、专业化程度不断提高等特点。目前，从实际工作来看，我国社区工作者主要由居民选举，向社会公开招聘再经选举选聘或者街道指派、街道下派等方式产生。总结起来，这支服务队伍主要由两个部分构成，一是职业社区工作者，二是社区服务的志愿者。

（一）职业社区工作者

职业社区工作者是指以社区服务为职业的工作者。这部分工作者具有以下基本特征：①大部分人员在社区基层组织或机构中从业，其工作或职业是社区事业和社区生活的重要组成部分；②从事的主要是社区管理及服务性或福利性工作，不以营利为基本目标；③掌握一定的专业知识和方法。由此，可以看出我国的职业社区工作者主要由以下三类人员构成：

1. 社区居委会成员及助理人员

这部分人员主要是指在社区中从事特定社会管理和社会服务的居委会成员及助理人员，主要负责制定社区工作的有关政策、法规、规划，指导、检查、监督社区工作的开展，研究社区发展中的问题，做好组织、协调工作。他们长期从事实际工作，具有相当丰富的经验和极高的工作热情及奉献精神，但缺乏系统的专业知识，同时，由于年龄偏大，观念与知识层次较为陈旧，素质有待提高。

2. 社区性公共服务机构工作人员

这部分人员由社区内各服务机构，如社区服务中心、卫生中心、文化站、老年公寓等的工作人员、社会服务团体工作人员构成。其中包括分工专管社区工作的民政干部、从其他单位借调的人员、聘用的人员、安置的待业人员和农民合同工。这部分工作者一般工作岗位相对固定，且大多数都受过与自身岗位有关的专业培训，具有一定的特长，能根据自己的劳动赚取相应的薪水。

3. 从事社区服务的专业社会工作者

这部分人员是指由一些非营利组织派出到社区开展社会服务的专业社会工作者。随着我国经济社会的不断发展，社会工作已经成为加强、创新社区治理和社区服务的基础力量与重要手段。社会工作者在践行治理理念、落实治理目标、提升治理能力、完善治理体系方面扮演着重要的角色，发挥着独特的作用，也获得了政府与社会的认可和支持。近年来，越来越多的社会工作机构通过政府购买服务项目的方式或者政府直接设置社会工作岗位的方式进驻到基层社区开展专业服务，从事一线服务的社会工作者成为创新社区治理和社区服务的主力军。

（二）社区服务的志愿者

自20世纪80年代民政部在全国推开社区服务以来，志愿服务就随之开始在我国逐步兴起。随着我国城市化进程日益加快，政府职能逐步转变，社区志愿服务正逐渐演化为社区公共服务的一种重要组织形式。社区服务的志愿者按照自愿互利的原则自觉组织起来，通过成立志愿者组织或志愿者协会，义务为社区居民提供各种福利服务和便民服务。近年来，我国志愿服务事业蓬勃发展。根据中国志愿服务网的数据显示，截至2021年3月，已有实名注册志愿者1.92亿名，志愿团体总数79.46万个，在全国志愿服务信息系统上发布的志愿服务项目501余万个，记录的志愿服务时间达27亿小时之多。在2020年新冠肺炎疫情防控工作中，志愿者成为社区疫情防控的骨干力量，为疫情防控阻击战取得决定性成果做出了积极贡献。

社区志愿者主要由社区内开展互助行为的居民、离退休干部及学校的师生构成，有的志愿者与社区订有协议，服务工作制度化；有的无协议，凭爱心自觉奉献。近年来，社区志愿者服务的足迹已遍布便捷生活、社区居家养老、文娱健康等各个领域，其突出特点是人数众多、分布广泛、年龄跨度较大，他们一般没有学习过专业的社区服务知识，自愿服务，不取酬劳。

近年来，我国社区志愿者组织以及志愿者数量都在日益增长，越来越多的爱心人士乐于参与志愿服务，社区志愿服务队伍日益壮大。值得一提的是，作为以助人和互助为目标的志愿者组织，其行为方式应是自主、自治的。但是，我国的社区志愿者组织是在政府的直接引导下发展起来的，一直存在行政化倾向，难以发挥民间组织灵活、创新的优势。因此，应逐步剥离志愿者的行政化倾向，还原其非行政化、群众自发的性质，帮助其加入社会工作者协会，接受专业化的管理。

二、社区工作者的角色

社区工作者在具体的社区服务过程中，不可能单一地扮演一种角色，而是多重角色的功能发挥，从而促使服务的有效提供。具体而言，社区工作者的角色定位主要体现在以下几个方面：

（一）服务提供者

为社区和社区居民提供社会服务是社区服务的基本目标，也是社区工作者应该扮演的最基本的角色。社区工作者可以提供的服务包括处理居民的来访咨询及服务档案的存储；为社区居民和家庭提供必要的辅导，帮助他们解决问题，增强其社会生活的适应能力；为社区的儿童、老人、残疾人、家庭暴力受害者等提供保护和照顾；为贫困者和陷入困境的人士提供救助、咨询和支持；策划实施主题节假日活动等。

（二）中介者

社区工作者也可以充当中介者，社区工作者熟悉社区内物资、人际关系等资源分布，熟知利用社区资源和其他社会资源的程序与渠道。因此，社区工作者可以成为社区居民与其所需要的资源的主要联系人，使居民的需要得到满足、问题得到解决。

（三）资源整合者

社区居民需求的多样化决定了用来满足需求的资源也应该是十分丰富的。作为一名社区工作者，在服务过程中，不仅应该觉察社区内外以及服务对象本身存在的多种多样的资源，把握资源的去向，通晓利用这些资源的渠道和程序，同时需要加强与社区各组织部门的紧密联系，了解如何运用相关资源去满足社区居民各种层次、各种类型的需要。

（四）调解者

社区中存在着不同的个人、家庭、群体和组织，由于利益、立场、需求的不同，个人之间，个人和群体、组织之间，群体和组织之间都难免产生分歧和冲突。这就要求社区工作者在此过程中扮演好调解者的角色，对社区内的分歧展开全面的调查，广泛征求意见，努力探寻共同的诉求点，尽量提出完善的解决方案，促进社区的和谐发展。

三、社区服务队伍的素质要求

近年来，各级党委、政府高度关注社区建设，持续加大投入和保障力度，社区服务的条件和办公环境得到改善，为社区推进工作、开展服务提供了有力支撑。然而，随着政府行政职能的进一步下放和居民服务需求的深刻变化，如今的社区工作与20年前立足于解决群众基本问题、调处群众纠纷的居民委员会相比，已经发生了质的变化，数字化网络、专业化服务成为社区发展的新趋势，这就对社区服务队伍提出了更高的要求。因此，如何打造一支高素质、专业化的社区服务队伍，已成为现阶段急需重点关注和解决的问题。

（一）社区服务队伍的基本素质要求

1. 政治素质

政治素质主要是指政治立场、政治信念、政治敏锐性和政治辨别力等。社区工作是为国家的政治制度服务的，政治素质是社区工作者必须具备的首要素质。具体包括：①必须保持清醒的头脑，坚定不移地坚持党的领导，在政治上同党和政府保持一致；②要自觉坚持和贯彻党的群众路线，坚持以人为本，服务居民，始终把广大居民群众的利益作为各项工作的出发点和落脚点；③要以马克思主义中国化的最新成果为指导，不断提高自己的认知水平和解决实际问题的能力；④要在新的形势下将深入群众、深入实际、勇于吃苦、乐于奉献的优良传统和工作作风发扬光大。

2. 职业道德素质

职业道德素质是指社区工作者在从事社区服务工作中应遵循的行为规范的总和。社区工作者职业道德的最高境界是全心全意为人民服务，具体包括爱岗敬业、诚信友爱、服务居民、奉献社区等。

3. 身心健康素质

身心健康素质是指社区工作者应具备健全的体魄和健康的心理，这是社区工作者做好服务的最基本的条件。具体包括：①社区工作复杂而繁重，需要健康的体魄来支撑，需要充沛的精力来应对，社区工作者要特别注意加强身体锻炼和保持健康；②要具备积极向上的良好心态，这样才能帮助社区工作者团结群众、凝聚力量、弘扬正气、抵制歪风，建设文明祥和的社区；③要有较强的心理承受能力，在遭遇坎坷、困难和误解时，要有忍辱负重的精神和宽宏大量的气度，以人格的力量征服困难、征服人心。

（二）社区服务队伍的知识要求

1. 理论知识

社区工作者应该具备政治学、社会学、心理学、经济学、管理学、教育学、法学、公共关系学等多学科的综合知识。这些知识有助于工作者掌握社会结构，了解和分析资源及社会利益分配的格局；理解社会互动的过程和规律，更好地推动社区居民的参与；了解社会问题的成因、变化过程及规律，从而对社区问题有客观正确的认识；了解和把握政治权力结构、法律和政策的制定和实施过程；提升工作效率，以实现服务目标和满足个人需求等。

2. 专业知识

社区工作者应具备一定程度的社会工作专业理论和方法知识，包括社区建设基本知识、社区服务各块业务知识、社会工作基本原理、社会工作实务、社会工作法规及政策等。这些知识有助于工作者树立科学的助人理念，并为工作者提供了科学的行动指南。

（三）社区服务队伍的能力要求

1. 基本能力

社区工作者的服务范围比较广泛，所承担的任务也十分复杂，要胜任社区群众工作，必须具备一定的基本能力，具体包括观察能力、理解能力、判断能力、概括能力、表达能力、开拓创新能力等。

2. 专业能力

除了拥有基本能力以外，社区工作者还必须具备完成特殊专业工作所需的专业能力，具体包括社会调查能力、群众工作能力、社区公共事务管理与服务能力、组织协调能力、分析综合能力，以及运用现代信息技术的能力等。

> **典型案例**
>
> **为居民服务，不是一阵子，更不是做样子，而是一辈子**
>
> 2019年2月24日，中宣部等部门发布了"2018最美城乡社区工作者"评选结果，重庆市沙坪坝区石井坡街道团结坝社区党委书记、居民委员会主任杨春敏，成为全国10名"最美社区工作者"之一。但是，杨春敏所在的团结坝社区以前可不团结，过去是远近闻名的"问题社区"。
>
> 2005年，对很多团结坝社区居民来说都是难忘的一年，重庆特殊钢集团（简称特钢厂）进行企业转型，团结坝一千多名社区居民变成了待业人员，没有收入来源，没有生活保障，对生活充满了怨言。这一切，作为特钢厂销售处员工的杨春敏都看在眼里，她深知社区居民生活的难处，于是主动请缨，接手了这堆"烂摊子"，从社区社保员做起，开始了她的社区工作者之旅。如何帮助社区就业困难人员实现再就业呢？杨春敏先是到待就业居民家中入户走访，了解失业居民的家庭情况、求职意向及技能特长，然后结合实际情况为他们寻找工作。由于当时网络没那么发达，她就和同事一家一家地去跑用工企业，收集用工信息，向企业推荐社区失业居民，回过头来向待就业居民推荐收集到的岗位信息。就这样，经过一整年的努力，400多名就业困难居民实现了再就业。
>
> 面对脏乱差成常态的社区卫生环境，杨春敏也心有不甘。她说："只有环境干净了，大家的心情才会好，才愿意跟你好好聊天。"于是，杨春敏铆足了劲儿，带着其他社区工作者开始了艰难的垃圾清理工作。垃圾堆积得太多，连清洁工都说干不了，杨春敏就带着其他社区工作者自己干，一处一处地清理卫生死角。面对社区里一个深达8米、臭气熏天的垃圾坑，大家都犯了难，有人甚至想放弃，可杨春敏却说："背后有无数双眼睛在看着我们，看我们到底能不能解决这个难题。"杨春敏找来一根麻绳拴在腰上，让同事把她从坡上吊下去，一筐一筐地往上清运垃圾。一天下来，杨春敏的腰被勒出了血痕，可她并没有一丝抱怨，而是咬着牙消毒上药。让杨春敏万万没想到的是，当她再次准备下坑的时候，社区里不少党员居民自带工具"入了伙"。那一瞬间，杨春敏的内心无比感动，用她的话来说："之前所有的苦和累，都值了！"
>
> 近些年，随着危旧房改造，原来的老职工、老住户纷纷搬走，越来越多的外来务工人员成了团结坝的"新邻居"，为了找回"熟人社会"的感觉，杨春敏发起了"巷

内无生人"行动,帮助"新邻居"积极融入社区大家庭。为此,杨春敏在社区特别开设了"新邻居"服务窗口、建立了"新邻居"民情档案、牵手新老居民开展联谊活动,实现了"巷内无生人,邻里一家亲"。

从2005年至今,杨春敏十年如一日的辛勤付出和不懈努力不仅赢得了社区居民的支持,使原先一个以破产企业职工为主的老旧、脏乱差社区重新焕发了生机,还将一个贫困落后、人心涣散、矛盾丛生的"问题社区"打造成了全市闻名的"明星社区"。用杨春敏自己的话来说:"在我心里,为社区居民服务,不是一阵子,更不是做样子,而是一辈子。我这辈子能够当一名社区工作者,为我挚爱的社区居民服务,我感到非常幸福。"

拓展阅读

辽宁省民政厅等四部门出台指导意见　加强社区志愿者队伍建设

2020年12月,辽宁省民政厅等四部门联合印发《关于加强社区志愿者队伍建设的指导意见》(以下简称《指导意见》),坚持把开展志愿服务与创新社区治理结合起来,加快建设一支数量充足、素质优良、结构合理、长期稳定、服务规范的社区志愿者队伍,不断满足人民群众的服务需求,为发展社会事业、创新社会治理、促进社会文明凝聚强大的社会力量。

第一,发展壮大志愿者队伍。充分利用社区会议、橱窗等渠道宣传学雷锋志愿服务精神,传播厚德仁爱、乐善好施、助人为乐、扶危济困的中华优秀传统文化,弘扬社会主义核心价值观。建立完善的经常性招募与应急性招募相结合、社会化招募与组织化招募并举的招募机制,鼓励和动员社区居民根据自身职业特点和个人专长,自觉自愿参与组织化、规范化、常态化的社区志愿服务。积极培育宣讲、文明实践、应急、医疗、消防、救援、科技、心理疏导、禁毒等各类专业志愿者队伍。实施分类管理,加强培训演练,完善调用机制,努力发展一支能力强、素质高、作用好,能满足多方面、多领域、多时段志愿服务需求的宏大的社区志愿服务队伍。计划到2025年,全省城市和农村社区实名注册志愿者占社区居民人口比例均达到13%以上。

第二,搭建志愿服务平台。积极推动城乡社区志愿服务组织(志愿服务站)建设,计划到2025年,每个城乡社区培育发展社区志愿服务组织(志愿服务站)1个以上。将志愿服务组织(志愿服务站)建成有专(兼)职人员管理、有稳定服务项目的规范化社区志愿服务基地,畅通社区居民参与志愿服务渠道。推广使用全国志愿服务信息系统进行志愿者实名注登记注册,有效整合现有注册服务资源,建立志愿者数据交换与共享平台,创新志愿服务管理手段,提升社区志愿服务信息化水平。积极支持社区志愿服务组织(志愿服务站)承接社区志愿服务项目,构建覆盖面广、服务能力强的社区志愿服务活动载体。

第三,推进开展志愿服务活动。紧贴居民需求,发挥志愿者的专业特长和资源优势,自主开发灵活多样、社会认同度高、具有创新性的社区志愿服务项目。通过项目化运作方式,深入开展理论宣讲、文明实践、应急救护、群众性精神文明创建、移风易俗、疫情防控、扶贫济困、帮老助幼、扶残助弱、环境保护、治安巡逻、法律援助、禁毒宣传、扫黄打非等志愿服务活动，帮助困难群体、空巢老人、孤儿、留守儿童和困境儿童、农民工、残疾人等群体解决实际困难，改善生活状况。健全社会工作专业人才与志愿者协同服务机制，发挥社会工作专业优势，增强服务效果。通过公益慈善引领社会化资源配置方式，实现社区志愿服务资源供给主体多元化，探索建立社区志愿服务项目可持续发展模式。推广复制可持续发展的志愿服务项目，提升社区志愿服务活动的实效性和影响力。

第四，建立健全志愿服务记录与证明制度。将开展志愿服务记录与证明工作贯穿社区志愿者管理与服务全过程，不断提高社区志愿服务效能与管理水平。按照民政部《志愿服务记录办法》和《关于规范志愿服务记录证明工作的指导意见》要求，推动建立健全社区志愿服务记录与证明制度。依托全国志愿服务信息系统，为志愿服务组织开展志愿服务记录和出具记录证明提供技术支撑。社区志愿服务组织应及时、准确、完整地记录志愿者参加社区志愿服务的信息，保护志愿者的个人隐私，规范开具志愿服务记录证明。按照"谁记录谁负责"和"谁证明谁负责"的原则，建立社区志愿服务虚假记录与证明责任追究制度和监督检查制度。对出具、伪造虚假志愿服务记录与证明的个人或单位，探索将其纳入个人或单位诚信体系，并以适当方式向社会公布。

第五，完善志愿服务评价激励政策。以服务时长和服务质量为主要评价指标，建立志愿者星级评定制度。支持各地积极探索建立健全志愿服务时间储蓄和回馈制度，社区居民可以利用志愿服务的工时换取所需的社区服务，同时，在就学就医、就业创业、参观旅游、使用公共交通工具、商业服务等方面享受优先、优惠政策，形成志愿服务互助循环发展机制，表达对志愿者的认可和尊重。鼓励有关部门和单位对社区志愿服务进行表彰和奖励，支持社区志愿服务者积极参加宣传推选学雷锋志愿服务全国"四个100"和辽宁省"四最"先进典型活动。鼓励和支持社区为社区志愿者购买保险，解除社区居民参与志愿服务的后顾之忧。

任务二　探讨我国社区服务队伍建设的现状及思路

任务描述

我国社区工作起步较晚，目前正处于发展阶段，存在着很多亟待解决的问题。同时，相对于社区工作发展，社区服务队伍建设严重滞后。因此，作为一名社区工作者，应了解我国社区服务队伍建设的现状，从而探讨如何进一步加强社区服务队伍建设，以适应社区发展的需要。

案例导入

公租房社区管理具有管理对象结构复杂、特殊困难群众集中、矛盾多、诉求多、管理难度大、工作量大等特点，这都给社区工作者的工作带来了非常大的挑战。然而，公租房社区管理在工作人员配置上并未充分体现公租房社区的特点，与一般社区标准相差不大，难以适应工作需要。针对这一现实情况，为提高公租房社区服务水平，切实满足居民生活需要，我们有必要把培养和建设一支数量充足、素质优良的社区服务队伍作为公租房社区建设管理的重要任务之一。

案例思考
1. 结合案例，谈谈我国社区服务队伍的建设现状。
2. 可以从哪些方面加强社区服务队伍的专业建设？

知识链接

完善的社区服务队伍能更好地疏通民意，把各种潜在矛盾化解在基层，有利于促进实现社区群众日益增长的社会服务需求。尽管近年来，我国各地在加强社区服务队伍建设方面做了大量工作，但距离社会管理创新形势的要求尚有差距，还存在一定的问题。这些问题制约着社区服务队伍整体工作效率的提高，阻碍社区各项工作任务的完成。因此，迫切需要建立一支数量充足、结构合理、素质优良的社区服务队伍。

一、我国社区服务队伍建设的现状

近年来，各级党委、政府对于社区建设高度关注，持续加大投入和保障力度，社区整体工作环境和基础条件得到了相应的改善。但是，从城市管理现代化、社会化发展对社区工作者提出的客观要求来看，社区服务队伍仍然面临一些亟待解决的问题。

（一）人员流动性较大，队伍整体稳定性差

1. 职业认同和社会地位不高

一方面，从外部环境看，目前社区工作者的社会关注度以及社会地位仍有待提高。传统观念中，人们对社区服务的认知存在偏颇，认为社区服务主要是调解社区邻里关系，解决社区纠纷，把社区工作者看作纯粹的服务者，而非以一种职业身份看待；加之居民对社区工作者的服务认同不足，参与社区建设的自觉性较差，从而增加了社区服务工作的难度，削弱了社区工作者的工作热情与主动性。

另一方面，从个人角度来看，一部分社区工作者自身对社区服务的工作价值、角色定位以及职业伦理等缺乏清晰的认识，再加上在实际工作中处理的往往是一些家长里短的琐事，因此进一步降低了对自己所从事工作的认同度。较低的自我职业认同感很难使年轻的

工作者将此作为终身事业，虽然社会工作专业的毕业生人数逐年增多，但进入社区工作的积极性并不高，或只是将社区服务作为就业的"跳板"和临时性的过渡，很快便流失掉了。专业人才的严重流失无疑给社区服务工作带来了极大的负面影响。

2. 职责范围界定不清

随着人民生活水平的提高，社区居民的服务需求更加宽泛，呈现出多层次与多样化的特点。老年人需求、青少年教育、残疾人社区康复、婚姻家庭、邻里关系、居民心理健康等问题层出不穷，对社区功能的有效发挥提出了前所未有的挑战。由此，社区工作者的工作强度也在不断增加，除了要完成如党建、计划生育、社区治理等常规性工作以外，还要完成如收取费用、信访接待、治理无证摊贩等非本职工作，以及应对一些临时性突击任务。

社区工作者的岗位定义模糊，职责范围界定不清，工作内容繁杂且负荷重，使得其在处理繁多的行政性事务的同时，只能疲于应付社区居民各方面的需要。如此一来，社区工作者就难以得到社区居民的认同与理解，极易引发矛盾，降低工作信任度。而工作信任度作为开展社区工作的关键，一旦降低就很难重建和提高，进而影响工作的深入开展。

3. 薪资待遇吸引力不足

工资报酬、福利待遇是影响社区工作者工作满意度的重要因素，而工作满意度的高低又与积极或消极的工作态度紧密相关。现阶段总体来看，虽然我国社区工作者的薪资待遇有了基本保障，但相较于公务员、事业单位编制人员仍有较大的差距，这直接影响着社区工作者的工作满意度以及工作队伍的稳定性。

近年来，北京、上海、广东、深圳等一线城市的社区工作者的薪酬待遇在全国范围内属于中等偏上水平，但考虑其工作付出之大，与其他高收入行业相比，仍属于低收入水平群体。这种相对较低的收入也大大挫伤了工作者的积极性，进而影响专业社区工作人才的招聘和高水平队伍建设。此外，随着物价上涨和实际需求的提升，社区工作者的薪资报酬只能提供其基本生活保障，而且社区的晋升机会相对较少，加薪时效较慢，导致年轻社区工作者看不到职业发展前景，造成整体满意度偏低，福利待遇吸引力不足使得许多科班出身的高校毕业生不得不另谋出路。

（二）人员整体素质不高，队伍专业化程度偏低

1. 社区工作者准入门槛较低

一段时间以来，我国社区工作者的准入标准过于简单，准入门槛较低，主要以"居大妈"为主，来源单一、学历水平偏低、专业化水平不高等问题严重阻碍了社区工作向前推进。虽然近年来，社区工作者的产生机制及选择范围较以前而言有了很大变化，"居大妈"逐渐被经过公开考试、直接选举产生的年轻人所代替，然而就实际情况来看，由于岗位薪资福利待遇的吸引力不够，新吸纳的这部分年轻人主要以大专学历为主，本科学历次之，研究生学历几乎没有，且大多为应届毕业生，缺乏融入社区的经验和能力，难以应付纷繁复杂的任务，

整体素质与社区实际工作需要存在较大差距。

2. 社区工作者的专业化程度有待提升

接受过社会工作专业教育是社区工作者专业化程度的重要指标。据调查，在现有的专职社区工作者中，取得社会工作职业资格证书的社区专职工作者仅占总数的53%，相当一部分工作者不具备职业资格证书，对社区服务的专业价值、专业角色、专业知识及专业方法认识不清，虽然长期从事社区服务工作，但大多采用简单的说服式教育或凭借经验开展工作，解决问题的技巧和方法有待改善。

此外，很多新招聘进来的工作者缺乏与社区工作相关的实际工作经验，加上社区工作琐碎以及缺乏系统的培训，很多新进的工作者很难将社会工作的专业价值理念和方法融入工作过程，导致社区服务的专业化程度依然偏低。

（三）队伍建设管理机制有待优化

1. 职业培训制度不健全

社区工作者的工作范围广，覆盖了民政、司法、教育、卫生、人口计生、劳动和社会保障等多个领域，这就要求社区工作者以专业水准面对、协调和解决各方面问题。然而，目前社区工作者普遍缺乏专业理念、知识和技能，绝大多数社区干部开展工作时仅凭传统经验，即使是那些接受过正规训练的大学生社区工作者，也存在理论知识与实际工作脱节的情况。

因此，准确把握社区工作者的培训需求，为其提供具有针对性的职业培训显得十分重要。目前，各地的社区工作者培训主要是针对居委会工作者进行，培训人员的覆盖范围有限，未达到培训常规化，甚至出现重形式、走过场的现象，只要参加培训就能获得相应的资格证书，无法真正达到提高工作者专业技能和综合素质的目的。与此同时，培训的层次也较低，普遍缺乏相应的社区工作知识和技巧的正规训练，导致培训效果不佳。可见，当前的培训体系并不完善，虽然有些社区制定了具体的培训制度，但仅仅停留于文字层面，很难落实到实践中。

2. 考核制度与激励政策不平衡

我国社区建设起步较晚，缺乏社区工作者考核与激励的有效手段和机制，导致年轻人才不想干，岁数大的人干不好等问题，人才流失现象十分普遍，严重制约了社区工作的有效开展。因此，探索满足新时期社区工作者队伍建设的有效考核与激励机制，对解决当前的"人才瓶颈"问题来说尤为重要。

然而，就目前的情况来看，大多数社区更加注重制度考核，轻视了激励制度。社区工作者面对"市—区—街道"三级考核以及政府与居民的双向考核，许多工作者纷纷表示考核太多、压力太大。相反，奖励制度、薪酬保障制度以及合理的人才流动制度等激励举措却很少，甚至形同虚设，没有真正落到实处，这些都严重挫伤了工作者的积极性。

二、我国社区服务队伍的建设思路

尽管我国的社区服务事业历经 30 年的发展，社区工作者队伍仍然存在准入资格不规范、专业化程度不足、人才流失普遍等突出问题，严重制约了社区建设。因此，优化社区工作者队伍建设至关重要，如何进一步加强社区工作者队伍建设，提高社区工作者队伍素质以适应社区发展的需要，是我们当前需要解决的重大问题。

1. 规范社区工作者职业准入制度和发展制度

一方面，应严格规范职业准入制度。2003 年 11 月，上海市举行了首次社区工作者职业资格考试。其他许多城市也进行了相关探索，如厦门市委组织部、人事局、财政局、劳动和社会保障局、民政局联合印发了《厦门市关于社区工作者管理的实施意见》。特别重要的是，2006 年 7 月 20 日，国家人事部、民政部联合发布了《社会工作者职业水平评价暂行规定》和《助理社会工作师、社会工作职业水平考试实施办法》，标志着我国社会工作者职业水平评价制度的正式建立，这对促进社区工作者队伍的职业化起到了积极作用。因此，只有从法规和政策上明确社区工作者的职业身份，严格规范准入制度，才能改善队伍的整体结构和综合素质，提高其工作能力和服务水平，从而促进社区工作者队伍的良性健康发展。

另一方面，完善社区工作者的职业发展制度，是解决社区工作者队伍问题的关键。一个职业有没有发展前景，晋升空间有多大，这对于提升从业者的工作意愿来说是非常重要的。明确的职业发展制度有利于社区工作者增强发展的目的性和计划性，发掘自己的潜能，提升自身工作水平。因此，为了提高社区工作者的职业认同感和归属感，政府应高度重视社区工作，加大对社区岗位服务设施的资金投入，改善办公条件，同时将社区工作者的工资、福利、保险等列入政府财政预算中，逐步建立社区工作者工资正常增长机制，使其生活水平与物价水平保持同步增长，从而促进社区工作者的职业认同感，增强队伍稳定性，减少人才流失。此外，还可借鉴发达国家的经验，明确社区工作者的职位晋升和职称评定方法，在引导其积极投身社区工作的同时，为其提供应有的法律保障和良好的职业发展空间。例如，根据我国重视"是否有编制""是否稳定"的就业传统，为工作积极、能力突出的社区工作者开放一些事业编制和公务员编制，同时鼓励他们报考与社区服务工作相关的硕士、博士课程，大力表彰先进社区工作者，以吸引更多的专业人才从事社区工作，从而建立一支相对稳定、充满生机和活力的职业社区工作者队伍。

2. 强调岗位匹配，明确职责分工，提高社区服务队伍的工作效率

社区是最基层的城市建设组织部门，承担着上级部门下达的行政事务工作。与较低的薪资水平相比，很多社区工作者对于繁杂而缺乏专业性的工作更不能忍受，从而导致其产生诸如"职责不清""专长得不到发挥""工作吻合度比较低"等抱怨。因此，强调岗位匹配，规范岗位职责对于社区服务队伍的建设尤为重要。

一方面，应强调岗位匹配。近年来，社区吸纳的绝大部分工作者均为应届大学毕业生。

只有将具备相关专业知识和特长的大学生分配到对口的社区工作岗位，才能有效地缩短适应期，更好地发挥其专业优势。因此，为了实现人员与岗位的合理配置，可以让新入职的大学生社区工作者先在社区各个工作岗位上实习一段时间，之后再选择最适合他的岗位。

另一方面，应明确职责分工。社区工作者之所以不愿意长期留在社区，与他们尴尬的地位和处境有很大的关系。为此，社区应通过有效的工作科学分析建立和完善权责分明的工作体系，明确各部门和社区工作者自身的使命与职责，以减少社区工作者的非本职工作，减轻其过重的行政负担，以助其提高工作效率。

此外，应加大政府购买社会服务的力度，充分调动社会组织参与社区发展，使得社区工作者从烦琐复杂的事务中解脱出来，集中力量为居民服务。

3. 完善社区工作者培训督导制度，提升社区服务队伍的专业化水平

一方面，对新晋社区工作者进行职业教育与技能督导，教授专业社会工作技能与方法，帮助其尽快适应社区工作环境，明确岗位职责。例如，可以加大与当地党校、高校和科研机构的合作力度，深化"小社区、大总管"培训平台，依托党校、高校、科研机构等力量，规范培训师资、培训教材、培训时间、培训内容及方式；同时，引进先进的培训教育理念，注重新时期社区服务工作能力提升的培训，为新晋工作者创造更多外出学习的机会，全面提高其专业水平与职业素养。

另一方面，对老社区工作者实施继续教育与再培训。大多数老社区工作者并非社区管理或社会工作专业毕业，没有进行过系统的社区工作理论与方法的学习和培训。对此，应给予政策性倾斜，使老社区工作者有机会参加学历教育和社会工作职称考试，从而提高持证上岗率。同时，要特别注重培训和督导的针对性、实用性，根据社区发展和岗位需要，结合社区工作者继续教育的要求来进行培训和督导，使其具备专业知识与技能，从容应对工作中的难点与问题。

4. 健全考核激励机制，充分激发社区工作者的工作积极性

一方面，要加强对社区工作者的考核。各行各业都有考核标准，社区工作者也不例外。社区工作者服务的是社区居民，居民是否满意是考核的标准。为此，应建立一套科学的考核办法，按照公平、公正、公开的原则，从政治素养、业务素养等方面开展全面考核，对于优秀的社区工作者给予年终表彰及奖励，不合格者淘汰出局。

另一方面，要更加注重对社区工作者的激励。一是要提高社区工作者的薪酬待遇。薪酬激励是效果最显著的一项激励机制，为打造一支素质优良、稳定并充满工作热情的社区服务队伍，从根本上提升社区工作者的整体素质，解决社区工作者的工资待遇是关键。在工资待遇方面，政府需加大财政拨款，不断制定和完善相关的薪酬政策，调整和规范社区工作者的福利制度，对于持证上岗的社区工作者，根据不同职称级别给予不同的岗位津贴。同时，加强绩效考核制度的研究，采用固定薪酬和浮动薪酬相结合的方法，稳定社区工作者的心态，从而留住人才。此外，应贯彻按劳分配，提高薪酬待遇。社区工作者的工资水平、福利待遇应与各地的经济社会发展水平相适应，不能低于当地的中等收入水平，并随着专业化总体

水平的上升而逐步提高待遇。例如，上海市在2016年就明确规定：全市社区工作者的平均年收入不得低于一般职工，这极大地增强了社区工作岗位的吸引力。现阶段可行的做法是，将社区工作者工资和待遇的增长与当地社会经济发展、社区的创先争优情况、工作者的个人业绩结合起来，改变目前"干与不干一个样""干多干少一个样"的工资模式。除了基本工资和待遇外，应同时保障社区工作者应有的其他社会福利。二是要努力构建社区工作者发展平台，吸引业务能力强、综合素质高的优秀人才成为街道系统后备干部。对于在社区工作并表现突出的社区工作管理干部，符合条件的由区政府组织人事部门优先录用，并择优提拔，对社区工作者报考本市的研究生或公务员，在同等条件下优先录取，并给予政策上的倾斜。

建设一支综合素质高的社区工作者队伍是一项复杂而系统的长期工程，政府部门必须为社区工作者队伍建设提供政策上的保护，使从事社区工作的人员有一个良好的工作生活环境以及较高的工资福利待遇和社会地位，广泛吸引高素质人才加入社区工作者队伍。同时，社区工作者本身要积极参与社区建设，加强专业理论知识学习，重视学历教育与非学历教育相结合，从而为社区居民提供更专业的服务。

典型案例

山东省着力加强社区工作者队伍建设

2019年2月，山东省民政厅会同省委组织部等有关部门出台了《山东省社区工作者管理办法》《关于完善社区工作者薪酬体系的指导意见》，对社区工作者的基本职责、职业体系、薪酬待遇、日常管理等做了具体规定，努力建设一支素质优良的专业化社区工作者队伍，不断适应新时期加强城市社区治理的需要。

（1）实行总量管理。对行政或事业编制之外的符合法定劳动年龄的社区工作者实行总量管理，县（市、区）民政部门按照每300~400户配备1人、每个社区不少于5人的标准核定总量。同时，根据社区规模、人口密度、服务半径、居民构成、辖区单位数量等因素，在总量内统筹确定各社区具体人员数量，并报市级有关部门备案。

（2）规范招录工作。除选任人员外，其他社区工作者由市、县（市、区）民政部门会同有关部门采取公开招考的办法录用。招录对象年龄一般在40岁以下，并具有大专以上（应届毕业生大学本科以上）学历，为打造一支年龄结构合理、综合素质高的社区工作者队伍奠定了基础。县（市、区）制定的具体招录办法，需报设区市民政部门会同有关部门审查备案后，由县（市、区）民政部门牵头组织实施。

（3）完善职业薪酬体系。根据社区工作者的岗位职责、社区工作年限、受教育程度、相关专业水平等综合因素，确立社区正职、副职和工作人员三类岗位共十八级的等级序列，形成较为完整的职业发展体系。市或县（市、区）根据当地事业单位新入职人员应发平均工资合理确定社区工作者的薪酬待遇起始标准，并根据事业单位工资普调增资情况同步联动调整。

（4）强化教育培训。县（市、区）每年对社区"两委"成员进行集中轮训，县（市、区）相关部门和街道组织每年对其他社区工作者进行全员培训。支持社区工作者参加社会工作者职业水平评价和社会工作学历教育，对取得职业资格并按规定登记的人员给予职业津贴。定期安排社区工作者轮岗交流和实践锻炼，提升社区工作者队伍的专业化水平。

（5）扩宽发展渠道。对于表现优秀、实绩突出的社区工作者，建立"发展党员——进入'两委'班子——补充为公务员或招聘为事业单位人员——推荐为党代会代表、人大代表和政协委员"的渐进式职业发展通道，鼓励并倡导优秀社区工作者长期在基层干事创业。县（市、区）补充街道机关公务员时，一般应拿出不少于补充街道机关公务员总数20%的名额，面向优秀社区党组织书记考录；连续任职满2届、表现优秀的社区党组织书记可招聘为事业单位工作人员，破解了社区干部成长的"天花板"的问题。

（6）健全激励机制。将社区工作者薪酬与个人表彰奖励、和谐社区建设示范单位等集体荣誉相挂钩。获得功勋荣誉、国家级表彰奖励、省部级表彰奖励的社区工作者，在本岗位等级基础上分别高定5个、2个、1个等级；所在社区获得全国、全省先进基层党组织或全国、全省"和谐社区建设示范单位"称号的社区工作者，给予一定数额的绩效奖励，有效激发了社区工作者干事创业的积极性和主动性。

拓展阅读

引导高校毕业生扎根基层 到祖国最需要的地方建功立业

2020年全国"两会"召开期间，全国政协委员、北京师范大学党委书记程建平在接受采访时，就"构建中国特色高校毕业生社区工作制度"这一热点话题阐述了自己的观点和建议。

在此次抗击疫情过程中，社区工作人员奋战在抗击疫情的一线，社区工作的重要性凸显。"由此可见提高国家治理现代化水平，重点在基层。"他认为，社区工作者队伍建设是需要关注的课题，应从功能定位、优化制度等多方面建立健全高校毕业生社区工作制度。他建议，要推进疫情防控常态化下的基层治理制度改革；建立健全我国的社区工作者制度，争取用1～2年的时间基本实现全国每个村、每个社区至少有1名高校毕业生的目标；要把社区工作制度优势转化为社会治理效能，实行义务社区工作者和志愿社区工作者相结合的社区工作制度。"在有关配套制度中明确，高校毕业生参加社区工作和接受社区工作培训和教育是应尽的义务。"

程建平认为，构建中国特色高校毕业生社区工作制度也是其中关键的一环。"一方面，要深化高等教育改革，科学谋划非社会工作专业毕业生接受有关培训后在社区工作的制度，提高适应基层社区工作需求的能力。另一方面，要完善社区工作者可持续发展机制，包括将社区工作者招收纳入各地人才发展规划，完善培养、选拔和考核机制，健全工龄和薪酬体系，提升社区工作者的职业归属感。"

课后作业

一、不定项选择题

1. 职业社区工作者一般包括（　　　　）。
   A. 社区居委会工作人员　　　　B. 社区卫生服务中心工作人员
   C. 社会工作者　　　　　　　　D. 社区志愿者
2. 社区工作者的角色主要包括（　　　　）。
   A. 服务提供者　　B. 中介者　　C. 资源整合者　　D. 调解者
3. 社区工作者应该具备的基本素质包括（　　　　）。
   A. 专业素质　　B. 政治素质　　C. 职业道德素质　　D. 身心健康素质
4. 社区工作者具备的理论知识主要来源于（　　　　）。
   A. 社会学　　B. 心理学　　C. 管理学　　D. 法学
5. 社区工作者应该具备的基本能力包括（　　　　）。
   A. 观察能力　　B. 理解能力　　C. 表达能力　　D. 社会调查能力

二、简答题

1. 简述社区服务队伍的人员构成。
2. 简述社区服务队伍的素质要求、知识要求及能力要求。
3. 简述目前我国社区服务队伍中存在的问题。
4. 简述我国社区服务队伍的建设思路。

三、实训题

任务描述：将学生分成小组，以小组为单位，选择某社区，以志愿者的身份介入该社区，帮助社区开展服务工作，从中体验社区工作者的角色，并总结该社区队伍建设的经验。

任务引导：

1. 通过与该社区的居委会建立联系，了解该社区目前开展的主要服务。
2. 以志愿者的身份介入，协助社区工作者开展服务。
3. 根据实践中体验到的社区工作者的角色及该社区队伍建设中的经验，撰写一份实践报告。

项目三　认知社区服务工作方法

项目概述

本项目通过查找资料、实地走访社区、观摩社区服务等形式,介绍我国社区服务的典型模式,探索我国社区服务模式的发展趋势,同时介绍社区服务方法,使学生能够结合社区实际情况设计社区服务项目,培养学生在社区服务实践中应用评估方法的能力。

学习目标

知识目标：明确社区服务模式、社区服务方法、社区服务评估的含义；掌握社区服务项目的设计流程；熟知社区服务项目评估的内容。

能力目标：掌握社区服务的基本方法和技能；能够撰写社区服务项目书；能够在社区服务中运用评估方法。

任务一　熟悉社区服务模式及工作方法

任务描述

作为一名社区工作者,应了解社区服务的现有模式,并思考如何选择合适的社区服务模式为居民服务；同时要掌握社区服务的工作方法,并将其运用于社区服务实践,以提升社区服务的效率和质量。

案例导入

天津市东新街道远翠东里社区占地面积为0.084平方公里,有居民1530户,共5010人。社区以"小社区、大服务"的职能定位,强化"共建共驻、资源整合、数据共享、邻里守望"功能。社区积极为"一老一小"服务：一方面以社区青少年为载体,开设文娱课堂,通过"大手牵小手"活动使社区文化渗透到每个家庭；另一方面,设立"社区爱心志愿帮扶团队",让更多退休了的党员和热心居民加入其中,营造团结互助的邻里氛围。

远翠东里社区老年人居多,社区内设有老年日间照料室、多功能活动室、电子图书阅览室、暖心服务室等,免费向老年人开放,提供社区的"一站式"多功能服务。社区每年和天津市老年基金会开展"助老帮扶"法律援助进社区活动,所提供的法律咨询、法制宣传、司法援助、矛盾化解、纠纷调处、民情研判、群防群治等方面的服务，为社区的老年居民办了不少实事，大大提升了其晚年生活的平安幸福指数。社区还充分利用现有的场地、人力和物质资源，为老年人广泛开展舞蹈、歌咏、模特、戏曲等各类有益健康的文体活动，同时以组建业余文体队伍为切入点，组织开展"老少同乐"、老年人体育运动会等活动，丰富了老人们的精神文化生活。

社区采取"一核三轴四联五心"服务模式，构筑"大邻里"党建领导服务体系，即社区综合党委一个核心，社区居民委员会、社区工作站、党群服务中心三个管理服务主体，社区社会组织、物业管理公司、辖区企事业单位及党员志愿者四类多元共建堡垒，暖心志愿者服务中心、日间照料中心、法律援助中心、特教服务中心和文化活动中心五个互助活动中心，形成了"精准管理""精细服务"和"精细网格化"社区治理模式。社区党委还按照"政府支持、社会运作、多元互动、合作共赢"的运作模式，积极培育社会组织和志愿服务团队，提升社区综合服务效能以及群众对社区治理的知晓度和参与度。

案例思考

结合案例，谈谈你对社区服务模式的理解。

知识链接

随着改革开放的深入和经济的发展，社区服务越来越重要，人们对社区服务理论的研究也加快了步伐。社区服务理论具有高度的概括性和抽象性，而社区服务则具有丰富的活动性和实践性，探讨社区服务模式可以丰富和发展社区服务理论，也有利于指导社区服务实践。

一、社区服务模式概述

（一）社区服务模式的含义

模式是把解决某类问题的方法总结归纳到理论高度，形成解决某一类问题的方法论。当一个领域逐渐成熟的时候，就会出现很多模式，比如建筑领域有建筑模式，软件设计领域有设计模式，同样地，社区服务领域也有社区服务模式。社区服务模式是人们在实践中对社区服务方式规律性的认识，是对社区服务过程的主要构成要素进行的概括或组合。选择一种合适的社区服务模式，有助于社区工作者高效地完成工作任务，也有助于社区服务的发展和民生福祉的提高。

（二）社区服务模式的发展趋势

1. 多样化的发展趋势

我国社区基本建立了社区服务中心，服务的软硬件设施不断完善，越来越多的大学毕业生成为社区的专职工作人员，社区服务已普及到大中小

我国主要的社区服务模式

城市和农村，并由单一的服务变为"一条龙"式的网格化服务。随着社区服务的深入开展，我国在探索过程中也逐渐形成了具有中国特色的社区服务模式。从总体上说，党政部门领导、民政部门牵头、有关部门配合、社区居委会主办、社会各界支持、群众广泛参与，是我国社区服务的运作模式。但目前，由于各地的发展程度和文化特色不同，其社区服务模式因而有所不同，呈多样化发展趋势。下面介绍几种我国典型的社区服务模式。

（1）社区服务的开封模式。这种模式采用产业化的运作模式，创新工作体制，建立百姓家庭生活服务中心，通过该中心为社区百姓办实事。例如，百姓家庭生活服务中心曾组织中央电视台《综艺大观》节目与开封百姓见面，也曾举办"百姓点题"活动，还与企业联合举办幸福欢乐家庭大赛活动等。开封模式秉持以人为本的价值理念，以福利性为服务宗旨，开展了一系列的活动，并把老百姓需求纳入其中，获得了良好的社会效益和经济效益。

（2）浦东新区罗山市民会馆的社区服务托管模式。"罗山市民会馆"模式的主要特征是政府主导、各方协作、市民参与、社团管理，该模式是上海市在社区服务中引入社团和社会化管理机制进行实验和探索的结果。社区服务托管模式有利于节省资源，提高社区公共服务的成效，也有利于引导、培养和锻炼社区居民在接受服务、使用设施的过程中的自我管理能力。

（3）哈尔滨南岗社区的资源整合模式。这种模式发挥社区工作者"协调者"的角色，通过资源的整合来解决居民的生活困难。资源整合模式充分利用社区"资源共享"，深度开发与整合人力资源、实物资源、信息资源、制度资源等社区内外的有形资源和无形资源，满足居民的不同需求。

（4）大渡口区百佳园社区的党建引领模式。这种模式以社区党组织为引领，整合社区党员力量，以小区物业管理公司为抓手，构建"党组织＋物业＋居民骨干"于一体的社区服务体系。党建引领模式将党建工作寓于社区服务中，使党建工作自始至终贯穿居民自治、社区共治和区域化党建，使群众工作有形化、常态化、长效化，服务群众的效能得以推动。

2. 信息技术贯穿社区服务

近年来，互联网、云计算、信息智能终端等新一代信息技术日新月异，有力地推动了人们生产生活方式的转变和社会治理模式的变革。社区服务也越来越重视现代技术的运用，我国许多地方积极顺应时代的转变，积极创建智慧社区。

传统社区服务的供给主体、方式、内容等随着智慧社区建设的推进而发生了深刻的变化。如今，越来越多的非营利性组织、商业组织以及居民个人共同成为公共服务的供给主体，他们借助各类平台整合资源，为不同的群体和个人提供多内容、差异化、有针对性的公共服务，极大地提高了办事效率，增强了居民的获得感、幸福感和安全感。同时，智慧社区的变革对基层社区管理服务水平也提出了更高的要求，社区服务应主动与互联网、大数据、云计算、物联网技术深度融合，实现社区服务全人群覆盖、全天候受理和一站式办理。

二、社区服务的工作方法

随着经济社会的发展，社区居民群众的物质、文化、生活需求日益呈现出多样化、多层次的趋势，这就要求社区工作者在服务过程中采用多种工作方法，并对其进行不断的创新和优化。按照不同的划分标准，社区服务的工作方法大致可以分为三类。

（一）机构服务和上门服务相结合

常规性的服务一般采用机构服务，即让有需要的居民到机构接受服务。机构能更好地调动和整合社会资源，汇集各方信息，从而形成服务枢纽，并按照一定的计划和流程开展服务。而针对辖区残疾人、老年人等行动不便和缺乏照顾的困难群体，则可采取上门服务。

近年来，老龄化问题日趋严重，老年居民对上门服务的需求尤为突出，这就需要社区工作者掌握上门服务的方法。社区工作者要进行入户家访，收集每个楼栋需要上门服务的居民的信息，在开展服务活动的过程中要考虑和照顾这一部分居民的实际困难。目前的上门服务主要包括证件办理、康复训练、陪同就医、慢病管理、饮食协助、精神慰藉等服务内容。此外，还有一些针对社区家庭生活的服务也采用了上门服务的形式，如对物业及其附属设施设备的维修、维护服务，以及生活、保洁、商务等方面的服务。

随着社会经济文化的发展，居民的需求也呈现出个别化的特点，越来越多的创业者和市场组织使消费者从必须出门享受服务转变为可以任意选择时间在"家"接受服务。例如，上门取送洗衣的服务，到家美容、美甲、烹饪等服务，有的甚至还演化成为移动互联网产品，深受居民的青睐。值得注意的是，一定要建立健全监督机制，以对上门服务的内容、程序及品质加以规范。

（二）无偿服务和有偿服务相结合

社区服务一般是无偿服务，尤其是针对重点人群的福利性服务和针对全体居民的公益性服务更应该采取无偿服务。然而，随着服务对象需求的多元化，服务等级也越来越高，相应的服务成本也会增加。因此，对于用以提高生活品质的水准较高的服务可以收取适当的费用。例如，社区开展的兴趣类和拓展类等成本较高的服务活动，居家养老及儿童午托等服务。开展有偿服务可以进一步拓宽社区服务的领域，激发和满足服务对象较高层次的需求，还可以提高服务对象对服务活动的参与度。

值得注意的是，社区有偿服务是相对于无偿服务而言的，有偿服务不以营利为目的，而是从便民利民和满足服务对象的多元化及较高层次需求出发，对一些服务项目进行适度的收费。因此，要保证服务收费公平、合理、自愿；同时，在提供有偿服务之前，必须要开展收费项目制定、收费标准论证和公告周知等规范化工作流程。

（三）社会工作专业方法

社会工作专业方法是社区服务的常用方法，体现了社区服务的专业性。社会工作专业方法在社区服务方法中的地位越来越重要，我国绝大多数社区均要求社区工作人员考取社会工作职业资格证书，通过学习社会工作科学的专业理念和服务方法来提升服务水平。社会工作专业方法主要包括个案工作、小组工作、社区工作三大基本方法，在运用专业方法的同时要秉持尊重、平等、助人自助等专业价值理念，恪守保密、知情同意、服务对象自决等专业伦理。

1. 个案工作方法

个案工作是指以有需要的个人或家庭为服务对象，帮助其挖掘潜能，增强其解决困难和适应社会的能力，促进其与环境和谐发展的一种方法。个案工作的一般程序包括接案与建立关系、收集资料与预估、制定目标和工作计划、服务计划的实施、结案与评估。

2. 小组工作方法

小组工作是指以具有共同需求或相似问题的群体为服务对象，通过小组活动过程及组员之间的互动和经验分享，帮助小组组员改善其社会功能的一种方法。一般来说，小组成员为6～12人，小组一般会经历准备期、前属期、权利和控制期、亲密期、差异期和结束期的发展阶段。

3. 社区工作方法

社区工作是以整个社区为工作对象，以统筹社区照顾、扩大社区参与、促进社区融合、推动社区发展等为主要任务，通过社区组织和社区发展来解决社会问题的专业服务活动。与前两种方法相比，社区工作更为宏观、更侧重社会环境与制度的变迁。社区工作的一般程序包括建立专业关系、收集与分析资料、制订社区发展计划、实施服务方案、评估服务成效。

典型案例

来自生命最深处的陪伴——社区独居老人照顾体系构建的个案辅导

居住在渝中区大溪沟街道华福巷社区的高婆婆患有的高血压、腿疾、阿尔茨海默病等严重疾病。社区社工刚接触到高婆婆时，她已有85岁高龄，并处于生死边缘。因为高婆婆是独居老人，没人签订手术协议无法进行抢救，所以社工面临强烈的价值伦理冲突，但仍本着生命第一的原则在手术协议上签上了自己的名字。通过后期服务的深入，社工了解到高婆婆因丧偶、膝下无子而长期处于独居状态，严重缺乏情感支持和精神陪伴，生活陷入危机。

由社区和社工组成的服务团队对服务对象的需求进行了综合性的梳理，并对社区资源进行了全面评估，共同协作对高婆婆进行服务。从2016年5月至2018年12月，社工通过专业方法与社区"医养结合服务团队"合作，转变了服务对象对疾病的认知，邀请其参与到社工开展的活动之中，搭建朋辈支持系统；链接志愿者为其提供购药、买菜、日常陪伴等服务；链接社区工作人员对服务对象进行政策宣传和上门办理等服务；链接社区医护人员对其提供服药指导、免费体检等服务；链接养老院为其提供机构养老的支持。截至2018年12月，高婆婆已经生活在辖区的孝心园养老院，但是社区服务没有终止。社区书记作为高婆婆的第一联系人，为其提供24小时开机服务；社区专职社工每月协助高婆婆进行缴费办理，每两周会进行一次探望；家庭医生将其视为重点关注对象，进行免费的上门体检；结对志愿者更是有时间就去看望一下高婆婆。

作为一个典型的老龄化社区，高婆婆这样的独居老年人在华福巷还有很多。目前，华福巷社区已经构建起以政府、社区卫生服务中心、社工机构、养老服务机构为基础的正式照顾体系，以及以家庭、邻里、志愿者、朋辈为补充的非正式照顾体系，共同为社区独居老人服务。

（本文作者：重庆市渝中区大溪沟街道华福巷社区 周伟鹏 邓履英）

拓展阅读

民政部大力推广"互联网+社区养老"模式

2013年9月，国务院印发《关于加快发展养老服务业的若干意见》，明确提出要发展居家网络信息服务，支持企业和机构运用互联网、物联网等技术手段创新居家养老服务模式，发展老年电子商务，建设居家服务网络平台，提供紧急呼叫、家政预约、健康咨询、物品代购、服务缴费等适合老年人的服务项目。2017年年初，工业和信息化部、民政部、国家卫生计生委联合印发《智慧健康养老产业发展行动计划（2017—2020年）》，促进现有医疗、健康、养老资源优化配置和使用效率提升，满足家庭和个人多层次、多样化的健康养老服务需求。2019年，国务院办公厅印发《关于推进养老服务发展的意见》，再次提出"持续推动智慧健康养老产业发展"的明确要求。《民政部关于进一步扩大养老服务供给 促进养老服务消费的实施意见》提出，要大力打造"互联网+养老"服务新模式，开发多种"互联网+"应用，构建多层次智慧养老服务体系，创造养老服务的新业态、新模式。为此，民政部着力在以下六个方面采取有效措施，进一步提升养老服务信息化水平。

（1）大力发展居家社区养老服务信息网络。支持城乡社区发挥供需对接、服务引导等作用，加强居家养老服务信息汇集，引导社区日间照料中心等养老服务机构依托社区综合服务设施和社区公共服务综合信息平台，创新服务模式，提升质量、效率，为老年人提供精准化、个性化、专业化服务。

（2）实施"互联网+"养老工程。支持社区、养老服务机构、社会组织和企业利用物联网、移动互联网和云计算、大数据等信息技术，开发应用智能终端和居家社区养老服务智慧平台、信息系统、APP应用、微信公众号等，重点拓展远程提醒和控制、自动报警和处置、动态监测和记录等功能。创新个性化健康管理、互联网健康咨询、生活照护等健康养老服务模式。打通养老服务信息共享通道，推进社区综合服务信息平台与户籍、医疗、社会保障等信息资源对接，促进养老服务公共信息资源向各类养老服务机构开放。

（3）发展智慧养老服务新业态。开发和运用智能硬件，推动移动互联网、云计算、物联网、大数据等与养老服务业结合，创新居家养老服务模式，重点推进老年人健康管理、紧急救援、精神慰藉、服务预约、物品代购等服务，开发更加多元、精准的私人订制服务。支持适合老年人的智能化产品、健康监测可穿戴设备、健康养老移动应用软件等的设计和开发。发展以老年产品、用品为特色的电商服务，有效解决研发、生产、销售、使用脱节的问题，带动整个老年消费品市场的发展和繁荣。

（4）重点推进老年人远程健康管理服务。创新发展慢性病管理、居家健康养老服务，充分依托社区的各类服务和信息网络平台，实现基层医疗卫生机构与社区养老服务机构的无缝对接。发挥卫生计生系统服务的网络优势，结合基本公共卫生服务的开展，为老年人建立健康档案。鼓励为社区高龄、重病、失能、部分失能等行动不便或确有困难的老年人，提供定期体检、上门巡诊、家庭病床、社区护理、健康管理等基本服务。

（5）加强标准化、规范化建设。尽快启动养老服务信息数据交换规范、养老机构养老服务信息数据标准规范、社区养老服务信息数据标准等行业标准的编写工作，制定统一的规范和标准，破除数据使用障碍，推动平台互联互通及信息开放和应用，为大数据的挖掘和利用奠定基础。要抓住国家推进"互联网+"政务信息化，以及民政部实施"金民工程"的有利时机，推动国家养老服务信息系统与政府信息系统、公共数据互联共享，实现养老服务资源整合和供需对接。加强规范化建设，从服务项目设计、用工时长、服务标准、满意度评估等方面形成一整套的行业或企业标准。

（6）为老年人创造无障碍使用环境。积极争取加大政府财政投入力度，为经济困难的老年人通过信息化手段享受政府购买服务、养老服务补贴等提供便利。积极鼓励社会组织、志愿服务组织和专业社工开展老年人使用智能产品培训交流活动。充分发挥人工智能技术在增强社会互动、促进可信交流中的作用，开发具有情感交互功能、能准确识别老年人意图的智能辅助产品，重点发展为老年人提供居家作业、情感陪护、康复护理、安防监控等服务的养老服务机器人。

任务二　设计社区服务项目

任务描述

随着社会服务的精细化发展和政府购买服务工作在各地的快速推进，项目化运作已成为社区服务的主流形式。社区工作者要具备申请项目和执行项目的能力，清楚什么是社区服务项目、如何设计项目以及如何评估项目成效。

案例导入

高山地区农村留守儿童抗逆力服务项目

农村留守儿童问题一直是政府和社会关注的热点。重庆市忠县高山地区M乡共有儿童440名,其中超过80%的儿童为农村留守儿童,他们常年和父母分离,面临着缺乏生活照顾、亲子关系疏离、心理发展被忽视、安全问题等方面的困境。社工进驻该乡后调研发现,M乡儿童应对困境的抗逆力普遍较差,在政府购买服务的资助下,社工决定在M乡开展留守儿童抗逆力提升服务项目。

该项目结合抗逆力理论和留守儿童的需求,紧紧围绕抗逆力的三要素——内在优势因素、效能因素、外部支持因素为服务对象开展绘本阅读、生命教育、素质拓展训练、抗干扰训练、社交训练等服务,同时还提供心理关怀、情绪疏导、自信心提升、困境儿童帮扶等个性化服务,以提升服务对象的个人形象感、积极乐观感,提高服务对象的问题解决能力、情绪管理能力。此外,还教授其生活技能、为其提供关怀与支持的环境,最终使留守儿童能够用正确的方式对抗逆境。

该项目在运用社会工作专业服务方法的同时,辅以心理测量技术,如运用"树木人格"心理测量方法,识别和筛选具有需要的服务对象开展个案辅导。项目始终秉持"助人自助"的理念,不仅提供可视化的服务,还注重搭建成长平台,为留守儿童提供有意义的参与机会,如组织儿童自主策划、绘制校园文化衫及防溺水宝典,制作完成后在学校和社区发放,在此过程中提升他们的自我效能感。

项目采用"社工+种子老师"的服务模式,培育5名教师作为种子老师参与服务,种子老师再运用社工理念持续发挥作用。项目扎根当地文化特色,在社区中建立具有土家族特色的社工小屋,并展示科技知识模具,促使孩子们在充分挖掘自身优势的同时能够开阔视野,引导他们运用资源面对困境,增强留守儿童抵抗逆境的能力。

案例思考

1. 结合本案例,谈谈你认为什么是社区服务项目。
2. 在进行社区服务项目设计时应考虑哪些因素?

知识链接

社区服务的项目化运作是服务实施主体运用科学的方法进行服务需求调查,并按需设计服务方案,然后通过实施具体的服务活动来满足社区居民的多元需求,最后按照专业标准对服务成效进行评估的整个过程。这种情况下,原有的社区服务格局逐渐被打破,社区居委会、社会组织和社会单位依托政府购买服务、社区微创投、小微项目大赛等形式,发现社区需求，探寻解决方案，并通过参与竞赛的方式获得资源支持，使服务方案以项目化的方式呈现和落地。一方面，经过街道的支持，社区居委会和专业社会组织的协同配合，社区服务的专业性、规范性和可持续性得以提高；另一方面，社区服务的项目化运作充分挖掘和培育了社区居民领袖，并以此聚合更多有意愿、有能力的社区居民，从而有效地激发了社区建设的参与活力。

一、社区服务项目概述

（一）社区服务项目的含义

项目是指为了达到特定的目标而进行的一系列有组织的活动。社区服务项目是指以社区居民为对象，以满足社区居民的特定需求，减少或消除社区问题为目标，通过整合和运用社区内外的资源，促进社区和谐发展的项目活动。

在社区服务的多元供给机制中，社区服务项目的实施主体是街道办事处及社区居委会、社会组织和市场组织。社区服务项目的服务对象是社区的全体居民，重点服务对象是社区中特别需要帮助的群体，如未成年人、老年人、残障人士、低保户等。

（二）社区服务项目的类型

1. 针对社区重点群体的服务项目

此类服务项目根据不同群体的特点和实际困难为其提供有针对性的服务。社区的重点群体包括未成年人、老年人、残障人士、优抚对象、低保户、失业人员、大重病患者、服刑人员、戒毒康复人员等。社区工作者要按照其需求提供相应的社区服务，如针对老年人开展健康干预、心理关怀、文化教育、结对关爱等服务项目；针对残障人士开展残疾人综合康复、精神文化、技能培训等服务项目，为留守儿童、外来务工子女开展学业辅导、心理疏导、生命教育、安全教育、防性侵教育等服务项目。

2. 面向社区全体居民的服务项目

此类服务项目为社区全体居民提供社区服务，体现着社区居民的共同需求，并涉及不同服务领域。这些服务领域主要包括社区家居生活服务领域、社区环境综合治理领域、社区文化建设领域、社区公共安全领域、社区医疗卫生领域、社区心理健康领域、社区婚姻家庭领域、社区邻里关系领域等。例如：社区医疗卫生服务包括健康咨询、卫生宣传、医疗诊断、疾病预防；社区家居生活服务包括楼道卫生清理、绿化面积维护、社区噪声控制、垃圾分类、火灾隐患消除等。社区服务项目应根据不同社区的具体情况和发展规划确定服务领域。

3. 社区多元共治项目

此类服务项目是一种社区服务的新机制。在社区治理中实施多元共治是指政府部门、各类社会组织以及居民按照各自的方式和职责对社区事务进行管理，其本质是在社区管理中实现管理主体多元化，以回应社区服务形式单一、社会参与不足的问题。因此，这类项目需要发动社区单位、社会组织以及居民进行自我管理和自我服务，从而实现多元主体共同参与社区治理。目前，社区多元共治项目的主要服务内容包括举行居民议事会、进行民主听证、实施居务公开等。

二、社区服务项目设计

项目设计是一项系统工作，包括需求调研和分析、目标制定、策划实施方案、经费预算等多个阶段。在进行项目设计时，要考虑项目是否具备可行性、专业性、可持续性、可复制性和创新性。

（一）社区服务项目设计的原则

1. 以政策为导向

国家的政策会随着社会的发展而发生变化，全国各地的重点工作也会有所不同，因此在进行项目设计时必须要符合当地发展的实际情况，要与政策导向结合起来。

2. 以受益群体的迫切需求为出发点

在项目设计前先要进行需求调研，要准确定位服务对象最需要解决的问题和最需要的服务，以其迫切的需求为服务的出发点，解决社区居民许多急、难、愁问题，做到雪中送炭。

3. 符合实施主体的自身情况

项目的实施主体要对自身的优势和不足进行分析，在进行项目设计时要充分结合自身的资源优势和核心竞争力，使项目取得最优的效果。

4. 体现服务的专业性

在进行项目设计时要体现一定的专业性，即在项目理念、方法等方面要具有专业水准。这不仅要发挥实施主体的工作优势，还要善于链接社会工作、心理学、法律、科技等方面的专业资源，让专业的人做专业的事。

（二）撰写社区服务项目书

撰写社区服务项目书

社区服务项目书是进行项目设计的文字书，是实现目标项目的指路灯。在撰写社区服务项目书前，首先要做一系列的准备工作，然后拟定项目书的框架内容。

1. 准备工作

（1）开展需求调查。需求有显性需求和隐性需求之分，显性需求短期易见，容易感知；

隐性需求难以发现，但对居民未来的发展具有重要影响。社区工作者可以综合采用问卷调查法、访谈法、观察法等方法，深入调查居民的各种需求。

（2）确定服务对象和服务内容。根据需求调查结果确定服务对象之后，要明确服务对象的数量、分布区域、生活状况等，并分析其共性与个性的问题及需求，再据此制定服务内容。

（3）设定项目目标。要科学设定项目目标，使目标明确、可量化、可实现，同时还要强调投入产出比，有效运用有限资源来做一个项目。

2. 框架内容

（1）项目名称。项目名称是对服务对象、服务方式、项目目标的高度概括，是给读者的第一印象，好的项目名称不仅让人眼前一亮，更能体现清晰的服务思路。

（2）项目背景。项目背景描述的是社区问题及服务对象需求产生的背景环境，通过数据及事实分析服务对象的现状、问题和需求，说明项目实施的必要性和可行性。

（3）项目目标。项目目标分为总目标和具体目标，总目标是较为宏观的描述，具体目标是总体目标的细化，这两者需要在项目书中分别说明。

（4）实施方案。实施方案包括执行团队及分工，具体的服务内容、数量、流程和进度安排，以及管理措施、宣传方式等。有了实施方案，就可以按计划执行项目，保证项目的进度完成。

（5）预期效果。预期效果包括项目产出和项目成效。项目产出是达到的可量化的指标，如实施服务活动的场次、服务人数等；项目成效是指服务对象的改变，以及对社区、社会和该服务领域产生的积极影响。

（6）过程评估。对项目实施的过程进行评估是项目顺利完成的重要保障，通过服务满意度调查、服务对象访谈、参与式观察法、相关利益方会谈等方式进行项目描述和项目自我监测，可以及时发现服务过程中的问题，从而进行方案调整，或是总结优秀的经验。

（7）经费预算。经费预算是项目计划的资金支出。在编制预算时应列明开支的用途、数量和单价，要结合资助方的要求制定规范、合理的预算。

三、社区服务项目评估

社区服务项目评估是项目结项的重要依据。通常，对社区服务项目进行评估是由服务对象、项目资助方和实施主体来负责，以改进服务方法和提高工作效率。

（一）社区服务项目评估的含义

1. 社区服务项目评估的定义

社区服务项目评估是指对社区服务项目目标的实现程度、专业服务效果及项目资金的使用情况的监控。评估可以监察服务运作是否达到目标，衡量服务是否具有专业水平，对各方人士（购买方、服务对象、合作方）做出交代，推动服务进行自我完善，以评促建、以评促改。

2. 社区服务项目评估的原则

社区服务项目评估应遵循客观性原则、系统性原则、可操作性原则和有效性原则。客观性原则是指评估要准确反映项目在投入、产出以及成效等各方面的实际情况。系统性原则是指要科学分配评估指标的权重，以综合反映项目的整体情况。可操作性原则是指评估方法要易于操作，定量与定性相结合，并符合项目实际。有效性原则是指评估结果能够如实反映项目运作的绩效，可判别水平差异程度。

（二）社区服务项目评估的内容

在设计服务项目时，我们通常都会借用逻辑模型工具作为服务设计框架。同样，逻辑模型也是项目评估的有效工具。逻辑模型包含的元素：①输入，即在服务或活动中所投放的资源（时间、人、财、物等）；②服务，即向服务对象所提供的服务以及服务的方法和过程；③产出，即服务活动产品的数量；④成效，即活动和服务为个人、家庭、组织、社区和机构所带来的益处和转变，甚至是一些较长远的影响。因此，从逻辑模型的元素来看，应从以下四个方面进行评估：

1. 项目输入方面的评估

（1）专业人员配备与使用。评估项目是否按照计划配备数量和资质相当的工作人员，组织架构是否合理；评估项目是否组织工作人员进行督导及培训，使其在项目实施中发挥相应的专业作用。

（2）资金使用。评估项目资金使用情况是否符合我国相关法律法规及项目合同等法律性文件，是否符合项目财务管理制度及方案预算。

（3）物资配置。评估场地、设施设备及物资的使用是否能够满足项目实施的需求。

2. 项目服务方面的评估

（1）项目方案。评估服务方案是否有效地回应了服务对象的需求，并能够在一定程度上缓解社会问题；是否具有专业性、逻辑性和可操作性。

（2）项目服务。评估服务过程中是否体现了"以人为本、助人自助"的价值观以及"平等、尊重、接纳、保密"等服务原则，是否运用了正确的方法开展服务，是否全面、真实地保存了项目服务档案资料。

（3）项目管理。评估项目是否制定和执行了项目管理制度；是否根据服务方案合理安排了工作进度；是否进行了过程评估，并根据评估反馈合理调整服务方案；是否具有意见反馈与投诉处理机制，以及风险应急预案。

3. 项目产出方面的评估

通过收集项目资料、各种统计数据以及问卷调查结果，评估项目的服务人数、服务频次、服务类别、服务区域以及宣传资料的发放、相关会议的开展、研究成果等方面是否符合项目标书和服务计划。

4. 项目成效方面的评估

（1）评估服务对象的改善状况、参与率及满意度。从生理、心理、行为和社会生活四个维度评估服务对象的改善状况；评估实际服务过程中服务对象的数量和频率；评估服务对象对服务活动质量、工作人员表现等方面的满意度。

（2）项目相关方对项目实施情况的意见、建议及评价。评估项目相关方，如购买方、合作方对服务活动质量、工作人员表现等方面的满意度。

（3）社会效益。评估项目的影响力、研究成果、可推广性以及专业团队成长发展的情况；评估项目对社区需求或良好的发展前景的持续影响；评估项目对社会整体发展的影响。

（三）社区服务项目评估的方法

1. 资料分析法

（1）分析组织资料。通过查看组织的基本信息、管理制度、组织日常工作记录、会议记录、财务状况等，以及项目人员团队基本信息和工作资质等档案，分析组织的运行情况。

（2）分析项目资料。通过查看项目需求调查报告、项目书、项目服务档案、服务信息反馈、项目财务信息、项目工作报告、项目宣传资料和项目调查问卷等，分析项目的实施情况。

2. 观察法

（1）观察项目服务。对项目的日常服务、活动过程进行现场观察。观察内容包括服务平台的打造、服务过程的情况、服务方法的运用，以及工作人员与服务对象的互动情况。

（2）观察项目成效。通过观察服务参与者的改变程度和服务环境的改善程度，从侧面了解项目的服务成效。

3. 问卷法

根据服务人数的多少，采取全面调查或抽样调查方法，用以收集项目服务对象满意度和服务成效等信息,并对问卷填写的完整性和真实性进行复核。

4. 访谈法

与项目的服务对象、项目相关方、项目工作人员进行访谈,就服务的针对性、专业性以及服务成效进行交流,并收集意见和建议。

那么,社区工作者在项目评估过程中如何选择评估方法呢?一般而言,可以参考表3-1来选择。

表3-1 评估内容与评估方法对照表

评估内容	评估方法
项目输入方面	资料分析法、观察法
项目服务方面	资料分析法、观察法、访谈法
项目产出方面	资料分析法、观察法
项目成效方面	资料分析法、问卷法、访谈法

典型案例

上海市社区公益服务项目绩效评估指标体系权重

上海市社区公益服务项目绩效评估指标体系由完成情况、服务满意率、财务状况、组织能力、人力资源以及综合效能等6类指标的26个因子组成,总分为100分,见表3-2。

表3-2 上海市社区公益服务项目绩效评估指标体系表

评估项目	完成情况 (25分)	服务满意率 (20分)	财务状况 (19分)	组织能力 (16分)	人力资源 (12分)	综合效能 (8分)
评估因子	项目进展与项目计划的符合性(4分) 服务人数(5分) 服务频次(5分) 安全服务情况(2分) 服务成效(9分)	服务对象满意率(15分) 项目相关方满意率(5分)	项目支出合规性(2.5分) 项目支出合理性(2.5分) 资产管理(2分) 预算管理(2分) 财务管理(10分)	组织管理架构(2分) 组织制度建设(2分) 项目管理能力(6分) 社会动员能力(3分) 项目可持续发展能力(3分)	项目人力资源数量(2分) 项目人力资源质量(2分) 项目工作人员培训(2分) 项目志愿者培训(2分) 人力资源管理(4分)	项目对同类服务的影响(2分) 项目对项目执行组织的影响(2分) 项目对行业的影响(2分) 项目对社会的影响(2分)

> 拓展阅读

社区服务项目申报书

项目名称：

项目申报单位：

项目实施地点：

项目负责人：

一、项目基本信息					
项目名称			项目周期		
项目实施地点					
项目受益人			项目收益人数		
项目总预算					
申报单位名称			登记证号		
申报单位成立时间			单位负责人		
项目服务团队	姓名	职务/职称/职业资格		电话	邮箱
项目负责人					
项目工作人员					

二、项目具体情况	
1. 项目背景	
需求分析	项目实施的现实情况、必要性和迫切性。
受益人描述	要求清晰界定本项目的受益人，描述其基本特征、问题状况等信息。
可行性	分析项目实施的经验以及能够获得的各方面支持等。
2. 项目方案	
项目目标	要求清晰、可实现、可衡量，可分为短期目标、中期目标、长期目标。
项目服务内容	计划开展的具体服务。
项目实施进度	包括服务阶段、内容、形式、具体时间、地点、参与人数等。
项目宣传	包括宣传时间、内容、途径、频次等。
项目管理	为顺利实施项目建立的机制和采取的措施，包括对人、财、物品的管理制度。
项目创新性	分析本项目的创新之处。
项目可持续性	分析项目结束后持续运作的可能性。
项目预期成效	对服务对象、社区、服务领域产生的持续性的影响。

三、项目资金预算				
	支出明细		预算明细	金额（万元）
资金预算	服务经费（包括物资、交通等费用）			
	人员经费（包括专职工作人员、督导、志愿者等费用）			
	管理经费			
	不可预估费用			
	合计			

课后作业

一、不定项选择题

1. 社区服务项目的实施主体包括（　　　　）。
   A. 街道办事处　　　B. 社区居委会　　　C. 社会组织　　　D. 市场组织
2. 罗山市民会馆的运作模式包含（　　　　）。
   A. 政府主导　　　B. 市民参与　　　C. 各方协作　　　D. 社团管理
3. 下列不属于社会工作专业方法的是（　　　　）。
   A. 机构服务和上门服务相结合　　　B. 个案工作
   C. 小组工作　　　D. 社区工作
4. 社区服务的重点人群包括（　　　　）。
   A. 低保户　　　B. 优抚对象　　　C. 残障人士　　　D. 失业人员
5. 社区服务项目评估的内容包括（　　　　）。
   A. 项目输入方面的评估　　　B. 项目服务方面的评估
   C. 项目产出方面的评估　　　D. 项目成效方面的评估
6. 社区服务项目评估的方法包括（　　　　）。
   A. 访谈法　　　B. 问卷法　　　C. 观察法　　　D. 资料收集法

二、简答题

1. 简述社区服务的方法。
2. 简述社区服务项目设计的原则。
3. 简述逻辑模型的内涵。

三、实训题

任务描述：将学生分为不同的小组，以小组为单位，选择不同的社区，针对每个社区的实际情况和需求进行项目设计。

任务引导：

1. 通过实地考察、资料查找和与该社区的居委会工作人员进行访谈，了解该社区的历史发展情况、区域特点、人口结构、资源以及问题和需求，对该社区进行调研，形成社区调研报告。
2. 根据社区调研报告和社区服务项目设计的原则和主要内容，撰写一份社区服务项目计划书。

模块二 / Module 2

02

社区服务实务

项目四　开展社区青少年服务 // 50

项目五　开展社区老年服务 // 73

项目六　开展社区妇女服务 // 97

项目七　开展社区残疾人服务 // 112

项目八　开展社区矫正服务 // 132

项目九　开展社区优抚服务 // 148

项目十　开展社区流动人口服务 // 168

项目十一　开展社区再就业服务 // 189

项目十二　开展社区社会保障服务 // 205

项目四　开展社区青少年服务

项目概述

本项目通过阐述社区青少年服务的内涵和内容，探索社区青少年服务在个人层面、群体层面和社区层面的工作方法，以及社区青少年服务项目的设计原则、设计流程和工作技巧，以便学生能够根据社区青少年的实际需求，设计并实施社区青少年服务项目。

学习目标

知识目标：了解何谓社区青少年及其特点和需要；明确社区青少年服务的内容。

能力目标：掌握社区青少年服务的工作方法；能够设计与实施社区青少年服务活动；能够针对不同需求的青少年采取不同的服务方式，满足其个性化需求。

任务一　探讨社区青少年服务的内涵与内容

任务描述

作为一名社区工作者，为了更好地为青少年服务，必须明确青少年服务对象以及社区青少年服务的内涵，掌握社区青少年服务的主要内容。

案例导入

河南省信阳市某老城区一街道有贫困家庭300多户，贫困家庭青少年100多人。与其他家庭的青少年相比，贫困家庭的青少年因家庭经济困难以及"低保"标签的影响，不仅在生活、教育、医疗等方面得不到较好的保障，心理压力也较大，性格内向，不爱与人交往，有的甚至存在心理问题。为促进青少年健康成长，预防和减少贫困家庭青少年犯罪行为，某社工机构决定暑期为本街道贫困家庭青少年举办主题为"快乐成长、知法守法"的成长小组活动。社区社会工作者通过入户访谈，对该街道60多位青少年，特别是贫困家庭青少年进行了评估，掌握了其问题和需求，据此制订了帮扶计划，并策划了一系列的法制宣传主题活动。

案例思考
1. 结合案例，谈谈你对青少年群体的认识。
2. 社区工作者应从哪些方面做好青少年服务？

知识链接

社区是青少年聚集的一个重要场所，社区工作者需要了解年龄阶段特征、心理需求和社会变迁带给青少年的影响。一方面，青少年处于儿童和成年之间的过渡期，是一个无论在生理上还是心理上都处于急剧变化的关键时期，充满着依赖与独立、幼稚与成熟等种种错综复杂的矛盾，社区工作者必须认识和掌握青少年过渡期的特点，给予恰当的心理调适，帮助青少年平稳地完成过渡；另一方面，经济的高速发展也给青少年群体带来了不可回避的变化。比如，许多青少年对一些社会陋习缺乏认识和判断能力，将自己致于高度危险之中。此外，许多青少年还遭遇了心理健康问题。

青少年如果对社会变迁带来的改变适应不良，就很有可能做出伤害自己及危害社会的行为。因此，社区工作者需要持续完善和强化青少年的社会支持网络系统，以便在青少年陷入困境时做出有效干预，这对于改善社区青少年群体的生存发展状态至关重要。

一、社区青少年服务的内涵

（一）青少年及社区青少年服务的含义

世界卫生组织将青少年确定为年龄在 10～19 岁之间的个体。而各国对青少年阶段的开始和结束的界定常因国家和个体功能而异。年龄只是青少年群体的粗略描述，我国官方对青少年群体的年龄没有统一的界定。综合各种文献资料来看，我国一般认为青少年是介乎儿童和成年之间的过渡期，它属于生命周期中的一个重要转变期，是个体生长迅速且具有很大潜力的时期，同时也是面临较大危险、受社会环境强有力影响的时期。社区青少年的概念有狭义和广义之分。狭义的社区青少年是指处于失业、失学、失管三种状态 6 个月及以上的具有本市户籍的青少年；广义的社区青少年是指在社区内的所有青少年。

根据社区青少年的狭义定义和广义定义，社区青少年服务也可分为狭义服务和广义服务：狭义服务是针对处于失业、失学、失管三种状态 6 个月及以上的具有本市户籍的青少年所提供的社区预防和社区服务项目；广义服务是针对社区全体青少年提供全面发展的服务。综上所述，本书认为社区青少年服务是指社区组织或社区工作者依托社区，充分利用与整合社区资源，以满足辖区范围内的青少年的各种需求为目标而开展的各种形式的服务。

（二）青少年的特点及需要

1. 青少年的特点

（1）青少年的生理特点。第一，体型巨变，表现为青少年身高和体重的突增；第二，机能健全，表现为青少年心血管系统和呼吸系统的发育；第三，神经系统的发达，表现在脑和神经系统的发展；第四，性成熟，表现在个体性生殖器官的形态发育、功能发育的成熟以及第二性征发育的成熟。

（2）青少年的心理特点。第一，自我意识发展迅速。在此期间，青少年通过与父母或老师"抗争"获取独立感和自由感，通过勤奋学习和广交朋友获取自信心和自尊心。第二，认知力旺盛。青少年不仅拥有儿童期"传承"下来的直观形象思维，而且随着年龄的增长，其观察力、想象力、记忆力也不断增强，使得青少年接受新鲜事物速度极快。第三，情感丰富且不稳定。在身体迅速变化带来的生理压力，社会性别角色定型，人际冲突，亲子冲突及学业成绩等压力的影响下，青少年情绪具有爆发快、强度大、紧张程度高、稳定程度低等特点。

2. 青少年的需要

（1）依附性需要。青少年处于社会性发展的关键期，一方面，青少年需要通过各种努力获得相应的社会资格和必备的能力；另一方面，青少年尚未完全独立，无论在物质上还是精神上都对成人有一定的依赖，因此青少年也通常被划分为弱势群体。

（2）集群性需要。青少年大多对独立和自主有着强烈的愿望，而处于权威地位的家长往往不愿或不敢放手，这样就造成了"越想独立，越被管束"的尴尬局面。于是，青少年开始"逃离"家庭，逐渐地把注意力转向同辈群体，渴望自己能被同辈群体接纳、认同和支持。青少年与同辈群体在一起可以交流思想、增进感情和获取理解。美国心理学者哈里斯认为，对青少年个性有重要而深远影响的环境因素不是家庭，而是同辈群体。

（3）学习性需要。青少年从懵懂幼稚的童年走向成熟稳重的成年期间，对未知世界有着强烈的好奇心。在大众传媒高度发达的当下，丰富的网络媒体资源给青少年的学习、娱乐和生活开辟了新的信息渠道，也促使青少年人格独立和思想成熟，还提升了青少年主体意识和自我价值感。然而青少年缺乏对未知世界的深刻认识，再加上自控力低下和是非观念薄弱，极其容易被媒体左右，导致青少年的学习具有明显的现代传媒导向特征。

（4）自我同一性的需要。自我同一性是一种关于我是谁、我想干什么、我能干什么、我会成为什么样的人等一系列感觉。若青少年"同一性胜利"，他们就会找到自己的定位，逐步稳固人生观、价值观和生活观，从而顺利过渡到成年期；若青少年"同一性失败"，他们就会对自己缺乏清晰的、稳定的同一感，就会深陷迷茫、混乱和自卑的深渊，极有可能出现逃避社会或反社会的行为。

二、社区青少年服务的功能

1. 助推青少年道德水平提升

"育人为本,德育为先",德育教育作为学校教育的重要组成部分之一,对于青少年的健康成长有着重要意义。当前,德育教育存在德育内容滞后、教学组织形式古板等问题,导致学校在青少年德育工作中力不从心;家庭德育作为德育最重要的一个途径,存在着家长教育方式简单粗暴、教育内容片面空洞、家长频繁道德失范等问题,导致家长在青少年德育工作中节节败退。因此,社区德育的社会功能日益凸显。社区工作者进行德育工作时,在教育方式上更加开放灵活,不局限于传统理论灌输,而是寓德育于公共服务和社区文化活动之中,使得德育的吸引力增强,进而潜移默化地影响青少年。

2. 促进青少年社会化发展

学校教育过多地重视青少年的智力教育,忽略了对青少年社会角色的培养,导致青少年向成年人的过渡受阻,只能"安心"地做学生;随着社会节奏的日益加快,一些父母往往只关心青少年的衣食住行,漠视青少年的喜怒哀乐;随着邻里关系的弱化,青少年在社区中与同辈群体的交往频次也在逐渐减少;随着网络媒体的日益普及,自控力低的青少年沉迷于网络,人际交往越来越多地从现实世界迁移到虚拟世界,而虚拟世界无法为青少年的角色学习提供相应的行为规范。因此,开展社区服务对青少年社会化的重要性日益凸显。社区工作者设计丰富多彩的项目,吸引青少年参与社区活动,可以培养青少年奉献爱心的可贵品质,可以塑造青少年的世界观、人生观和价值观,可以提升青少年的自尊心和自信心,可以促进青少年建立社区意识、参与意识、民主意识,鼓励青少年参与社区建设,成为社区服务的志愿者。

3. 助力青少年综合素质提高

社区工作者在社区内利用各种资源,创设丰富的活动内容和形式,营造青少年成长的社区环境,旨在提升社区青少年综合素质,以便青少年在社区活动中发挥自身的聪明才智,实现德智体美劳全面发展;培养青少年具备团体性格及团队协作能力,解决因追求独立自主而与团体目标相左的冲突,引导青少年学习人际沟通技巧并增强其适应社会的能力;协助青少年有效地选择职业,帮助并且使得他们通过社区的活动来体会各种职业的特性,以此了解符合自己性格和兴趣的职业。

三、社区青少年服务的内容

(一)社区青少年德育服务

国无德不兴,人无德不立。党的十八大以来,以习近平同志为核心的

社区青少年德育
服务的内容

党中央大力培育和践行社会主义核心价值观，提高全民族思想道德水平，高度重视培养社会主义建设者和接班人，强调对青少年思想进行正确引领，把立德树人作为教育的中心环节，而家庭、学校和社会正担负着这样的重任。鉴于家庭和学校在青少年德育培养上存在教法单一、内容空洞等局限性，社区工作者要进一步挖掘社区资源，引导青少年积极参与社区道德实践活动，促使家庭、学校和社区形成德育的合力。具体来说，社区工作者可以在社区范围内主要提供以下几种德育服务。

1. 孝道教育

孝敬长辈是中华民族的传统美德，社区工作者要引导青少年从小养成孝敬长辈的良好习惯。第一，举办"孝文化体验节"，引导青少年参与孝亲敬老活动，如拨打亲情电话、陪同长辈吃饭、帮助长辈洗脚、完成长辈愿望、观看孝道题材的电影或话剧，以及设计个性化的孝道祝福卡片等；第二，聘请专家进社区，带领青少年诵读中华民族经典孝道故事，来感化青少年。社区工作者可以通过开展一系列青少年喜闻乐见的活动，来引导其不忘长辈之恩，意识到长辈在其成长过程中所付出的辛劳，以增进青少年对孝道文化的理解，亲身实践孝亲敬老的传统美德。

2. 爱国主义教育

第一，社区工作者通过组织青少年观看爱国主义题材的影视作品，如《建国大业》《觉醒年代》《理想照耀中国》《长津湖》等，增强青少年的民族责任感、社会主义荣辱观和爱国主义情怀；第二，邀请社区里的老前辈向青少年讲述历史故事，增强青少年爱国爱党的坚定信念；第三，通过带领青少年探访当地的爱国主义教育基地，激发青少年的爱国、爱党情怀。

3. 环保意识教育

环境教育是党和政府提出的科教兴国和可持续发展战略的一项重要工作。第一，通过订阅环保期刊，持续地向青少年宣传环保知识；第二，开展丰富多彩的环保实践系列活动，如带领青少年参观化肥厂、自来水厂，激发青少年的环保热情；第三，结合"植树节""世界环境日""世界人口日""地球日"等与环保有关的纪念日，开展环保科普教育主题活动，如板报大赛、环保知识竞赛和"环保之星"评选等活动，提高青少年的环保意识；第四，开展以环保为主题的亲子阅读大赛、书法大赛、闯关游戏等活动，为青少年及其家长搭建环保知识平台；第五，组织青少年参加变废为宝DIY活动，比如将一次性纸杯做成漂亮的装饰品，使青少年学会爱护社区、爱护环境，从小养成勤俭节约的好习惯；第六，组织社区青少年成立"护绿队"，义务护养社区绿地，引领大批社区青少年成长为保护环境和优化环境的社区服务志愿者。

(二)社区青少年人文素质拓展服务

1. 营造阅读氛围

第一,倡议成立社区亲子读书会,既可培养青少年"读好书,好读书"的习惯,又可推动家长以"读书同行员"的身份参与活动,促进家长与青少年共读书、共进步;第二,开展"我的观后感"分享会,促使青少年相互推荐自己喜欢的书籍,介绍书籍的主要内容,漫谈读书方法、计划以及阅读后的心得体会,以培养青少年的人文素养和阅读习惯;第三,倡议社区居民成立"邻里图书馆",把图书馆开到自己家里,在主人的邀请下,青少年不仅可以走进"邻里图书馆"借阅图书,而且可以和更多的同辈群体一起阅读交流,达到以书为媒,促进沟通和提升素养的目的。

2. 举办人文讲座

新时代的青少年应该具备多方面的才能和广阔的视野,聆听人文讲座可以帮助青少年开阔眼界、增长知识、提升认知、适应社会、把握职业方向等。因此,社区工作者应主动与社区内各方公益资源建立联系,邀请各个领域内的专业人士为青少年讲解多样化的人文知识,从而提升青少年的思想境界。

(三)社区青少年社会公益实践服务

据调查,95%以上的青少年普遍存在课外生活单调、体育锻炼不足、人际关系淡薄、社会责任感缺乏等情况,且逐渐养成了以自我为中心、懒散怠惰等不良习惯,严重阻碍了青少年的健康成长。因此,社区工作者可以通过开展不同主题的公益实践活动来引领青少年的健康成长。

1. 提升综合实践能力

"四点半课堂"是社区免费为辖区范围内的青少年在放学后到家长下班回到家这段时间,提供课业辅导、免费托管及兴趣班等的一项非常受欢迎的服务,很大程度上减轻了上班族父母管理孩子的压力。社区工作者针对青少年的实际需要,除了为其提供基本的学习辅导外,还会开设健康阳光的体育课、锻炼思维的棋盘课、轻松有趣的成语教学课、美妙自由的音乐舞蹈课、挥洒自如的绘画课,以及各种锻炼动手能力的手工课,从各个方面拓展了青少年的兴趣,全面提升了青少年的综合实践能力。

2. 培养社会责任感

第一,社区工作者在社区范围内招募青少年,使其成为社区活动中心的工作小助手,通过向青少年介绍社区工作的服务理念和服务内容,培养青少年的社会责任感。第二,链接社区各方资源,组织社区青少年参与电视台、检察院、法院、医院等企事业单位的公益服务,从中体会这些职业的责任和内容,促进青少年直接接触社会,获得直观感受。社会责任感的培育需要青少年持续参与社会实践活动,在实践中深刻体会社会的人才需求,从而增强社责任意识，逐渐建立起社会责任感。

（四）社区青少年帮扶维权援助服务

帮扶服务是指社区工作者对青少年犯罪人员提供的矫正帮教和普法教育服务。第一，成立志愿者团队，确保"有人扶"。社区工作者对接区域内的志愿者团队，从中心志愿者队伍中选调教师、心理咨询师、律师等组成社区青少年矫正人员帮教团，定期为其开展法律知识讲座、心理咨询服务等活动。第二，制订帮扶方案，确保"动态扶"。针对青少年帮扶对象，做到一对一了解情况，一对一制订帮扶方案，特别是对重点对象开展个案跟踪与个性化帮扶，确保帮扶实效。第三，融入党员力量，强化"精准扶"。实行党员与困难青少年结对，通过精神上鼓励、物质上支持，在一定程度上帮助社区内的困难青少年解决生活、学习和就业方面的实际困难。

维权援助服务是指社区工作者在青少年被害人的身体康复、心理疏导、法律援助、司法救助等方面提供及时的服务。第一，就司法援助来说，社区工作者针对青少年群体互联网应用能力强、依赖性大的特点，及时开通法律服务中心互联网维权平台，同步利用公、检、法、司的微信、微博平台，12348法律咨询热线、12355青少年热线等平台，开展在线法制宣传、法律咨询、法律援助申请、受理等维权服务。第二，社区工作者要积极链接各种资源，针对青少年的维权问题，实行多部门联动，一站式服务。立足司法行政职能，针对需要通过法律途径维权的青少年群体，由各司法所创建"青少年维权岗"，开辟青少年维权绿色通道，将这类青少年群体纳入免审经济状况的范围，简化申请法律援助的程序，加大法律援助服务力度。

典型案例

YOUNGS扎根社区助力青少年成为"更好的自己"

上海市静安旸昇创益青少年发展中心（简称YOUNGS）是致力于青少年社会实践能力开拓与个人自我发展的青年社会组织，服务14～21岁的泛中学生群体，通过社会实践能力将中学生培养成为具有自主性、社会创新意识、公益心、估计视野与综合竞争软实力的未来践行者，成为"更好的自己"。

依托中学生综合素质评价体系的确立与国际教育竞争环境的大背景，YOUNGS以社会创新为出发点，为中学生的社会实践活动（包括社团活动、公益志愿服务等）提供一体化的服务解决方案。

YOUNGS致力于带领中学生扎根社区，从身边发现社会问题，以中学生能力培育与社会实践和志愿服务需求为切口，根据政府、社区与企业的相关社会志愿需求，承接相关政府购买项目，提供融合线下活动与线上工具和新媒体传播的一体化创新解决方案。

YOUNGS先后培育、孵化高中生社团、社会志愿服务项目共计1 000余个，惠及10 000余名高中生，区域范围辐射以长三角地区为核心的80余所高中阶段学校。自2016年正式成立以来，承接各类大小政府购买项目近10个，为静安区辖区内高中生提供了近20次大中型活动机会（含培训等）、为静安区辖区内5个街道提供了中学生相关的社区志愿服务项目设计与运营。YOUNGS的品牌项目包括：Insight中学生社会创新大赛、旸昇中学生社团扶持计划、少年社区营造师行动计划等。

拓展阅读

努力建设一支数量足、能力强、有情怀的青少年社工队伍

　　加强青少年事务社工队伍建设，是共青团有效服务青少年个性化需求、帮助青少年健康成长的现实选择，也是共青团组织参与社会治理创新的重要依托。截至2020年年底，青少年事务社工队伍规模已超过6万人，服务青少年1 458万人次。

1. 构建培养体系

　　（1）建设培训阵地。把设有社工专业的高校作为共青团培养青少年事务社会工作者的合作伙伴。建设以中央团校为龙头、各级团校为主干、社会培训机构为补充的培训网络，推动他们将青少年事务社会工作者培训纳入整体培训规划。建立实训基地，提高从业人员的实务工作能力。

　　（2）开展在职培训。共青团中央连续多年举办针对专兼职团干部等群体的示范培训班。各地开展了形式多样的培训工作，提高了从业人员的专业技能和职业素养。北京团市委构建了"入职培训与定期督导、区域化培训与集中培训、职业资格培训与学历教育"相结合的培训体系，对数千名专职督导和专职社会工作者进行了业务培训。

　　（3）培养后备力量。支持专兼职团干部、青年社会组织骨干、志愿者骨干等转化为青少年事务社会工作者。吉林、安徽省团委分别组织了数千名专兼职团干部参加全国社会工作者职业水平考试。指导各地在大中专学生中广泛传播社会工作理念，通过社会实践、就业见习、职业引导等方法加强人才储备。

2. 拓宽使用渠道

　　（1）立足团内开发岗位。在共青团组织管理的12355青少年服务台、青少年宫、青年中心等机构中设置社工岗位，招录社工专业高校毕业生参与"西部计划""三支一扶"等工作。

　　（2）承接政府购买服务。指导各地主动与民政、财政、综治办、司法等部门对接，积极承接一部分政府购买服务。江西、湖南等地将青少年事务社工人才培养等内容作为单独条目列入政府购买服务目录；湖北推动青少年事务社工队伍建设资金列入财政预算；广东共青团在推动政府出台相关政策、积极培育承接主体、完善相关体制机制等方面做了大量探索。

（3）推动社会项目示范。指导各地整合各类社会资源，围绕重点领域实施专业性的社工服务项目，帮助一大批青少年事务社会工作者找到用武之地。

3. 完善保障机制

（1）争取党政支持。指导各地与相关部门对接，建立工作协调机制，争取业务指导和政策支持。目前，所有省市自治区的团委均联合有关部门出台了加强青少年事务社工队伍建设的省级政策文件。河南、云南等联合民政部门召开了推进会；广西、新疆生产建设兵团等联合相关部门成立工作领导小组或建立联席会议制度。

（2）成立专门机构。在共青团深化改革过程中，团中央在精简30%机关行政编制的情况下，专门增设社会联络部，统筹推进青少年事务社工队伍建设等相关工作。各省级团委也大多设立了专门机构或者明确由有关部门负责此项工作。

（3）建立督导机制。团中央制定了青少年事务社工队伍建设考核细则，并将考核结果纳入了全国综治工作考评体系。各省级团委也层层强化督导措施，定期通报工作进度，以便及时发现并解决存在的问题。

任务二　掌握社区青少年服务的工作方法

任务描述

作为一名社区工作者，为了更好地为青少年服务，必须掌握社区青少年服务在个人层面、群体层面和社区层面的工作方法。

案例导入

课前观看影片《哪吒之魔童降世》。

案例思考

社区工作者可以运用哪些工作方法为电影中的哪吒一类的青少年提供服务？

知识链接

一、个人层面服务的工作方法

由于青少年个人需求不同和所处环境不同，社区工作者需要多角度分析青少年的需求，多维度地寻求支持青少年的力量，从而制订现实有效的服务方案。因此，社区工作者需要针对不同状况的青少年选用不同的理论模式来分析，服务才能取得实质性的效果。

(一)青少年个案工作的理论基础

1. 生态系统理论

生态系统理论把影响人类行为的社会环境分为微系统、中系统、外系统和宏系统。从微系统到宏系统,对青少年的影响也是从直接到间接。

微系统是指个体活动和交往的直接环境。对青少年来说,家庭和学校是对其影响最大的两个微系统。中系统是微系统之间的联系,如果青少年在家庭中处于被溺爱的地位,那么一旦在学校中享受不到这种待遇,就会产生极其强烈的愤恨感,无法和同学建立平等和亲密的关系,无法听进老师的规劝。外系统是指对个体有影响但个体并不直接参与的系统,例如家庭所处的社区。宏系统是指涵盖了政治意识形态、价值取向、思想文化传统、社会政策及其教育政策、风俗习惯等各种宏观社会背景。

2. 社会支持理论

社会支持通常是指来自社会各方面的,包括父母、亲戚、朋友等给予个体的精神或物质上的帮助和支持的系统。一个人所拥有的社会支持网络越强大,就能越好地应对各种来自环境的挑战。该理论认为,社会支持对青少年心理健康具有稳定的、普遍的良性作用。

3. 优势视角理论

优势视角理论强调关注人的内在力量和优势资源。社区工作者运用优势视角的观点思考青少年问题时,并不是要刻意忽略青少年的痛苦或是不足之处,而是从另一种角度出发,协助青少年相信自己拥有解决问题的力量与资源,并具有在困难环境中生存下来的抗逆力。

4. 认知行为理论

认知行为理论认为,认知是情感和行为反应的中介,引起人们情绪和行为问题的原因不是事件本身,而是认为对事件的解释(想法和信念)。青少年的三观尚未完全形成,往往会因为一些歪曲的认知而产生不良行为。认知行为理论中的理性情绪疗法和现实疗法有助于矫正青少年的不良行为,能够帮助涉罪青少年重建正确的认知,提升情绪和行为的自我控制能力。

(二)青少年个案工作的实务过程

社区工作者遵循以人为本的工作理念,采用一对一、面对面的方式为青少年营造一个平等、信任、安全和接纳的环境,使其放下戒心、敞开心扉,从而与之建立真诚的专业关系。参照民政部发布的《社会工作方法 个案工作》(MZ/T 094—2017)推荐性行业标准,本书认为青少年个案工作的实务过程应主要包括以下阶段。

1. 接案

社区工作者在接案阶段需要澄清双方的期望与义务,确定一个共同目标,激发青少年的主体参与意识，以便达成最终目标。社区工作者第一次会谈前需要事先了解青少年的来源并做好会谈准备，接着邀请青少年参与会谈并澄清其期望、困境和需要，明确社区工作者和青少年双方的权责，介绍社区工作者的服务方式和服务范围；通过非言语信息表达对青少年的无条件积极关注，营造安全和信任的氛围，运用一系列的技巧与青少年初步建立专业关系。社区工作者在接案阶段应特别注意：判断青少年状况的紧急程度、避免将青少年标签化、关注青少年的资源与优势。

2. 预估

社区工作者在预估阶段需要搜集青少年的基本信息资料（籍贯、年龄、受教育程度等）、生理状况（疾病史、遗传性疾病、有无慢性病等）、心理特征（智力水平、自我概念、认知能力、道德状况、个性特点、学习能力和行为方式等）、家庭背景（家庭经济条件、家庭关系、家庭结构等）、同辈群体关系、成长过程中的重大生活事件和压力事件，以及青少年存在的主要问题和期望。社区工作者在搜集并规范整理青少年资料后，要预估青少年问题的性质与严重程度、解决问题的阻力和助力、青少年所处的情境、青少年及其重要关系人的参与度。

3. 计划

计划是指社区工作者根据预估结果制定青少年改变的目标和具体的服务方案。具体包括：介入服务模式的选择；制定针对性强的介入策略、介入步骤和进度安排；和青少年双方明确自身的职责、任务并签订"个案工作服务协议"。社区工作者在计划阶段应注意：提升青少年的参与度和尊重青少年的个人意愿；青少年需要、服务目标、介入模式及行动策略相互契合；服务计划要尽量详细和具体，且具有可操作性。

4. 介入

介入分为直接介入和间接介入。直接介入是指社区工作者根据服务计划帮助青少年对外界事物有正确认知，为青少年正确示范社会性角色扮演的技巧，引导青少年建立积极的人生观。间接介入是指社区工作者挖掘社区人力资源，识别出对青少年"有影响力"的人，且与"有影响力"的人建立关系，与之团结起来为青少年工作。社区工作者在介入阶段应注意：持续不断地与青少年进行有效的、积极的互动；根据实时评估结果调整服务计划。

5. 评估

社区工作者在此阶段要对服务成效进行评估，一是评估青少年的改变程度、目标实现状况、青少年对服务的满意度等；二是对服务过程进行评估，评估服务过程中所使用的社工理论和方法是否妥当；三是评估服务进度，并及时根据现实状态加以调整；四是评估服务人员的专业性等。社区工作者在评估阶段中应注意：清晰且明确地给青少年说明评估目的和方法；邀请青少年参与到评估过程中，并鼓励他们对评估方案进行优化；评估时要兼顾过程评估与成效评估，兼顾量的评估与质的评估。

6. 结案

社区工作者在此阶段需根据服务成效确定合适的结案时机。带领青少年一起回顾服务历程，让青少年意识到在服务历程中他们自身迸发出的力量和信心；继续巩固青少年现有的服务成效；在结束工作之前，要妥善处理青少年的离别情绪；做好转介工作的交接。社区工作者在结案阶段应注意：提前告知青少年结案的时间，让青少年有心理准备；必要时提供跟进服务。

二、群体层面服务的工作方法

（一）青少年小组工作的理论基础

1. 小组动力理论

小组动力理论是描述小组动力因素和变化过程的专门理论。在使用小组动力理论时，应注意了解小组工作过程是一个充满动力的过程，以及这个过程中的各种影响因素及其相互作用；注重创造民主的气氛，为小组带来积极的动力，带来工作效果；促进小组动力的产生，并通过积极的小组力量影响个体的改变。

2. 场域理论

美国心理学家库尔特·勒温认为，个人行为由个人的内在因素（遗传、能力、人格、健康、信仰、价值等）与个人所存在的社会环境（他人的存在或缺席、个人目标的阻力、社区态度）所决定。个人行为是个人及其环境互动的结果。在使用场域理论时应注意：社区工作者应意识到青少年的行为举动均受到了场域的影响，应重视此时此地，重视场域对在场的青少年行为举动的影响，并努力创设一个有利于青少年成长的场域。

3. 符号互动理论

美国社会学家乔治·赫伯特·米德认为，人在社会互动过程中，根据自身对事物意义的理解来应对事物；人对事物意义的理解会随着社会互动的发展而发生改变。社区工作者在使用符号互动理论时应注意：深入理解小组工作就是一个符号互动的场域，青少年在小组这个场域中通过与他人的互动来实现社会化和人性化；促进青少年在小组活动中互动和真实的回馈，帮助青少年感知他人对自己的反映和评价，从而形成更全面的自我意识、自我形象和自我评价。

（二）青少年小组工作的实务过程

参照民政部发布的《社会工作方法　小组工作》（MZ/T 095—2017）推荐性行业标准，本书认为青少年小组工作的实务过程应主要包括以下阶段。

1. 小组筹备期

社区工作者在小组筹备期的工作主要包括：收集青少年的相关资料并评估其需求，制定小组工作的总体目标和具体目标，确定小组的性质和内容，确定小组类型、规模、时间和场所，撰写小组工作计划书和小组工作单元（小节）计划书，招募与筛选青少年组员，准备小组工作过程中所需的人、财、物等资源。社区工作者在此阶段应注意：小组目标是否明确、可操作、可测量，选择符合小组性质的活动场所，设计符合青少年特点的小组活动，小组工作各单元（节）间的目标具有内在逻辑性，小组工作各单元（节）内的目标、内容、活动具有内在逻辑性。

2. 小组形成期

社区工作者在小组形成期的工作主要包括：协助青少年彼此认识；澄清小组目标和青少年目标；建立安全、信任的关系；形成小组规范，签订小组契约；协助青少年组员初步建立小组凝聚力和归属感；撰写小组工作过程记录表。社区工作者在此阶段应注意：明确社区工作者在小组中所处的中心位置，注重营造真诚、尊重和接纳的氛围，强调工作者联结者和示范者的角色。

3. 小组转折期

社区工作者在小组转折期的工作主要包括：关注小组中的特殊青少年，处理青少年组员的抗拒行为，协调和处理小组内部的冲突，进一步促进小组动力的形成，撰写小组工作过程记录表。社区工作者在此阶段应注意：鼓励青少年真实地表达自己，注重公平、真诚、开放、非评判，强调工作者协调者的角色。

4. 小组成熟期

社区工作者在小组成熟期的工作主要包括：协助青少年组员维持小组的良好互动；协助青少年从小组经验中认知重建；协助青少年把领悟转化为行动，鼓励其尝试新的行为；鼓励青少年通过互助互惠的方式解决问题；引导青少年促进目标的达成；撰写小组工作过程记录表。社区工作者在此阶段应注意：明确社区工作者在小组中主要处于边缘位置，营造支持、鼓励和关怀的氛围，强调工作者促进者、支持者、资源链接者的角色。

5. 小组结束期

社区工作者在小组结束期的工作主要包括：处理青少年组员的离别情绪，协助青少年巩固小组经验并将经验用于实际生活，完成小组评估，处理遗留工作，安排必要的跟进工作，撰写小组工作过程记录表和小组工作工作评估总结报告。社区工作者在此阶段应注意：明确社区工作者回归小组中心的位置，营造肯定、鼓励、祝愿的氛围，强调工作者评估者的角色。

三、社区层面服务的工作方法

（一）青少年社区工作的主要内容

1. 社区照顾

社区工作者为有需要的社区青少年提供生活照料、精神安慰、康复护理、权益维护、生产扶持、社区支持网络建设等全面关怀。比如，社区工作者为青少年提供生活照料、救助保护、学业辅导、情感关怀、成长支持等服务。

2. 社区参与

社区参与是指社区居民自觉自愿地参加社区各种活动或事务，表达自己的意见和建议，并影响权利持有者决策的行为。社区工作者培养青少年参与社区公共事务的意愿、提升参与能力、拓展参与空间、建立参与机制；组织策划社区志愿服务项目，引导青少年参与社区志愿服务，开展青少年志愿者动员、招募、培训、使用、登记注册、服务记录与证明等工作。

3. 社区矫正

社区矫正是指针对被判处管制、宣告缓刑、裁定假释、暂予监外执行的犯罪行为较轻的对象所实施的非监禁性矫正刑罚。我国对于罪行轻微、主观恶性不大的未成年犯实施社区矫正。社区工作者负责疏导未成年社区服刑人员的心理情绪、纠正其思想行为偏差，促进其融入社区生活，恢复和发展未成年社区服刑人员的社会功能；负责协调并督促未成年社区矫正人员的法定监护人，帮助未成年社区矫正人员接受义务教育；鼓励有就学意愿的未成年社区矫正人员接受社区教育。

（二）青少年社区工作的实务过程

1. 需求评估

社区工作者走访青少年所在社区的各类组织和社区骨干，调查、分析社区的地理环境、经济状况、人口结构、文化特色、资源优势等基本情况；分析社区内公共设施、教育机构、医疗单位、社区组织、商业场所等单位和组织的数量、位置、运作情况、对青少年的影响、使用状况等，全面了解社区潜在的服务资源状况；分析社区党组织和社区居民自治组织成员、社区专职工作者、社会组织工作人员、社区志愿者、社区居民骨干以及社区各类专业人员等社区服务人力资源状况。

2. 服务策划

社区工作者明确界定社区青少年服务项目的目标与任务，包括服务目标、服务内容、服务方式、预期成效等；掌握青少年的特点、能力、兴趣、生活方式、社区关系状况等；评估服务机构或社区工作者的能力，设计切实可行的服务计划；制定工作进度表，明确各阶段工作任务及时间期限，合理安排每个阶段的服务内容；根据服务目标和任务，安排服务场地（环境）、人员、财务等服务资源。

3. 服务执行

社区工作者确定服务过程的所有环节，进行人员分工，明确各自的职责；把握服务推进策略、方法和节奏，进行经费、资源、进度和服务质量管理；应对服务过程变动，做好服务中的危机处理；开展过程评估，及时进行服务调整；对服务过程和结果进行记录，建立工作档案。

4. 服务评估与改进

社区社会工作服务成效评估工作应按《社会工作服务绩效评估指南》的规定执行，加强服务评估结果的应用，总结有效方法，分析问题和困难，对社区青少年服务进行持续改进与完善。

> **典型案例**
>
> **青少年社区矫正个案服务**
>
> 青少年社区服刑人员小明（化名）今年16岁，一年前因盗窃罪被判社区矫正2年。刚开始，小明对社区矫正规定非常抵抗，一幅满不在乎的姿态，敷衍地参加学习教育和汇报个人思想动态，经常缺席公益劳动。对此现状，社工机构委派社工小王对小明进行跟进服务。
>
> 小王根据小明的个人具体状况，并结合矫正工作的常规内容，为小明制订了个人矫正方案。在初次会谈中，小王了解到小明是个留守儿童，一岁的时候就被外出打工的父母丢给爷爷奶奶照料，老人家年事已高无力管教小明，缺失父母关怀的小明学习成绩不好，五年级就辍学了，很快就与村里的不良少年混在了一起，经常进出派出所。在整个会谈过程中，社工小王没有因其有过错就严厉苛责他，而是从家庭支持缺乏的角度对小明表示理解，感受到了小明想改正错误的内部动力，二人由此初步形成了专业关系。
>
> 在后续的会谈中，小明懊悔地给社工小王讲述他是如何从小偷小摸演变成盗窃罪的，讲述他的父亲对他的坏行为如何进行"暴力教育"，然而父亲的"暴力教育"又激起了自己内在的愤怒和抱怨情绪，最后导致自己以更快的速度滑向犯罪的深渊。在社工小王温情且专业的陪伴下，小明深刻地认识到了自己所犯的错误，并真心保证会好好接受社区矫正，努力成为对社会有用的人。

> **拓展阅读**

针对青少年特定需要的六种介入方法

民政部和共青团中央提出，国家标准化管理委员会发布的《青少年社会工作服务指南》（以下简称《指南》）国家标准于2019年7月1日正式实施。《指南》对青少年工作服务的原则、内容、方法、流程和管理等进行了详尽规范。其中，根据青少年的特定需求，《指南》指出在工作方法方面，除了个案工作、小组工作、社区工作等社会工作直接方法和社会工作行政、社会政策和社会工作研究等间接方法之外，《指南》还纳入了以下六种介入方法。

（1）危机介入：通过多专业合作方式协调资源，以中途之家、类家庭、收寄养等方式为不适合家庭居住的青少年提供安置服务，进行综合援助。主要针对可能危及青少年自身和他人生命安全的问题而实施的紧急干预策略。

（2）家庭治疗：以家庭为介入单位，探索青少年问题背后的家庭结构和互动关系，促进家庭内在系统的改变，优化青少年成长的家庭环境。主要适用于改善及重建青少年和家庭成员之间的关系，实现家庭成员的良性互动。

（3）外展服务：深入青少年经常出入的场所，主动与青少年接触并发现其问题和需要；及时联系有关部门共同对处于风险状态的青少年进行保护、辅导和安置。主要针对很少参与主流青少年活动且容易受不良影响的青少年，走出去开展服务。

（4）历奇辅导：有目的地把青少年带离舒适区，进入低冒险区，通过体验活动了解新事物，促进青少年自我探索、自我觉察与自我成长，主要适用于帮助青少年提高自信、提升自尊以及培养其团队合作精神。

（5）朋辈辅导：通过发现、培训和搭建平台，组织年龄相仿、生活环境和经历、文化相似，或具有共同语言的青少年交流互动、分享经验、唤起共鸣、持续支持和互助成长。主要适用于帮助青少年改善朋辈关系、建立朋辈支持。

（6）向导服务：在社会工作者的督导下，由受过训练的成年志愿者或同龄志愿者向青少年提供"一对一"的长期陪伴，通过关爱和建立积极的人际关系来促进青少年的健康成长与发展。主要用于引导青少年树立正确的价值观和养成健康积极的行为习惯。

任务三　设计与实施社区青少年服务项目

> **任务描述**

作为一名社区工作者，为了更好地为青少年服务，必须熟知青少年服务项目的分类、设计原则和设计流程，掌握社区青少年活动开展的技巧。

案例导入

深圳某制造厂的员工普遍反映工作强度太大，加班是家常便饭，导致大部分员工没有时间关心子女的成长。不少务工者的子女在初中毕业后便辍学，开始"混社会"，经常在社区内寻衅滋事、聚众斗殴，随意破坏公物，甚至欺诈中小学生。

案例思考

结合案例，谈谈作为一名社区工作者，如何针对这一情况设计一份社区青少年服务方案。

知识链接

社区青少年服务项目分类

一、社区青少年服务项目分类

1. 青少年教育服务项目

随着教育体制改革进程的加快，社区教育正逐步走向成熟。"四点半课堂"课后托管服务项目已逐渐发展成为青少年社区教育的新模式。该服务项目充分发挥了社区的教育功能，调动社区成员帮助青少年健康成长，解决了社区居民接送孩子困难的问题，整合了各类教育资源，拓展了青少年学习的途径。

2. 青少年就业服务项目

社区工作者要培养社区青少年积极客观的就业心态，使其正确面对失业问题；要积极链接各方资源，为青少年提供参加各种职业技能培训的机会，提高其就业竞争力；要为青少年开展职业生涯规划培训，使青少年能够客观正确地认识和评价自己，并对自身的职业生涯有明确的认识和期待；要积极地宣传和讲解就业法律法规，保障失业青少年的物质生活，增强青少年的劳动维权意识。

3. 青少年卫生健康服务项目

社区工作者可以链接当地的医疗资源为青少年进行公益视力筛查活动，针对青少年视力检测结果进行详细分析，并给出治疗方案和预防建议，督促青少年养成健康用眼、爱眼护眼的好习惯；可以采用案例分析和互动游戏等形式与青少年谈"性"话题，便于青少年了解和掌握青春期生理、心理和保健等方面的科学知识；可以运用精神分析疗法、认知疗法、音乐疗法等方法，为青少年的情绪疏解、学习压力、人际交往，以及亲子关系等问题领航助力；可以从艾滋病的概念、流行情况、传播途径、临床表现和防护措施等方面对青少年进行预防艾滋病的相关教育；可以用大量鲜活真实的事例和触目惊心的图片、影像资料展示毒品的种类,宣传毒品对身体、家庭、社会乃至国家的危害,分析青少年吸食毒品的诱因,教育青少年如何防范新型毒品,教导青少年远离毒品、自律自爱。

4. 青少年闲暇生活服务项目

社区向青少年提供休闲场所和空间,开展各类丰富多彩的文化娱乐活动,如绘画、舞蹈、手工、游戏等,以培养青少年良好的生活情趣,提高青少年的线下娱乐质量。

5. 青少年司法矫正服务项目

社区工作者可按照青少年违法犯罪社区预防计划对青少年进行司法宣传,调动各方力量营造有利于青少年健康成长的良好氛围;在社区对青少年犯罪人员予以行刑监督、教育改造和帮助服务活动,着重进行政治、文化和生产技术教育,帮助他们融入社会。

二、社区青少年服务项目设计的原则

1. 需求分析原则

社区青少年项目建设成功的基础是对接社区青少年的真正需求。因此,在项目设计的开始,社区工作者要潜心做好社区调查,了解社区青少年的基本情况,关注社区青少年不同层次的需求,贴近社区青少年的需求来设计服务项目。只有如此,才能增强服务项目的针对性和有效性,才能让社区青少年从中获益并得到成长。

2. 可为能为原则

民政部门、团市委、关工委(中国关心下一代工作委员会)、工会、妇联、物管和驻区单位等都在积极地参与社区青少年服务,每个参与部门都有自己的优势。在这种情况下,社区工作者应找准项目的定位并提供可为能为服务,如社区工作者可策划社区教育、社区文化、社区环保、社区医疗等公益性服务,呼吁青少年全面参与社区建设,弘扬公益精神和倡导公益行动。

3. 创新发展原则

随着经济发展和社会进步,社区青少年的需求也会随之发生改变,原有的服务项目已经无法满足社区青少年的需要,需要调整并修改项目内容,以贴合青少年的需求;同时要与时俱进地挖掘和设计新的项目内容,点燃青少年参与社区服务项目的热情。

4. 因地制宜原则

由于经济和社会发展不平衡,各地的社区发展程度悬殊,沿海地区与中西部地区的差异较大,社区工作者应依据各地的实际状况,因地制宜地开发、设计和实施社区青少年服务项目,且要做到量力而行,突出区域特色,逐步将社区青少年服务项目向前推进,深入青少年的内心并引起共鸣。

三、社区青少年服务项目设计的流程

1. 建立社区青少年需求分析和调整机制

马斯洛需求层次理论将人的需求分为生理需求、安全需求、社交需求、尊重需求和自我实现需求五类。社区工作者首先应针对社区青少年群体展开深入广泛的调查，并依据调查结果，结合马斯洛需求层次理论来拓展青少年服务项目的内容，同时要按照青少年的意愿做出及时有效的项目内容调整，改变以往追求行政绩效的倾向，提升个性化服务质量。

2. 建立多方协作联动机制

由于社区的具体情况不同，社区青少年的需求也不同，因此社区工作者应充分汇聚民政部门、团市委、关工委、工会、妇联、物管和驻区单位等资源和力量，促使社区形成参与式的管理架构，邀请各方力量根据自身优势贡献独特力量，以充分保证社区青少年项目运行的效率。

3. 建立多层次全方位沟通机制

社区工作者应思考如何打通"学校命脉"得知青少年在学校的表现，如何打通"家长命脉"得知青少年在家庭的表现，如何打通"青少年命脉"得知青少年自身最真实的想法。三个"命脉"被打通以后，社区工作者在社区中就建立了宏观—中观—微观的管理网络和体制架构。

4. 建立社区青少年服务项目的评估和反馈机制

社区工作者在服务结束后要对已经进行的服务项目做绩效评估，一方面可以考查社区青少年服务项目内容是否贴近和满足了青少年的需求；另一方面可以反映项目内容是否促进了社区青少年的健康成长，是否存在有待调整和完善的服务内容。

四、社区青少年服务活动开展的技巧

（一）建立关系的技巧

按照社区工作者与青少年接触的进程，可以把建立关系的技巧细分为建立初期关系的技巧、建立社交关系的技巧以及建立工作关系的技巧三种。

1. 建立初期关系的技巧

第一，接触前的计划。社区工作者所在机构会常备机构服务宣传单张、个案服务单张、个案服务申请表等。社区工作者外出服务前要思考如下问题：如何打开话题（选什么话题、如何介绍自己）、构思对话的内容、选取接触的对象、接触的时机。在一连串的"心理彩排"后，社区工作者即可主动上前接触青少年。第二，接触中的反应。社区工作者应依靠多年的专业服务经验回应青少年的问题，且尽可能细致地观察青少年的非言语信息，以便更好地与之建立关系。

2. 建立社交关系的技巧

社区工作者在本阶段要尝试着打开话题，了解青少年的兴趣；加入青少年小组正在讨论的话题，发掘小组的共同兴趣；在青少年不抗拒社区工作者的接触时，以关心的口吻和态度与之建立"情感"对话。在建立正常的对话后，寻找时机取得青少年的联系方式，增加以后约见的可能性。

3. 建立工作关系的技巧

社区工作者在服务过程中要留心观察青少年的行为表现，仔细琢磨其身体语言的含义；坚持非评判原则，多聆听青少年的声音，给予其足够的接纳；感同身受地理解青少年的想法和感受，给予其充分的关怀。

（二）服务介入的技巧

一是可以从社区青少年发展的需求入手，为其提供有针对性的个性化服务；二是可以从突发性的青少年事件入手，为青少年提供及时的、正确的问题解决策略；三是可以从组织动员社区内综合服务的力量入手，为青少年提供丰富多样的服务。因此，社区工作者应根据青少年的实际状况，灵活地选择服务介入的切入口。

（三）组织活动的技巧

一是动员活动，社区工作者发动并邀请青少年参与服务项目的目标制定、活动策划、资源链接和社区青少年领袖人物的挖掘及培养；二是策划活动，社区工作者根据青少年学习、生活和人际交往等多层次的需求策划活动主题，紧紧围绕活动主题设计青少年喜闻乐见的项目内容，以此调动青少年参与活动的积极性；三是整合资源，社区工作者根据青少年服务项目的实际需求，争取社会资源或社区内资源的支持。

典型案例

广州市海珠区青年地带项目

"青年地带"是广州市海珠区青少年事务社会工作的服务平台，由共青团广东省委、共青团广州市委进行业务指导，海珠区政府和广州市民政局共同出资，委托共青团海珠区委进行监管，通过"政府购买公共服务"的方式，由广州市启创社会工作服务中心承接，为海珠区辖内6～30岁青少年及其家庭提供无偿服务。

"青年地带"项目综合运用个案辅导、小组工作、社区工作等手法，以"社工＋志愿者"的模式，以正向青年发展为理念，透过针对青少年个人、家庭、学校及社区四个系统的介入，为青少年提供职业生涯规划服务、家庭教育服务、青年参与服务、青春期教育服务等。"青年地带"项目自2008年2月开始试点工作，2012年9月结束试点在海珠区全面推广，逐步发展为以专项服务为基础、个案服务为重点的青少年专项服务项目。主要的服务内容包括以下几个方面：

（1）预防和治疗。为处于不利环境的青少年提供服务，预防不良影响；为行为已经造成一定影响的青少年提供帮助，寻找问题的根本原因，及时补救和治疗；为处于逆境中的青少年搭建社区帮扶平台，社工联合团委、司法所等部门，对社区矫正青少年群体开展服务试点工作。

（2）责任与参与。引导青少年学会感恩、勇于承担和关心他人，鼓励其积极参与社会事务，培养他们的公民意识和奉献精神。比如，社工通过开展"掌控双手""看破真相"禁毒体验活动，树立青少年禁毒的责任意识，通过"勾画家园"活动提升青少年的社区参与意识和环境保护意识。

（3）学习与发展。帮助青少年在学习中成长，协助他们挖掘潜力、提升综合能力，更好地适应社会需求，实现自身发展。比如，对15岁以下的群体推出"1帮1计划"，社工联合教育机构及志愿者为青少年提供学习辅导，增强其学习意愿；联动社区基金会和热心人士为困难青少年群体提供学费支持，以应对家庭的突变状况和危机事件。

（4）开发与实现。关注青少年独特的个性特质和兴趣，开发青少年的无限潜能和灵动创益，引导他们设定目标，努力奋斗并实现梦想。比如，推出青少年就业力培养计划，探索"个案辅导职业训练"的贫困青少年服务模式，联系企业提供参观和就业的机会，帮助青少年提升就业能力。

拓展阅读

"你好，少年"服务项目

宁夏回族自治区吴忠市红寺堡区位于宁夏中部干旱带，是全国最大的生态扶贫移民集中区，这里的老百姓全部来自于宁夏南部山区，80%左右是文盲。2015年，一些小时候随父辈搬迁至此的大学生看到红寺堡区一个又一个的困难群体，思及自己曾经经历的生活苦难与心理困境，决定为家乡做点事情，于是发起成立了服务于红寺堡区的志愿者协会——红寺堡宁南志愿者协会，后更名为宁夏吴忠市宁南青少年服务中心。宁南青少年服务中心刚成立时非常困难，工作人员都是学生，没有任何经验，只是一门心思想帮助青少年。磕磕绊绊半年后，他们已能够根据当地青少年的实际需求，打造一系列精准服务项目。"你好，少年"就是其中一个典型的服务项目，服务内容如下：

（1）服务留守儿童，培养阳光少年。红寺堡区内的老百姓多从宁夏南部山区搬来，或忙于农活，或外出务工，难免忽视孩子的教育问题。很多留守孩子因为长期得不到父母的关注而出现了心理自闭、叛逆等问题。"你好，少年"项目在支教领域着重为受助农村的孩子免费培训文化艺术课程，提升留守儿童综合素质；志愿者在帮助孩子提升学习能力的同时，还注重对孩子的心理教育以及对科普、法律、卫生等知识的灌输和宣讲。

（2）组建乡村宝贝文艺团，活跃生活兼宣传。红寺堡区辖区内每一个村委会都建有文化活动中心，但贫困群众的文化艺术修养普遍不足，且平时忙于农活，文化中心经常空无一人。"你好，少年"项目针对农村文化艺术人才缺乏的现实困境，结合留守儿童的教育现状，筛选了一部分艺术天分比较突出的孩子，由艺术老师着重培养。经老师指导培训并考核合格后进入乡村宝贝文艺团，参与村委会文化活动、地方文艺交流等。乡村宝贝文艺团一方面为有艺术特长的孩子提供了施展才华的舞台和增长本领的园地，也让孩子们成了服务自己家乡、宣传脱贫攻坚的小小宣传员。

（3）借助互联网销售收益，照亮青少年求学路。针对当地农户无法利用互联网销售产品而出现农产品滞销的情况，宁南青少年服务中心带领本地区最有活力的大学生志愿者开展帮扶。他们与受助的青少年年龄相仿，不存在交流障碍。一方面，给农村的孩子们制订了进步竞争计划，激发孩子的上进心；另一方面，通过各种渠道向受助地区输入教育、扶贫资金累计75万元，使610名贫困留守孩子受益。其中，服务中心和大学生志愿者策划的"以甜瓜的名义，霸道整个夏天"硒甜瓜义卖活动，通过互联网帮助龙泉甜瓜种植户销售47吨滞销甜瓜，并将收入的50%作为公益资金捐献给了大河乡的40名特困孤寡户和留守儿童。此外，通过互联网线上对接，志愿者们还为东源村的8名特困留守儿童对接到了区外4名企业家的专项资助帮扶。

课 后 作 业

一、不定项选择题

1. （　　　）是自我意识发展的第二个飞跃期。
   A. 婴幼儿　　　B. 儿童　　　C. 青少年　　　D. 成年人
2. 青少年经常处于又想独立又不得不依靠成人的矛盾中，这说明青少年存在（　　　）需要。
   A. 依附性需要　　B. 集群性需要　　C. 学习性需要　　D. 同一性需要
3. 青少年（　　　）得不到满足，就会出现自我认知不清晰、目标定位不明确等问题。
   A. 依附性需要　　B. 集群性需要　　C. 学习性需要　　D. 同一性需要
4. 社区青少年服务的内容包括（　　　）。
   A. 德育服务　　　　　　　　　　B. 人文素质拓展
   C. 社会公益实践　　　　　　　　D. 帮扶维权援助
5. 生态系统理论把影响人类行为的社会环境分为（　　　）。
   A. 微系统　　　B. 中系统　　　C. 外系统　　　D. 宏系统

二、简答题

1. 简述社区青少年服务的内容。
2. 青少年个案工作的理论模式有哪些？

3. 简述青少年小组工作的实务过程。

三、实训题

任务描述：假设你所在的社区有许多外来务工者子女，他们白天在学校学习，回家后就没有人看管照顾，平时的课余生活也比较单一。请针对这些外来务工者子女拟订一份社区服务方案。

任务引导：
1. 问题陈述及分析
2. 方案设计
（1）方案目标
（2）方案实施策略
3. 方案执行
4. 方案评估

项目五　开展社区老年服务

项目概述

本项目通过阐述社区老年服务的内涵，介绍社区老年服务的内容以及服务的类型，探讨社区老年服务的工作方法，使学生能够准确评估社区老年人的多样化需求，根据需求设计服务方案，开展服务活动，从而为社区老年服务工作提供参考。

学习目标

知识目标：理解何谓老年人、老年人的特点及需求；明确社区老年服务的含义；掌握社区老年服务的内容；熟悉社区老年服务的基本类型。

能力目标：具备社区老年服务的基本方法和技能；掌握基本的社区老年服务需求评估工具；能够设计与实施社区老年服务项目。

任务一　探讨社区老年人及老年服务的内容

任务描述

作为一名社区工作者，想要更好地为社区老年人服务，必须了解老年人的心理发展特点及需求，掌握社区老年服务的主要内容。

案例导入

三民社区现有60岁以上的退休职工近千人，是典型的老龄化社区。社区里的老年人大多是从国有农场退休，具有良好的业缘关系基础。但是，自从退休后，老人们就赋闲在家，与外界的联系越来越少，加上社区几乎没有老人活动的场地和平台，因此老人们纷纷抱怨这样生活还不如上班，在家快要闷出病来了。很多老人无聊之余就靠打麻将度日，不仅因此犯上了腰颈椎疾病，还严重影响了邻居休息。

为此，金湾区民政局通过购买瑞众社工服务项目的形式，为辖区老人提供专业的养老服务。

> **案例思考**
> 1. 结合案例,谈谈你对老年人需求的理解。
> 2. 社区应从哪些方面满足老年人的需求,做好老年服务?

知识链接

21世纪以来,我国人口老龄化快速发展。按照联合国的常用标准,一个国家或地区60岁及以上人口占总人口百分比达10%,或者65岁及以上人口所占比重达到7%,就意味着该国家或地区进入了老龄化社会。按照此标准,2000年,我国65岁及以上人口比重达到7.0%,开始步入老龄化社会。2020年,我国65岁及以上人口比重达到13.5%,人口老龄化程度持续加深。目前,中国的养老问题已突破了个人和家庭的范畴,逐步上升为一个事关保障老年人权益,共享改革发展成果,拉动消费,扩大就业,保障和改善民生,促进社会和谐的社会问题。

一、社区老年服务的内涵

(一)老年人及社区老年服务的含义

1. 老年人的界定

世界卫生组织对老年人的定义是60周岁及以上的人群,而西方一些发达国家则把65岁作为分界值,我国现阶段也是将60岁作为老年的起始年龄。

2. 社区老年服务的含义

社区是老年人的主要活动场所和聚居地,随着身体各方面机能的下降,老年人对社区的依附性越来越强。因此,依托社区为老年人提供服务尤为重要,能够增强老年人对服务的认同感。社区老年服务是社区服务的一个重要组成部分。

社区老年服务是指社区工作者以社区中的老年人为工作对象,通过发动和组织社区老年人参与社区活动,以发现和明确老年人在社区中的问题,动员社区资源预防和解决老年人的问题,促进老年人的社区参与,改善老年人与社区的关系,培养老年人的自助、互助与自决精神,建立老年人对社区的归属感,提高老年人的社会福利水平和晚年生活质量的一种综合性服务。目前,针对老年人的社区服务主要包括两类:一是老年保障性服务,如生活照顾服务、医疗服务等,使老年人的生活得到最基本的保障;二是老年福利性服务,如老年教育服务、文娱服务等,以满足老年人娱乐和发展的需求。

(二)老年人的特点及需求

1. 老年人的特点

一般来说,进入老年期的个体会出现抵抗力下降、新陈代谢减慢、生理机能下降等生理特点。胡须、头发、眉毛变白也是该年龄段最显著的特征之一，有些老年人开始长老年斑，记忆力也逐渐减退。同时，老年人开始出现感知、知觉、记忆、抽象思维、情感、性格、人格等方面的心理变化。接下来，我们重点探讨一下老年人的心理发展特点。

（1）角色转变与社会适应的矛盾。随着工作角色的改变，收入的减少，老年人的社会经济地位和家庭权力总体来看是下降了，这必然导致老年人角色认知、角色扮演的困境。同时，这种困境又进一步加剧了老年人和社会、家庭的矛盾。一方面，在社会生活中，老年人角色看似自然，但是作为正在或者即将变老的人群来说，是一个难以接受的事实；另一方面，虽然老年人是家庭的长者，有智慧和经验，但随着科技的发展，老年人的有些经验已经不适用了。这些都使得老年人心情不畅，因而需要社区工作者协助老年人及时调整自己的角色，完成角色扮演。

（2）老有所为与身体衰老的矛盾。根据美国心理学家爱利克·埃里克森的人生发展八阶段理论，老年期的发展任务是进行自我整合，以求获得完善感，避免失望感。社会经济快节奏对社会成员年轻化的要求与老年人身体衰老之间的矛盾，导致了老年人在社会中逐渐丧失主要的职业地位。随着工作的丧失、职业地位的下降和收入的减少，老年人的社会经济地位及家庭地位也随之下降，常常觉得自己是家庭和社会的负担，由此引发情绪不安，仿佛失去了人生的目标和意义，这就需要社区工作者协助老年人重新对自己进行角色定位。

（3）精神需求与家庭状况的矛盾。由于生理和心理的变化，老年人对精神关爱的需求异常强烈。老年人渴望家庭和睦，享受天伦之乐。然而随着空巢老人问题、婆媳关系纠纷、老年丧偶等一系列问题的出现，老年人的精神需求与现实家庭状况的矛盾也愈加突出。这就需要社区工作者协助老人子女多抽时间陪伴老年夫妇，维持温馨和睦的家庭关系，当老年人遇到困难时，社区工作者可以积极动员家人的力量来支援老年人。

（4）安度晚年与意外生活事件的矛盾。每个老年人都希望能幸福快乐地度过自己的晚年，但在日常生活中常会出现一些意外生活事件，比如，失去健康、至爱以及和谐的家庭关系。突发的变故给老人的身心带来沉重的打击。社区工作者需要协助老人明白失去对其的个人意义和心理影响，使老年夫妇在转变中学习处理失去，从而更有信心地去应对意外生活事件带来的改变。

2. 老年人的需求

（1）健康需求。随着年龄的增长，人体机能和各个器官的功能逐步退化，各种各样的慢性疾病开始威胁老年人的健康，产生许多难以治愈的慢性疾病，如高血压、糖尿病、脑动脉硬化等。看着身边亲友的逐个离世，许多老年人会产生一种恐病、怕病、畏死的心理。老年人普遍希望自己能够健康长寿、病有所医。

（2）亲情需求。亲情需求一直都是老年人最为强烈的需求之一。老年人的情感需求一方面来源于子女的关怀和孝顺，另一方面来源于老伴的关爱和照顾，少年夫妻老来伴，老伴的晚年陪伴也是子女无法取代的。

（3）尊重需求。尊重需求是老年人重要的精神需求之一。社会地位下降，经济收入减少，慢性疾病频发，这些问题都可能导致老年人失去自尊和自信，自我评价也会随之降低。老年人特别在意子女和他人对自己的评价和看法，还对自己在处理个人和家庭事务方面的权力特别敏感，如果得不到子女和社会的尊重和认可，老年人就特别容易出现失落、厌世、绝望等悲观情绪。

（4）学习需求。老年人学习需求包括保持对专业领域、兴趣爱好的持续学习习惯；弥补过去没有学习到的内容、没有满足的兴趣爱好；学会操作智能化的现代工具和新兴事物，如 iPad、QQ、微信等。为此，社区可以通过组建老年活动中心、老年文化活动站以及社区老年大学等形式，为其与外界环境的接触提供平台和机会。

（5）自我实现需求。自我实现是需求的最高层次，是老年人对自身的悦纳，对内心的聆听，对生命感到满意的态度，能激发老年人的潜能和创造力。然而，家庭地位、社会地位的变迁，生理机能的退化都是其追求自我实现的阻碍。因此，社区工作者应鼓励其完成力所能及的事情或采取互助式养老的方式提供帮助他人的机会。此外，还可通过心理辅导等方式帮助老年人接纳衰老，认知自身在老年时光中的价值。

二、社区老年服务的内容

社区老年服务的内容

（一）身体健康服务

目前，社区针对老年人的身体健康服务包括健康服务和与健康照顾两个方面。前者是指与身心健康直接有关的治疗、康复、预防等方面的服务，后者是指与身心健康间接相关的生活照料、家务助理、出行协助等方面的服务。

1. 医疗保健服务

（1）预防保健服务：通过讲座、小组或工作坊，帮助社区老年人学习和掌握各种老年疾病的防治技巧和健康维护知识，以预防和延缓老年病的发生。

（2）医疗协助服务：遵照医嘱定期提醒和监督老年人正确服药，或陪同就医；教会老年人正确测量血压、血糖、体温等。

（3）康复护理服务：利用仪器为老年人提供康复理疗服务，或提供中医推拿按摩服务，减轻老年慢性病或术后疼痛。

（4）健康咨询服务：通过现场健康义诊、电话或网络问诊、健康讲座等方式，为老年人提供疾病防治知识、康复护理知识、营养膳食知识等健康咨询服务。

2. 生活照料服务

（1）助餐服务：目前社区老年人助餐服务主要包含两种形式：一是针对健康老年人，在社区建立老年人饭堂，所有老年人一起共同用餐；二是针对行动不便老年人，由社工、志愿者、邻居或亲友为其提供送餐上门服务。助餐服务主要解决老年人做饭难、吃饭难和营养不均衡的问题。

（2）起居服务：协助老年人穿脱衣服和如厕，教会护老者为卧床老年人翻身，以预防褥疮。

（3）助浴服务：为行动不便的老年人提供洗澡擦身服务，教给护老者正确的助浴技巧，为老年人提供洗澡椅、安装扶手等，以降低老年人洗澡时跌倒的风险。

（4）卫生清理服务：为老年人提供洗衣、刷牙、洗脸、洗脚、刮胡子、理发、剪指甲等服务。

（5）代办服务：主要包含代缴各种费用、代办各种手续、代为采购物品等服务。

3. 家政服务

（1）安装维修家电：主要包含风扇、电视机、热水器、净水器、洗衣机、灯具等的安装、维修。

（2）清洗服务：主要包含扫地、拖地，清洗衣物、床单，擦洗家具、桌椅，清洗排气扇、油烟机、煤气灶类等服务。

（3）疏通服务：主要包含水管、洗手池、马桶、地漏的疏通等。

（二）心理健康服务

1. 针对老年人权威心理的服务

离退休是一个人社会角色的转变，从一线变为二线，从忙碌变为"闲人"，这种转变令不少老年人不适应。个人的经历和功绩易使某些老年人产生权威思想，要求小辈听他们的话、尊重他们，否则就生气、发牢骚，常因此引发矛盾和冲突。

社区工作者可综合运用社会工作专业理念和方法帮助其寻找新的生活目标，促进老年人适应新的社会角色、生活环境和生活方式。比如，引导老年人回忆过往职业，肯定其成就，增强老年人的自信心，鼓励其担任助老社团骨干领袖或社区文体队伍骨干，做一些力所能及的事情，既能发挥余热，为社会继续做贡献，实现自我价值；又能使自己精神上有所寄托，让生活充实起来，促进心理健康发展。

2. 针对老年人孤独心理的服务

从工作岗位上退下来以后，老年人的生活状态一下子从紧张有序转向自由松散状态。子女离家、亲友来往减少、信息不灵易使老年人产生与世隔绝、孤独无助的感觉。对于独居老年人来说，这种心理更加明显。

社区工作者既要搭建活动平台，加强老年人的人际交往，又要善于发掘老年人的兴趣爱好和特长，组成兴趣小组或社团，使老年人离退休后走出家门，尽可能保持与社会的联系。此外，可鼓励低龄、健康老年人作为"爱心敲门员"为高龄、残障老年人提供聊天解闷、入户探访等服务，老年人的身份角色和生活经历较为接近，也更容易打开彼此的心扉，从而相互陪伴，减少孤独感。

3. 针对老年人恐惧心理的服务

老年人最大的恐惧是面对死亡。老年人常常患有一种或多种慢性疾病，在病中多有悲观、失望、不安和恐惧。老年人过分担心自己的病情，怕连累家庭，怕医务人员态度不好，怕发生意外等。一旦受到消极暗示，便迅速出现抑郁情绪，甚至产生悲观厌世之感。

社区工作者一方面为老年人提供生命教育服务。引导老年人对死亡做好思想准备，不回避、不幻想，珍惜时间，尽量完成尚未完成的心愿，从容不迫地为自己画上一个完满的句号。另一方面开展老年人慢病管理服务，对待慢性病老年人要耐心细致、亲切友好，切忌粗暴无礼、嘲笑老人。同时，对老年人及家属或看护者进行慢病管理教育，包括介绍与慢性疾病相关的防治和护理知识，使老年人对疾病有一个正确的认识，不盲目恐惧。

4. 针对老年人多疑心理的服务

老年人多疑产生的原因主要有三个：一是生理原因。老年人视力、听力衰退，对事物的判断力下降，容易凭主观猜测。二是人际交往原因。老年人退休后人际圈缩小，生活主题从事业转为家庭，随着社会地位和经济收入的降低，老年人容易产生无用感，对家人和外界的看法评价特别敏感，进而处于紧张的防御状态。三是有些老年人性格过于固执，过于注重自我，不愿倾听他人的意见，容易钻牛角尖。

社区工作者一是要培养老年人的兴趣。多疑的老年人一般生活较为松散，需要培养兴趣来充实生活。二是鼓励老年人多与外界接触。多疑者一般与外界接触较少，常常感到孤独寂寞，因此常处于自我封闭的心理状态。三是引导老年人学会进行积极的自我暗示。多疑是一种消极的心理状态，是对未来的不信任。因此，要以积极的自我暗示来消除多疑的心理。四是争取家属的支援，鼓励家属与多疑的老年人沟通时表现出关爱和友好，多聊一些老年人感兴趣且能体现其价值的话题，不要轻易打断，并不失时机地表达赞美，让老年人正确认识自己，找回自信。

（三）社会支持网络的构建服务

老年人社会支持网络按照实施的主体可分为正式社会支持网络（政府、社区为老年人提供的一种制度性支持）和非正式社会支持网络（家人、亲戚、朋友、邻居等的支持）。目前，老年人的正式支持网络还没完全建立起来，非正式社会支持却开始出现退化。为此，社区工作者要积极构建老年人的社会支持网络。

1. 完善以社会养老保险为主的政府支持网络

社区工作者倡导政府相关部门完善养老保障制度，如制定出台更多惠及特殊群体老年人，如独居老年人、高龄老年人、残疾老年人的福利政策。同时，在政策运行方面要加强监督管理，坚持政府机关和群众监督相结合，使有限的福利惠及最需要的老年人。

2. 重视以亲情为核心的家庭支持网络

社区工作者首先应重视以家庭为核心的非正式社会支持网络，在我国，家庭养老依然是最主要的养老模式，老年人在经济和精神方面主要还是依靠家庭和子女。德道和情感的约束使得家庭养老具有稳定性。

3. 构建以熟人社会为优势的社区支持网络

随着人口老龄化、城乡二元结构的变迁，子女照顾老年人的机会越来越少，因而需要进一步完善和发展老年人的社区照顾体系。社区工作者可通过项目策划和社区倡导等形式，强化社区对老年人的支持功能，如建立社区日间照料中心或居家养老服务站，动员和鼓励朋友、邻居、社区内组织为老年人提供全方位、多层次的社会支持和关怀。

除了上述三方面的服务以外，社区工作者还可针对受虐待或者面临丧亲问题的老年人提供有针对性的特殊服务，以维护其身心健康。

典型案例

红旗镇广发村开启"医养结合"养老新模式

2020年，红旗镇广发村的老人有了自己的"家庭医生"，使得广发村居家养老服务又多了一个"生力军"。今后，广发村居家养老"项目社工"将携手"家庭医生"为老人提供个性化健康服务，这标志着广发村正式开启"医社联动，医养结合"农村居家养老服务新模式。

据了解，自养老服务新模式开启以来，瑞众社工积极携手家庭医生走村串户，上门为广发村老人开展健康讲座、送医上门、健康检查、咨询和指导等系列健康服务。得知村内80余岁的梁奶奶不小心摔断了肋骨，刚刚做完手术回家的消息后，社工立刻带着"家庭医生"樊医生来到梁奶奶家中，查看其恢复情况。梁奶奶感动地说："现在政策真好，社工送温暖，医生送健康，老人们越来越有福享。"

据悉，"家庭医生"随时提供上门服务，填补了广发村居家养老服务中专业医疗服务的空白。未来，社工将重点满足广发村老人在生活照料、精神慰藉、文化娱乐、社会交往等方面的需求，而家庭医生将主要关注老人的生理健康需求。社工与家庭医生同心协力、携手并肩，全面满足老人们老有所医、老有所养、老有所乐的居家养老愿望。

拓展阅读

民政部联合相关部门推进打造精准化社区养老服务

社区养老服务，是以社区为依托，采取全托、日托、上门等方式，为社区或居家生活的老年人提供生活照料、康复护理、助餐助行、紧急救援、精神慰藉等服务和产品的总称。发展社区养老服务，顺应了大多数老年人居家和社区养老的意愿，是养老服务体系建设中十分重要的基础性工作。民政部将联合相关部门推进打造精准化社区养老服务工作，重点开展

以下几项工作:

（1）完善领导体制和工作机制，加紧形成居家和社区养老服务业发展的强大合力。按照《国务院办公厅关于推进养老服务发展的意见》要求，抓紧筹备成立养老服务部际联席会议制度，切实发挥统筹协调作用，完善党委领导、政府主导、民政负责、部门协同、社会参与的发展格局。

（2）贯彻落实党中央、国务院关于推进智慧养老发展的部署，积极推进"互联网+养老"。配合工业和信息化部推动大数据、云计算、人工智能等信息技术的深度应用，促进适用于社区养老的智慧健康养老产品的开发与应用。

（3）实施社区养老服务综合体建设工程，着力扶持、培育一批规模化、连锁化、品牌化社区养老服务企业。总结推广广州、上海、北京等地的有效做法，在全国实施社区养老服务综合体建设工程，在街道、乡镇层面大力建设具备全托、日托、上门服务、对下指导等功能的社区养老服务综合体，在社区层面建立嵌入式养老机构或日间照料中心，实现居家、社区和机构养老的融合发展，实现区县、街道和社区各层面养老服务的集约化运营。

（4）实施养老服务人才培养工程，加快建设一支数量充足、素质优良的养老服务专业队伍。继续建立健全社区养老人才培养、评价、选拔、使用和激励保障政策措施，建立并完善养老护理员职业技能等级认定制度、养老服务从业人员培训合格上岗制度。

（5）加强养老服务监管。联合市场监管总局等相关部门加强养老服务领域的标准修订，健全养老领域标准体系，推动居家养老、机构养老、社区养老等领域的标准研究和探索，强化标准实施。继续完善养老服务质量监测机制，扩大监测范围，引导各方聚焦老年人需求，持续改善养老服务供给质量。同时按照国务院加强事中事后监管的有关要求，强化养老服务市场监管，促进养老服务市场监控有序发展。

（6）拓展社区养老运行机制。支持"养老服务"+老年人用品产品、"养老服务"+金融、"养老服务"+教育、"养老服务"+文化、"养老服务"+旅游、"养老服务"+餐饮、"养老服务"+物业等服务，探索"物业服务+养老服务"模式，不断创新服务业态，推进融合发展。加强养老服务领域的社区、社会组织、社会工作"三社联动"，鼓励慈善和志愿力量参与养老服务。

任务二　掌握社区老年服务的类型与工作方法

> **任务描述**

社区工作者必须了解社区老年服务的类型，掌握社区老年服务的工作方法，以便更好地开展有针对性的社区老年服务工作，提升服务质量。

案例导入

小林村是典型的以养殖鱼虾为主的村子,村内有60岁以上老人250多人,多为孤寡老人、空巢老人、特困老人、病残老人、享受低保老人和失能老人。村里除部分老人还继续农作外,大部分老人都不用在田间劳作,有较多的空闲时间。据调研,村内老人对健康保健、美食制作、手工活动、读书写字等活动有共同的兴趣和服务需求。

案例思考

针对小林村老人的情况,社区工作者可以采取哪些工作方法为其提供服务?

知识链接

受文化习俗的影响,我国历来以传统的家庭养老为主。近年来,结合国际经验,我国开始致力于构建以居家养老为主,社区养老和机构养老为辅的"9073"养老格局,即90%的老人居家养老、7%的老人在社区养老、3%的老人在机构养老。社区养老服务的工作方法也逐渐专业化,主要采取社会工作的常用方法,从个案、小组、社区三个层面展开。

一、社区老年服务的基本类型

(一)机构养老

机构养老是指由专门的养老机构,如社会福利中心、养老中心、托老所、老年公寓、临终关怀医院等,为老年人集中提供饮食起居、康复护理、医疗保健、清洁卫生和文体娱乐活动等综合性服务。机构养老是我国重要的养老模式之一,它在一定程度上减轻了年轻人照顾老年人的压力,使老年人得到较为集中的照顾和有序的生活。

社区老年服务的基本类型

但是,机构养老的成本较高,给老年人家庭和政府财政带来了较大的经济压力。而且,机构养老需要老年人离开自己熟悉的生活环境,被迫进入养老院、老年公寓等陌生环境,缺少亲人的陪伴和关心,老年人常常会因此产生孤独感、被遗弃感和失落感。

(二)居家养老

居家养老是指在社区建立养老护理站或居家养老服务站,老年人可以居住在自己家里,由中心派出康复师、护士、养老护理员和社工,根据老年人的实际需求为其提供居家养老上门服务,包括送餐、做饭、卫生清洁、康复护理、心理慰藉等。

居家养老与机构养老相比,具有支出少、收益大、自由度高、整体花费低、隐私受保护等优势,既可以解决上班族子女对老年人生活照料的困难,又能使老年人不离开家庭和社区的熟悉氛围,更能尊重老年人的生活习惯和心理需求,更有助于老年人安度晚年。

（三）社区养老

社区养老是以家庭养老为主、社区机构养老为辅，是一种综合性服务模式。目前常见的服务模式有两种：一是建立社区居家养老服务中心或日间照料中心，行动方便的老年人白天可以来中心享受营养膳食、康复理疗、医疗保健、文体娱乐等服务，晚上回家睡觉；二是在社区嵌入式养老，将机构养老中的服务引入社区，由中心派出专业的社工、康复师和护理员为有需要的老年人提供上门服务，实行社区的在家养老，必要时也可提供临时托老所服务。社区养老整合了医疗卫生机构、社会组织、企业、养老机构等社会各方的力量。

社区养老的特点在于让老年人住在自己家里，在继续得到家人照顾的同时，由社区的有关服务机构和人士为老年人提供上门服务或托老服务，真正实现"养老不离家"。由此可见，社区养老吸收了机构养老和居家养老的优点，把机构养老和居家养老的最佳结合点集中在社区，是值得大力提倡的养老模式。

二、社区老年服务的工作方法

（一）老年个案工作

1. 老年个案工作的定义

老年个案工作是指专业的社区工作者以老年人及家庭为服务对象，以专业的社会工作价值理念为基础，运用专业的社会工作技巧，针对老年人及家庭的困难和需要，以个别化服务的形式，改善老年人的生活环境，增强其社会功能感，提高老年人适应社会和应对困难的能力。

2. 老年个案工作的主要内容

（1）协助服务对象正确认识及接纳自己进入老年期的事实。

（2）帮助服务对象重新梳理和整合过去生活的意义，从而形成人生圆满、积极正面的价值感受。

（3）调解服务对象与家人的关系，使其晚年能够享受家庭的温暖。

（4）鼓励服务对象发挥余热，参与社区事务，增强自我价值感，减少无用感。

（5）维护服务对象的合法权益，为服务对象链接社会资源。

（6）陪伴服务对象应对晚年可能遭遇的各类打击，如丧偶、丧子、重病等。

（7）辅导服务对象正确认识死亡，学会坦然接受死亡的来临，减少愤怒及恐惧的消极情绪。

3. 老年个案工作的方法

（1）缅怀往事疗法。社区工作者引导老年人回顾以往成功的事件、过往的兴趣及痛苦的经历等，从而协助老年人完成"自我完整"的人生任务。此方法对于缓解老年人的抑郁情绪、提升自尊感和社会化水平有积极的作用。

（2）人生回顾疗法。人生回顾疗法的目的是重新构建老年人对人生历程的感悟，回顾的内容既有一生中的正面事件，也有负面事件，主要目的是帮助老年人对现在的生活有更圆满、正面的体验。在实施人生回顾疗法时，要特别注意前测（建立评估基线）和后测（评估介入的效果）两个环节。

（3）验证疗法。验证疗法是尊重头脑混乱的老年人所感知的世界，通过他所感知的现实，而不是照顾者或社区工作者感知的现实，来了解老年人想表达的意思。明白老年人行为的意义，而不是让老年人意识到现实是什么样，是应用验证疗法的要旨。验证疗法在一些研究中显示对改善患阿尔茨海默病的老年人的行为和情感状态有成效，但它还是一个尚在实践中加以验证的疗法。

社区工作者在运用怀旧和生命回顾的个案辅导时要特别注意：①开案初期要和服务对象建立相互信任的工作关系；②鼓励服务对象回忆和讲述往事，可先回忆愉快的人生经历，然后再逐渐过渡为悲伤的往事回忆；③侧重倾听服务对象诉说往事时的感受，要特别关注其喜怒哀乐的情绪变化，协助其将那些被压抑的感受抒发出来；④服务对象如有子女，要鼓励服务对象把做父母的历程及感受表达出来，以协助服务对象进行诊断和治疗；⑤服务对象如有丧子或丧偶的经历，或因重病、意外而导致伤残等情况，要协助其把痛苦的情绪宣泄出来，从而重构过世子女或配偶对其生命的意义；⑥当服务对象的怀旧情绪得以表达后，社区工作者可采用"时间紧迫"技巧，将服务对象从过往生活拉回现实；⑦生命回顾是协助服务对象通过客观中肯地评价自己一生的经历，形成积极正向的人生体验。如果服务对象过分自责，社区工作者可帮助其分析导致痛苦或失败的外部原因，以免服务对象将所有过错都归咎于自身。

（二）老年小组工作

1. 老年小组工作的定义

老年小组工作是指专业的社区工作者通过有计划、有目标的小组活动，提高老年人的社会生活功能，从而协助老年人提高应对困难或适应社会的能力。

2. 老年小组工作的类型

根据小组目标和任务，小组可以分为多种类型，如成长小组、康乐小组、任务小组、治疗小组、教育小组、志愿小组、兴趣小组等。这里重点介绍两种老年小组。

（1）现实辨识小组。现实辨识小组的成员一般是有轻度到中度认知混乱的老年人，工作者通过环境中的一些提示帮助他们确认时间、方位或者是人。现实辨识小组一般是在护理院、医院或者成人日间护理中心中开办。

（2）动机激发小组。动机激发小组的目的是激发那些不再对眼前或将来感兴趣或者投入的老年人。工作者通过愉悦的小组活动协助老年人重新与他人建立联系，摆脱消极情绪。

3. 开展老年小组工作的注意事项

（1）要特别注意考虑小组的空间安排和辅具使用。老年人与健壮的年轻人不一样，他们可能存在身体上的不便，因此活动所在的楼层不宜安排太高，还要注意有无障碍设施、光线昏暗还是刺眼，这些内容在制订小组活动方案时都要进行特别的考虑。

（2）要注意调动小组成员的积极性。工作者要扮演比较积极的角色。在小组工作过程中，老年人群体普遍比年轻人群体被动一些，有些老人可能需要工作者多次鼓励和邀请，才能参加最初的小组聚会以及之后的小组活动，这就需要工作者投入更多的时间、运用更多的技巧与老人建立专业的信任关系。

（3）要注意并肯定小组成员的点滴进步。有些老人会变得比较被动，敏感易怒，容易以自我为中心，学习能力降低，这些都可能导致老年小组工作的节奏要比年轻人的小组慢许多。因此，小组工作者要善于看到成员点滴的进步并及时给予表扬和鼓励，这样才能推动小组工作顺利开展。

此外，工作者应特别注意在有些情形下不宜采用小组工作方法提供服务。比如，老年人自理能力较差，出行特别困难，患有传染性疾病或精神疾病，有严重的行为问题等，以上情况都不适应小组服务，可考虑提供个案服务。

（三）老年社区工作

1. 老年社区工作的定义

老年社区工作是指专业的社区工作者以社区老年人为工作对象，通过整合社区资源，鼓励老年人参与社区事务，预防和解决老年人问题，培养老年人的自助、互助精神，积极营造良好的社区养老环境和氛围，是一种宏观层面的工作方法。

2. 老年社区工作的目标

一是加强老年人与社会的联系，促进老年人参与社区事务，增强老年人对社区的归属感；二是调整老年人自卑、无能以及无助的心理；三是善用社区资源，发挥老年人的潜能，争取以及巩固老年人的权益；四是改变社会上对老年人刻板印象或负面认识。

3. 老年社区工作的基本模式

（1）社区发展模式。强调发动社区内各种老年组织、老年人及其他社区居民的力量，通过广泛参与来界定社区内老年群体的需求，并采取集体行动的方式解决问题，以使社区内各年龄群体成员自助、互助，从而提高老年人社会参与的积极性，增强其对社区的广泛认同。

（2）社区组织模式。强调通过社会工作者的介入，促使社区中具有相同背景、遭遇相同问题的老年人组织起来成立自助团体，以谋求所面临的共同问题的解决办法。老年人、老年人的家属及其照顾者是自助团体的主要力量。

（3）社区教育模式。强调由社区教育工作者向社区内的老年人提供形式和内容多样化的教育，帮助老年人掌握应对日常生活中各种问题的能力，从而有效地解决问题。此外，更为重要的是要培养社区的人文关怀氛围，促进整个社区尊老、敬老。

4. 开展老年社区工作的注意事项

（1）应尊重和接纳老年人，要相信老年人是有价值且有潜能的，给老年人提供发挥余热的平台和机会，以帮助其实现自我价值，提升自我效能感。

（2）应鼓励低龄老年人帮助高龄老年人，倡导银龄互助、夕阳互暖；通过建立各类老年协会或兴趣社团，使老年人在组织中抱团取暖、守望相助。

（3）应摒弃"急于求成、急功近利"的不良心态，根据老年人的个性、兴趣和能力，循序渐进，有计划地提升老年人的参与感，服务老年人时要真诚、有耐心。

（4）应平等对待每一位老年人，切忌将大部分资源及注意力投注在少数积极活跃的老年人身上，而忽视了其他老年人的感受和需要。

（5）应鼓励老人亲自尝试和参与，提升老年人自我解决问题的能力，工作人员切忌包揽代办，剥夺老年人成长和学习的机会。

（6）应整合社区内外资源，丰富服务内容，拓展服务渠道，积极营造"多元参与，共建共享"的社区养老服务生态圈。

典型案例

"银龄互助，夕阳互暖"
——湖东社区居家养老服务站为困境长者配"代理亲人"

湖东社区是老龄化比较严重的村居，村居内有不少空巢老人、孤寡老人、大病特困老人和残疾老人等困境老人。为了让这些困境老人安度晚年，感受到邻里的温暖关怀和热心帮助，同时充分发挥社区内低龄老人的时间优势、经验优势和位置优势，在金湾区民政局、红旗镇社会建设办和湖东社区委会的大力支持和指导下，珠海市瑞众社会工作服务中心启动了"代理亲人"暖巢志愿服务计划。经前期积极挖掘、动员和招募，湖东社区的"代理亲人"暖巢志愿服务队终于孵化了出来。

2019年4月19日，瑞众社工在金湾区红旗镇湖东社区居家养老服务站举行了"代理亲人"暖巢志愿服务队岗前培训、聘书颁发仪式和宣誓仪式。会上，社工和"代理亲人们"一起制定了银龄互助的"五个一"服务机制，包括：每周至少一次亲情问候（串门探访），每月一次亲情服务（根据老人实际需求而定，如探访聊天、陪同看病、代为购物等），每季度一次亲情聚餐（可做好美食送到老人家中），每年一次亲情生日祝福，每个节日一次亲情探望。培训结束后，志愿者"桂兰姨"立刻进入角色，告诉社工她结对的老人"北添叔"生病住院了，她稍后就去医院探望"北添叔"。

瑞众社工积极发挥低龄老人的服务热情和优势，积极探索"银龄互助，以老助老"的新型农村居家养老服务模式，让"夕阳互暖，守望相助，彼此关照"成为湖东社区暖心的一道风景线！

> **拓展阅读**

大力发展居家社区养老服务　提升养老服务质量

为认真贯彻中央关于加快养老服务业发展的重大决策部署，全面提升养老服务发展质量，陕西省民政厅于 2019 年 5 月 9 日印发了《关于推进全省养老服务高质量发展实施方案（2019—2020 年）》。方案中，大力发展居家社区养老服务被列为主要工作任务之一。

（1）加快居家社区养老服务设施建设。落实按照人均用地不少于 0.1 平方米的标准配套建设居家养老服务设施。依托社区综合服务设施和闲置资源，采取购买、置换、新建和租赁等方式，建设日间照料中心、托老所、养老服务站、助餐点等居家养老服务设施。在城市街道建设一院（社区小型养老院）、在城市社区建设一中心（社区日间照料中心）、在城市居民小区建设一站（养老服务站点）的养老服务网络体系。省厅每年资助新建 200 个城市社区日间照料中心，各地要按照规划完成建设任务。

（2）大力发展居家社区养老服务。借助"四社联动"工作机制，打造以社区为平台、养老服务类社会组织为载体、社会工作者和社区志愿者为支撑的养老服务模式，力争每个社区至少培育发展 1 个养老服务社会示范组织和 1 支志愿者队伍。鼓励专业服务机构及其他社会组织和个人为居家老年人提供生活照料、医疗护理、精神慰藉等服务。充分发挥社会组织作用，积极引进品牌化、连锁化居家养老服务组织运营日间照料中心、养老服务站等设施，公建的居家养老服务设施可无偿交由社会组织运营。大力支持志愿养老服务，探索建立"时间银行"制度。推广西安市碑林区"嵌入式"居家养老模式和莲湖区虚拟养老院的做法，积极打造"15 分钟养老服务圈"。

（3）发展互联网+养老服务。积极推动居家社区智慧养老服务信息平台建设，采取互联网+智慧养老、智能化呼叫、手机 APP 等多种信息化手段，融合养老服务组织、社区卫生机构等，开展老年人健康管理、紧急救援、服务预约、物品代购及其他个性化服务。持续推进全省 101 个社区开展"互联网+养老"试点工作。

任务三　设计与实施社区老年服务需求评估及项目方案

> **任务描述**

社区工作者应掌握社区老年服务需求评估工具的内容与应用，熟知社区老年服务项目方案设计的内容与要求。

案例导入

政府计划在小成、板乐、大农三个村居范围内建立一个社区居家养老服务站，为三个村居的老人提供社区居家养老服务。小成、板乐、大农三个村居面积合计约15平方公里，60岁以上老人1 000多人。政府要求社会组织来设计社区居家养老服务站的服务方案，并在此之前开展详细的需求调研。

案例思考
1. 如何开展上述三个村居的老年人需求调研？
2. 如何设计一个社区居家养老服务项目方案？

知识链接

一、社区老年服务需求评估工具

随着中国人口老龄化趋势的加快，养老服务的社会需求量日益增加，如何准确识别老年人的服务需求就变得十分迫切。对老年人进行评估是相关社会服务传输的首要环节，它既可以用来预估服务需求，又可以充当基线，为评估服务效果奠定基础。评估工具的开发对于提供有明确目标导向的服务具有重要意义，可以为社区老年服务提供更好的支持性条件，促进老年友好型社区的建设。

（一）社区老年服务需求评估工具研究现状

我国对老年需求评估工具的研究还处于摸索阶段，特别是适用于社区居家养老老年人的综合性评估工具的研究还比较少见。现有评估工具大部分是针对老年人身心状况的评估，而针对影响老年人生活质量的社区环境与资源的评估工具较少。

近年来，对养老服务需求评估工具的研究一直受到老年学领域，医学、护理学、心理学、社会工作学界和实务界的关注，目前也已经发展出许多专门用于老年人的评估工具，其中许多已在居家养老服务评估中得以运用。有关老年评估较多发展和普遍运用的工具涉及下述几个方面：①老年人的身体功能；②老年人的健康状况；③老年人的认知功能；④老年人的情绪状况；⑤老年人的社会功能；⑥老年人的生活质量；⑦老年人的价值观和偏好；⑧老年人的精神状况；⑨老年人的家庭照顾人状况；⑩老年人的生活环境。这些方面的工具在国外大多经过实证研究确立了信度和效度。其中许多工具，典型的如ADLs量表、IADLs量表、MMSE量表等，自问世以来，一直被国内外广泛运用，在实践中发挥了非常好的效用[一]，但上述评估工具皆是针对老年人某一方面的评估，老年人的综合性评估工具却很少。

[一] 隋玉杰. 老年人社区社会服务综合评估工具考量因素研究[J]. 社会建设, 2014, 1(2): 11-12.

（二）社区老年服务需求评估工具指标参数

2018年，上海市召集专家学者研发了"上海市老年照护统一需求评估调查表"，得到了社区养老服务业界的一致好评。该表格工具主要包括六个方面的指标参数，分别是生活自理能力、认知能力、情绪行为、视觉能力、社会生活环境以及重大疾病。

1. 参数项目一：生活自理能力（主要参数）（见表5-1）

表5-1 老年人生活自理能力评估表

评估事项	程度等级	正 常	轻度依赖	中度依赖	重度依赖	判断评分	
（1）饮食	能够自己完成做饭、吃饭和清洗餐具等整个饮食流程	独立完成	能够独立完成吃饭和清洗餐具，无法单独完成做饭	只能够完成吃饭，无法完成清洗餐具和做饭	完全需要帮助	正常 轻度依赖 中度依赖 重度依赖	0分 □ 1分 □ 3分 □ 5分 □
（2）个人卫生	修饰、洗澡等	独立完成	能独立地洗头、梳头、洗脸、刷牙、剃须等，洗澡需要协助	在协助下和适当的时间内，能完成部分修饰，洗澡需要帮助	完全需要帮助	正常 轻度依赖 中度依赖 重度依赖	0分 □ 1分 □ 3分 □ 7分 □
（3）穿衣	穿上衣、穿下衣等	独立完成	需要协助，在适当的时间内完成部分穿衣	难度较大的穿衣动作需要协助，如系纽扣、拉拉链等动作需要协助	完全需要帮助	正常 轻度依赖 中度依赖 重度依赖	0分 □ 1分 □ 3分 □ 5分 □
（4）如厕及排泄	如厕、小便、大便等	不需协助	偶尔失禁，但基本上能如厕或使用便盆	经常失禁，在很多提示和协助下尚能如厕或使用便盆	完全失禁，完全需要帮助	正常 轻度依赖 中度依赖 重度依赖	0分 □ 1分 □ 5分 □ 10分 □
（5）移动	站立、转移、行走、上下楼梯等	独立完成	借助较小的外力或辅助装置能完成站立、转移、行走、上下楼梯等	借助较大的外力才能完成站立、转移、行走，不能上下楼梯	卧床不起，移动完全需要帮助	正常 轻度依赖 中度依赖 重度依赖	0分 □ 1分 □ 5分 □ 10分 □

判断评分参考值：		参数项目一 评估结论：	
		1. 评分总和	
0～3分	生活自理能力正常		正常 □
4～9分	生活自理能力轻度依赖	2. 判断等级	轻度缺失 □
10～18分	生活自理能力中度依赖		中度缺失 □
19分或以上	生活自理能力重度依赖		重度缺失 □
		3. 结论备注	

2. 参数项目二：认知能力（主要参数）（见表5-2）

表5-2 老年人认知能力评估表

评估事项 \ 程度等级		正常	轻度缺失	中度缺失	重度缺失	判断评分	
（1）近期记忆	回想近期发生的事情	对近期发生的事情记忆清晰	对近期发生的事情记忆模糊	不记得近期发生的事情，在提示下能记起部分	经提示也不能记起近期发生的事情	正常 轻度缺失 中度缺失 重度缺失	0分□ 2分□ 5分□ 10分□
（2）程序记忆	完成习得的生活技能，如穿衣程序、烧水泡茶程序等	正确完成	—	在提示下能正确完成	经提示也不能正确完成	正常 — 中度缺失 重度缺失	0分□ — 5分□ 10分□
（3）定向能力	现实定向能力，对人物、地点、时间、空间等的识别和判断能力	定向力正常	—	在提示下，能正确说出人物、地点、时间、空间等	经提示也不能正确说出人物、地点、时间、空间等	正常 — 中度缺失 重度缺失	0分□ — 5分□ 10分□
（4）判断能力	对日常生活的内容、时间、由谁处理等做出判断	能正确做出判断	—	在提示下能做出判断，表现为判断迟缓、不决	判断错误	正常 — 中度缺失 重度缺失	0分□ — 5分□ 10分□
判断评分参考值： 0～4分　认知能力正常 5～14分　认知能力轻度缺失 15～29分　认知能力中度缺失 30分或以上　认知能力重度缺失				参数项目二　评估结论： 1. 评分总和 2. 判断等级 3. 结论备注		正常　□ 轻度缺失　□ 中度缺失　□ 重度缺失　□	

3. 参数项目三：情绪行为（主要参数）（见表5-3）

表5-3 老年人情绪行为评估表

评估事项 \ 程度等级		正常	轻度异常	中度异常	重度异常	判断评分	
（1）情绪	对客观事物的主观态度体验是否与实际相符，能否被常人理解	情绪稳定	情绪欠稳定，但尚能被人理解	无诱因，情绪变化较大	喜怒无常或毫无反应	正常 轻度异常 中度异常 重度异常	0分□ 2分□ 6分□ 10分□

（续）

评估事项	程度等级	正常	轻度异常	中度异常	重度异常	判断评分	
（2）行为	动作行为表现有否异常	行为正常	偶尔有异常行为，但不影响正常生活，不需要协助调适或监护	经常有异常行为，影响正常生活，需要一定监护	经常有异常行为，严重影响正常生活，完全需要监护	正常 轻度异常 中度异常 重度异常	0分□ 2分□ 6分□ 10分□
（3）沟通能力	在交流中能否互相理解	理解准确，表达清晰	—	需提示才能听懂、简单表达	交流困难，不能表达和理解	正常 — 中度异常 重度异常	0分□ — 1分□ 2分□

判断评分参考值：		参数项目三 评估结论：	
		1. 评分总和	
0～1分 2～5分 6～14分 15分或以上	情绪行为正常 情绪行为轻度异常 情绪行为中度异常 情绪行为重度异常	2. 判断等级	正常 □ 轻度异常 □ 中度异常 □ 重度异常 □
		3. 结论备注	

4. 参数项目四：视觉能力（主要参数）（见表 5-4）

表 5-4 老年人视觉能力评估表

评估事项	程度等级	正常	轻度障碍	中度障碍	重度障碍	判断评分	
视力	有无视力障碍，能否安全照顾自己	在正常环境下能安全照顾自己	能独立照顾自己，但视力下降，存在安全隐患	低视力（矫正后），生活需要照顾	由于视力障碍，视觉功能完全丧失，无法适应生活环境和安全照顾自己	正常 轻度障碍 中度障碍 重度障碍	0分□ 1分□ 5分□ 10分□

判断评分参考值：		参数项目四 评估结论：	
		1. 评分总和	
0分 1分 5分 10分	视觉能力正常 视觉轻度障碍 视觉能力中度障碍 视觉能力重度障碍	2. 判断等级	正常 □ 轻度障碍 □ 中度障碍 □ 重度障碍 □
		3. 结论备注	

5. 参数项目五：社会生活环境（背景参数）（见表5-5）

表5-5　老年人社会生活环境评估表

（1）居住情况	居住、生活情况	□1.1 与子女或亲戚朋友同住	□1.2 与配偶同住	□1.3 独自居住	□1.4 入住养老机构
（2）家庭支持	家庭、社会网络支持情况	□2.1 亲属提供足够的生活支持（物质和感情方面）	□2.2 亲属提供些许生活支持	□2.3 亲属只提供感情上的支持	□2.4 很少看望，没有物质和感情支持
（3）社区生活	参与社区活动情况	□3.1 经常参加社区活动	□3.2 较少到社区走动或参加活动	□3.3 偶尔到社区走动或参加活动	□3.4 从不参加社区活动
（4）居住条件	住房设施条件	4.1 出入无障碍设施 □ 有 □ 无	4.2 室内无障碍设施 □ 有 □ 无	4.3 厕所 □ 独用 □ 合用 □ 无	4.4 洗浴设备 □ 独用 □ 合用 □ 无
（5）安全卫生	居住环境的卫生与安全	□5.1 环境条件符合卫生与安全要求	□5.2 卫生条件欠佳，安全仍能保障	□5.3 卫生条件较差，生活较不方便，安全缺乏保障	□5.4 居住条件很差，居住有明显安全风险

6. 参数项目六：重大疾病（背景参数）（见表5-6）

表5-6　老年人重大疾病调查表

		疾病名称	医生诊断	在接受治疗	结束治疗
重大疾病	1. 医生诊断的疾病 2. 在接受治疗 3. 结束治疗	1. 高血压	1.1	1.2	1.3
		2. 老年心力衰竭	2.1	2.2	2.3
		3. 冠心病	3.1	3.2	3.3
		4. 心律失常	4.1	4.2	4.3
		5. 慢性支气管炎	5.1	5.2	5.3
		6. 肺气肿	6.1	6.2	6.3
		7. 肺心病	7.1	7.2	7.3
		8. 肺炎	8.1	8.2	8.3
		9. 脑血管意外	9.1	9.2	9.3
		10. 帕金森氏症	10.1	10.2	10.3
		11. 阿尔茨海默病	11.1	11.2	11.3
		12. 抑郁症	12.1	12.2	12.3
		13. 糖尿病	13.1	13.2	13.3
		14. 痛风	14.1	14.2	14.3
		15. 骨质疏松	15.1	15.2	15.3
		16. 肢体骨折	16.1	16.2	16.3
		17. 肩周炎	17.1	17.2	17.3
		18. 颈椎病	18.1	18.2	18.3
		19. 类风湿性关节炎	19.1	19.2	19.3
		20. 肝胆疾病	20.1	20.2	20.3
		21. 白内障	21.1	21.2	21.3
		22. 青光眼	22.1	22.2	22.3
		23. 视网膜血管性疾病	23.1	23.2	23.3
		24. 糖尿病视网膜病变	24.1	24.2	24.3
		25. 失聪	25.1	25.2	25.3
		26. 肾脏疾病	26.1	26.2	26.3
		27. 肿瘤	27.1	27.2	27.3
		疾病数量			

二、社区老年服务项目方案设计

虽然我国各地的社区老年服务项目方案设计各不相同，但都主要包含了项目名称、项目摘要、项目目标、项目创新性与可行性、项目服务对象、项目服务内容、项目进程、项目预期效果、项目经费、项目风险管理等部分。

1. 项目名称

项目名称是项目申请书的"门面""灵魂"，好的项目名称能使项目达到"开门见山""眼前一亮"的效果，从而给项目申请书增添亮色。项目名称应简明扼要、精准到位，一般不宜超过20个字。如：针对随迁老人的项目，可命名为"漂爸漂妈关爱计划"（见后文"典型案例"部分中的表5-7）。

2. 项目摘要

项目摘要是项目的内容提炼，一般涵盖申请组织信息、项目背景、项目的主要内容及意义。项目摘要的字数一般控制在300～500字，不宜过长，旨在概括项目即可。

（1）申请组织信息。该部分主要是对项目申请方进行简要介绍，帮助评审专家和资助方了解申请组织的相关信息和资质。撰写内容主要包括组织的联系人、联系方式、组织的名称、组织成立时间、服务范围、组织的宗旨及使命等。另外，还需提供组织的登记证书、曾经获得的荣誉或奖项、同类项目服务经验等。

（2）项目背景。该部分主要包含三大方面：①支持项目开展的政策性文件以及宏观社会环境；②项目申报的原因，重点突出项目对所服务人群的重要性和紧迫性，以及目标群体对项目需求的广泛性；③前期调研得出的一些结论，或者一些精确、具体的数据和典型的案例等，以增加项目的说服力。

3. 项目目标

项目目标是指项目所要解决问题的愿景和期待，社会工作项目的目标就是项目所能交付的服务成果。一个老年服务项目的成败，始于目标、专于目标，也成于目标。项目目标一定要聚焦社区老年群体最核心的问题或需要，每个目标的设定必须是有价值、可操作、非重叠的。同时，项目目标按时间可划分为长期目标和短期目标，按目标的性质又可分为总目标和分目标。在逻辑上，总目标是基于老人的问题或者需求情况而制定，而分目标是根据总目标而制定的。因此，理顺并掌握服务目标制定的逻辑关系，是提升老年服务专业性和体现服务成效的重要前提和保障。

4. 项目创新性与可行性

（1）创新性。项目创新性重在挖掘项目与众不同的地方，促使项目申报者尝试性地服务新的需求人群，挖掘项目服务方法，令申报的项目更具个性特点。项目创新性一般包含老人服务内容创新、老人服务方法创新、老人服务模式创新等。

（2）可行性。项目可行性包括分析项目在人、财、物方面对项目的支撑，论述该项目在理论上是否可行、内容设计是否合理、工作人员的能力和水平是否能完成项目内容，从而保证该项目的正常进行和顺利完成。此外，除了阐明自身实力外，还可介绍合作伙伴的力量。

5. 项目服务对象

项目服务对象就是项目所要覆盖的目标群体，重点描述目标群体的数量、特征和需求等内容，目标群体分为直接目标群体和间接目标群体。

6. 项目服务内容

项目服务内容主要是指项目申报方计划采用什么服务方法或服务模式，为目标群体提供哪些服务，解决哪些问题，该部分内容要回应项目目标，围绕既定目标来设计项目服务内容，项目服务内容设计要条理清晰、详略得当、突出重点、层层递进。

7. 项目进程

项目进程就是项目时间安排。为了使项目进程让评审人员一目了然，一般采用表格的形式进行撰写。通常根据各项工作的先后顺序、逻辑关系写清工作流程，标注清楚各项活动的起止时间，并进行编号和描述。

8. 项目预期效果

项目预期效果部分的撰写可以分为理论成果和实际应用成果。理论方面可包括形成的服务领域的理论模式、论文、奖励和专利等，应用方面则以项目服务产生的社会效益来衡量。项目的社会效应不仅通过项目服务对象的需求满足程度来体现，还涉及项目辐射群体和社会其他现象的改变。

9. 项目经费

项目经费部分的撰写包括经费来源和经费支出。经费来源由内部已有经费和外部资助经费两部分组成，主要描述为序号、金额、来源；经费支出包括宣传、人员、活动、设备费用等，主要描述为序号、支出大项、支出小项（购买的详细物品）及金额。要求详细列明计算根据。

10. 项目风险管理

项目风险管理是指项目申报方对项目实施过程中可能遇到的困难和问题进行预测分析，并针对这些困难和问题提出应对措施，确保未来项目顺利实施。

典型案例

表 5-7 漂爸·漂妈——随迁老人社区融合服务项目

序号	分类	详细内容
1	项目名称	漂爸·漂妈——随迁老人社区融合服务
2	项目背景	随迁老人是生活在珠海这样一个外来人口众多的城市的特殊群体。如果说来珠海的年轻人是为了理想在奋斗，那么随迁的老人就是为了爱在坚守，但伴随而来的是一种发生在老人身上的寂寞与无奈 随迁老人社区融合项目立足于打破翠香街道辖区内随迁老人面对语言沟通障碍、生活单调及缺少活动组织群体等境遇，有针对性地开展系列小组活动及社区融合活动，帮助山场与兴业社区内的随迁老人更好地适应随迁生活，提升晚年生活质量
3	服务对象	随迁老人 30 名
4	服务范围	山场社区、兴业社区
5	实施时间	2020 年 10 月 1 日至 2021 年 9 月 30 日
6	项目目标	一、总目标 通过"随迁老人社区融合暖心"项目的开展，参与者能够学习到新的技能与知识；掌握积极的沟通模式；增加自身价值感的同时，提高自我服务意识，建立起朋辈之间的支持网络 二、具体目标 1. 个人适应层面，开展 5 场"学好话、交好友"语言学习小组活动，通过对语言、交通等知识的学习，帮助老人尽快融入当地生活，更好地适应环境 2. 家庭关怀方面，通过开展 5 场"沟通学习零距离"电子产品学习小组活动、5 场家庭沟通零距离小组、家庭三代同游乐活动 1 场，使家庭子女之间能够了解随迁老人在家庭中的作用，学着体谅与关怀老人 3. 社区融入方面，开展同乡会活动 1 场，5 节老年人益智手工兴趣小组，使老有所乐 4. 社会倡导层面，开展爱老护老社区宣传活动 1 场；通过借助新闻媒体，链接医疗、教育等资源，更好地为随迁老人服务，促进社区与社会的和谐
7	实施计划	一、项目前期 与社区建立联系，进行社区走访和调研，建立服务对象档案，开展项目宣传和推广工作，充分了解社区随迁老人的社区需求；另一方面，完善服务计划，发动潜在服务对象参与项目活动 二、项目中期 针对随迁老人需求进行以下 4 个方面的工作，包括个人适应、家庭关怀、社区融入和社会倡导。具体实施计划如下： （1）个人适应层面。通过对语言、交通等知识的学习，使随迁老人能够尽快融入当地的生活 （2）家庭关怀方面。通过家庭同游乐、婆媳沟通等活动的开展，使家庭子女之间能够了解随迁老人在家庭中的作用，学着体谅与关怀老人 （3）社区融入方面。通过组织开展老年同乡会、兴趣小组、趣味运动会、爱老护老社区宣传等活动，使随迁老人能够感受到社区热闹与和谐的氛围，老有所乐 （4）社会倡导层面。借助新闻媒体、节假日活动以及连接的医疗、教育等资源，更好地为随迁老人服务，使随迁老人能够感受到社会带来的温暖，进而促进社区与社会的和谐 三、项目后期 评估总结漂爸·漂妈——随迁老人社区融合服务项目，撰写评估总结报告，将服务成效以年报或者视频的形式展示出来，向其他社区推广该服务项目

> 拓展阅读

AD8 量表

AD8 是美国华盛顿大学于 2005 年开发的共有 8 道题目的探访量表,用以极早期阿尔茨海默病筛检。AD8 量表可用于自评,也可供家属使用帮助患者评估,作为对疾病风险的评估。透过回答简单的 8 个问题,能够快速地检查是否具有阿尔兹海默病的初期症状。

1/8:判断力是否出现了障碍?
□(疑似)有障碍　　□无障碍　　□我不确定

2/8:是否不爱活动?或对事情不感兴趣?
□少动,不感兴趣　　□喜欢活动,感兴趣　　□我不确定

3/8:是否会不断地重复同一件事或同一句话?
□很少重复　　□不会重复　　□我不确定

4/8:学习新东西的使用方法时,是否会有困难?
□有困难　　□没有困难　　□有时会出现困难

5/8:是否有时会记不清当前的月份或年份?
□有　　□没有　　□有时

6/8:处理复杂的个人事情时,是否存在困难?
□有难度　　□没难度　　□不确定

7/8:是否会忘记与某人的约定?
□是　　□从不　　□有时

8/8:记忆或思考能力是否出现过问题?
□有过　　□没有　　□偶尔

评估依据:以"是,有"的个数计分,分数范围 0~8 分。0~1 分为正常;2 分或以上应该及时就诊,让专家进行更完整的认知评估。

课 后 作 业

一、不定项选择题

1. 老年人的生理特点不包括(　　　　)。
   A. 抵抗力下降　　　　　　　B. 新陈代谢减慢
   C. 害怕死亡　　　　　　　　D. 生理机能下降
2. 老年人心理发展常见问题包括(　　　　)。
   A. 权威心理　　B. 孤独心理　　C. 骄傲心理　　D. 多疑心理
3. 老年人正式社会支持网络包括(　　　　)。

A. 政府　　　B. 社区　　　C. 组织　　　D. 义工

4. 老年人非正式社会支持网络包括（　　）。

    A. 家人　　　B. 亲戚　　　C. 社区　　　D. 朋友

5. 老年福利性服务包括（　　）。

    A. 生活照顾服务　B. 医疗服务　C. 教育服务　D. 文娱服务

6. 老年社区工作的基本模式有（　　）。

    A. 社区发展模式　　　　　　B. 社区组织模式

    C. 社区教育模式　　　　　　D. 社区共享模式

二、简答题

1. 简述老年社区工作的含义。
2. 简述社区老年服务的内容。
3. 简述社区老年服务的基本类型。
4. 社区老年服务项目方案书包含哪些要素？

三、实训题

任务描述：腾安社区里有一名糖厂退休的老职工黄奶奶，去年体检时查出患有严重的心脏病。十年前，黄奶奶的老伴去世；五年前，女儿大学毕业后留在上海工作，黄奶奶因为不适应大城市的生活，所以这些年独自一人在老家生活。突然有一天，黄奶奶心脏病发作去世，但直到去世后的第三天才被发现。该事件随即在社区中广泛传播开来，几名社区热心人士来到社区服务中心，希望社区服务中心的社工帮助他们解决社区问题。假如你是社工，如何运用老年社区工作服务方法解决以上问题？

任务引导：

1. 社工可以将黄奶奶这一焦点事件作为介入点，通过召开座谈会或走访调查，了解社区居民对该事件的看法，引导社区居民思考社区空巢老人面临哪些问题和需求，以及针对这些问题和需求有哪些可能的解决办法。

2. 社工可以对社区骨干领袖或热心义工进行访谈，了解社区骨干领袖的看法和意见，并鼓励他们带头积极行动，组织成立"空巢老人问题关注小组"，并通过投票选出组长。

3. 协助空巢老人问题关注小组召集居民召开讨论会，商讨空巢老人问题的解决办法，最终在社工的推动下，十五名热心居民共同发起成立了"幸福来敲门"空巢老人居家巡防小组，每天定期上门为空巢老人提供聊天解闷、代为办事、代为采购、定期聚餐等服务。社工通过激发社区居民潜能，鼓励社区居民成立助老组织，提高其自我解决问题的能力，这一做法受到社区居委会和社区老人的一致好评。

项目六　开展社区妇女服务

项目概述

本项目通过阐述社区妇女服务的内涵与内容，探索社区妇女服务在个人层面、群体层面和社区层面的工作方法，以及社区妇女服务项目方案的设计原则、设计流程和工作技巧，以便学生能够根据社区妇女的实际需求，设计并实施社区妇女服务项目。

学习目标

知识目标：了解社区妇女及其特征及需要，明确社区妇女服务的内容。

能力目标：具备社区妇女服务的工作方法；能够设计与实施社区妇女服务活动；能够针对不同类型的妇女对象采取不同的服务方式，满足其个性化需求。

任务一　探讨社区妇女服务的内涵与内容

任务描述

作为一名社区工作者，为了更好地为妇女服务，必须明确妇女服务对象以及社区妇女服务的内涵，掌握社区妇女服务的主要内容。

案例导入

小莲，某工厂员工，和丈夫三年前因相亲认识，很快就领了结婚证，婚后育有一子，一家三口十分幸福。直到有一天，丈夫因厂里效益不好而被辞退，自此过上了游手好闲的生活，整天和朋友喝闷酒，既不出去找工作，也不愿在家照顾孩子。小莲每天下班后除了操持各种家务，还要照顾将近3岁的儿子。眼看孩子到了学龄期，可是上幼儿园的学费不少，家里又没有那么多的积蓄，所以只能把儿子关在家里，白天由老人帮着照料，孩子也养成了一些不太好的习惯。

面对幼小的儿子和整天无所事事的丈夫，遭受工作、家务、经济三重压力的小莲终于爆发了，一股脑地向丈夫倾吐了心中的各种委屈和不满。可爆发并没有换来丈夫的理解和关爱，反而招致丈夫的拳打脚踢。此后，这样的家庭暴力越来越频繁，经常发生在深夜。

小莲觉得现在的生活非常糟糕，又不敢向自己的父母倾诉。在某邻居的介绍下，小莲求助了所在社区的社工。

案例思考

1. 结合案例，谈谈小莲存在哪些方面的需求。
2. 作为社区工作者，可以为小莲提供哪些服务？

知识链接

新中国成立以来，我国妇女地位得以大幅提升，但是妇女群体仍然面临着社会角色定位刻板、工作中遭遇性骚扰、婚姻家庭的脆化、失业率高及就业难等问题。妇女问题影响着我国社会的现状和未来，社区工作者需要了解妇女的特征、需要等，不断拓宽妇女服务内容和创新妇女服务方式，以维护妇女合法权益，引导妇女树立自尊、自信、自立、自强的精神，提高综合素质，实现全面发展。

一、社区妇女服务的内涵

（一）社区妇女服务的含义

妇女的含义有广义和狭义之分，广义的妇女是指所有女性；狭义的妇女是指成年女子。成年女子不单纯指已婚妇女，我国司法解释定义14岁以上的女性为妇女，未满14岁的男女称为儿童。本书所提及的妇女均采用狭义的妇女定义。

社区妇女服务是指社区工作者以社区中的妇女为服务对象，针对他们在参与政治、经济、社会、文化和家庭生活过程中遇到的各种群体或个体问题而开展的社会服务性工作，目的在于为妇女的全面发展创造有利的社会环境和社会条件。

（二）妇女的特征及需要

1. 妇女的特征

（1）青春期妇女身心特征。这个阶段的生理特征有：①全身发育。随着青春期的到来，青春期的妇女全身发育迅速，并逐步向成熟过渡。②生殖器官的发育。外生殖器、阴道、子宫和卵巢等第一性征的各部分有了明显的变化，第二性征也逐渐明显，开始出现月经。这个阶段的妇女的心理特征有：①忧郁和自卑倾向。当青春期妇女进了中学，会感受到学习的压力、竞争的氛围和同学的生疏，外在环境的变化容易让她们产生忧郁和自卑的倾向。②对同伴的强烈依赖。青春期妇女已经有了摆脱家庭的意识，但她们又没有足够独立和成熟的能力，造就了她们对伙伴的强烈渴望和关注。③渴求感与压抑感的矛盾。青春期妇女由于性的发育和成熟，出现了与异性交往的渴求，与此同时家长、学校、社会舆论对其加以约束和限制，致使她们出现矛盾心态。

（2）成年期妇女身心特征。这个阶段的生理特征有：女性身体各个部分发育成熟，出现周期性的排卵及行经，并具有生育能力。女性受孕后，身体各个器官发生很大的变化，生殖器官的改变尤为突出。这个阶段的心理特征有：①恐惧感。妇女恐惧生殖能力与美貌丧失，唯恐失去为人母、为人妻的机会，而在空虚的家中遭受寂寞与忧伤的折磨。②紧张感和焦虑感。妇女在成年期面临着家庭角色和社会角色的双重变化，家庭负担扑面而来，纷繁复杂的工作压得妇女喘不过来气，常被紧张和焦虑所笼罩。

（3）更年期妇女身心特征。这个阶段的生理特征有：①卵巢功能由活跃转入衰退状态，排卵变得不规律，直到不再排卵。②月经逐渐不规律，最终完全停止。这个阶段的心理特征有：①情绪不够稳定，易激动、易怒、易紧张焦虑。②注意力不易集中，容易出现精神倦怠。③心理敏感性增强，容易有受挫和不得志的感觉。④记忆力减弱，伴随有头痛或失眠等躯体症状。

（4）老年期妇女身心特征。这个阶段的生理特征有：妇女机体所有内分泌功能普遍低落，生殖器官逐渐萎缩，卵巢功能进一步衰退。这个阶段的心理特征有：妇女的感觉和知觉能力逐渐衰退，记忆力开始下降；害怕孤独，害怕无人关心自己，却又怕拖累别人。

2. 妇女的需要

（1）维权普法的需要。社区工作者需要更深入地开展维权普法活动，在辖区范围内积极宣传《妇女权益保障法》《婚姻法》和《反家庭暴力法》等法律法规，使社区妇女能知法、懂法、守法、用法，从而积极捍卫自己的合法权益。

（2）平等权利的需要。在新时代，我国社会的发展和经济体制转型对男女在升学、就业、政治待遇等方面的平等问题带来了极大的冲击和挑战。比如，育龄妇女在就业中遭遇区别对待、生产过程中的福利待遇需求得不到保障等问题仍十分突出。因此，社区工作者要为妇女提供反性别歧视专项维权服务，保障妇女享有与男子平等的就业权利。

（3）就业创业培训的需要。社区工作者应整合人力资源保障局、妇联、工会、企业等有效资源，针对辖区有就业、创业需求的广大妇女群众做好服务计划。一方面可以组织开展各种形式的指导培训，包括职业规划、简历制作、面试指导、应聘模拟、员工关系辅导等；另一方面可以搜集就业信息，将各个企业的招聘信息汇编成册，并通过社区微信公众号来发布。

（4）身心健康的需要。一方面，社区妇女的健康意识薄弱，只有身体十分不适时才想到去医院检查，未养成定期检查的意识。针对这类情况，社区工作者除了加大健康宣传外，更应呼吁和组织社区妇女定期体检。另一方面，社区妇女的心理压力巨大，既要为事业、家庭而奔波，又要在上下级、同事、亲戚、家人等纵横交错的人际关系夹缝中生存。为此，社区工作者可以邀请心理学专家入驻社区，引导社区妇女塑造健康积极、乐观向上的心态，习得一些有效沟通的方法和技巧。

（三）社区妇女服务的特点

1. 服务对象的性别化

当今社会对女性的角色期待不仅仅是要传承优良传统，更要实

社区妇女服务的特点

现个人的价值。因此，社区工作者应根据妇女的性别化形象提供具有针对性的服务。例如，举办琴棋书画诗酒茶体验沙龙，邀请美妆师传授盘发护肤化妆技巧，开设健康瑜伽公益课，开展拼布、插花、天然手工皂制作等手工体验类活动，举办家庭教育交流会和女性职场礼仪或心态修炼等培训等。这些量身打造的活动不仅有助于女性个人形象的提升，同时有利于女性在激烈的社会竞争中处于优势地位。

2. 服务方式的多样化

（1）培训。一类是就业技能培训，如烘焙、美妆和家政技能等，这些技能培训可以拓宽社区妇女的就业渠道，增加妇女的创业、就业机会；另一类是自身素养的培训，如礼仪、茶艺、插花培训，这类培训能够增进妇女群体之间的相互交流，也能丰富社区妇女的精神文化生活。

（2）讲座。一类是健康知识讲座，如健康惠民政策，宫颈癌、乳腺癌项目政策内容及预防，妇女日常养生保健等；另一类是维权法律知识讲座，如普及《妇女权益保障法》《婚姻法》《反家庭暴力法》等法律法规，解读家庭财产分割、继承、债务、家暴维权等法律条例，宣传妇女维权诉讼程序、法律援助等法律知识。

（3）心理咨询。社区妇女在生活中会面临很多心理压力，诸如经济紧张、居住条件差、人际冲突、婚姻问题、失业、重要亲人死亡等，这些事件都会造成心理创伤。社区工作者运用人本主义疗法等多种疗法，在咨询过程中充分地尊重、共情、中立，便于快速建立专业关系，进而使妇女获得心理支持。

社区工作者应根据时代需要改变社区妇女服务方式，避免服务方式过于单一。比如，组织社区妇女到妇女工作开展较好的社区观摩学习，提高社区妇女参与的积极性。

（四）社区妇女服务的目标

第一层是直接目标，疏解妇女的消极情绪，重塑妇女积极向上的自我形象，增强妇女对自我的认知，解决妇女的实际困难和需要。妇女在家庭生活或工作中遭遇挫折，如家庭暴力、亲人病故、人际关系冲突等因素刺激下，常常产生焦虑、抑郁、神经衰弱等。社区工作者要为社区妇女提供情绪疏解、哀伤抚慰等心理健康服务，为其制定心理问题的预防和早期干预措施，引导社区妇女独立和自信起来。

第二层是中间目标，提升妇女的性别平等意识、促进妇女自省。社区工作者可以通过建立妇女支持小组或妇女互助俱乐部的方式，一方面增强小组成员间的互动交流，培养其兴趣爱好，减少其孤独感；另一方面可在小组范围内开展职业培训、讲授应对家庭暴力的技巧等活动，从而挖掘妇女的潜能，增强其平等意识。

第三层是最终目标，重新建构权利关系，建立各妇女网络之间的连接，倡导和建立全社会的性别公正和公平的意识和制度。社区工作者可以在社区层面开展妇女合法权益的维护、男女平等的倡导、妇女互助合作精神的推进、妇女个体自我成长意识的熏陶等活动。

二、社区妇女服务的内容

（一）妇女价值认知服务

社区妇女服务的内容

社区工作者帮助社区妇女发掘、了解与重视自我的价值，协助妇女挖掘自身的优势，并将其运用于家庭和工作，使更多妇女认清自我、建立自信。例如，从社区妇女就业难的现状出发，根据劳动力市场的需求和妇女从业人员的特点，社区工作者可以配合劳动保障部门等相关部门举办有针对性和实效性的职业培训，提高妇女的就业能力和适应职业变化的能力。同时，对有意向自行创办微型企业、社区服务实体的失业妇女，社区工作者可以聘请相关专家进行生产、经营、管理、销售等方面的创业培训指导，帮助妇女实现自主创业和自主就业。

（二）妇女合法权益服务

1. 完善社区妇女维权服务网络

社区工作者一是要发挥 12348 法律咨询热线和 12338 妇女维权公益服务热线等维权平台的预防预警作用，为社区妇女及时获得法律咨询服务以及有效法律援助提供便利；二是链接各类妇女求助和服务机构，向社区妇女提供维权服务和法律援助；三是构建"妇联维权工作者＋律师＋社会工作者"的维权模式，形成各司其职、协作联动的工作格局，最大限度地发挥各种力量的社会效应。

2. 成立妇女维权工作队伍

社区工作者依托社工机构、妇女之家、妇女儿童维权站点和法律援助中心等工作场所，吸收各行业、各战线的女性负责人、专业人才、热心社会公益的维权志愿者等参与社区妇女维权工作，从中挖掘那些易被群众接受、工作热情高涨的妇女群众成立"亲情维稳服务队""家长里短服务团"等维权工作队伍，从而为社区有需要的妇女提供更有力的服务。

（三）妇女健康保健服务

1. 提供社区保健服务

社区工作者可以链接资源，邀请医学专业人员进入社区开展下列工作：

（1）围婚期保健，如婚前医学检查宣传，婚前与婚后卫生咨询与指导。

（2）产前保健，如举办孕期自我保健、母乳喂养、营养饮食和孕期并发症的讲座，并对有产前综合征的孕妇实施干预，帮助他们缓解焦虑和抑郁的情绪。

（3）产后保健，如为产妇及其家属提供情绪支持，开设产后修复瑜伽课程，举办新生儿护理知识、生理和心理特点的系列讲座。

（4）更年期保健，如向更年期妇女介绍更年期的生理状态，缓解她们的紧张和焦虑情绪，并指导更年期妇女合理就医、饮食和锻炼。

2. 关注特殊妇女的健康

（1）关注老年妇女的健康。老年妇女身体已经进入了生理衰退期，时常感到疲惫不堪，社区工作者对此可以宣传饮食养生与生活养生的妙招，倡导老年妇女从事喜欢且能胜任的公益活动。

（2）关注残疾妇女的健康。社区工作者运用社会工作方法帮助残疾妇女补偿自身缺陷和克服环境障碍，协助残疾妇女缓解因残疾引起的忧郁、恐惧、无助和绝望的情绪，帮助残疾妇女制订社区康复计划并评估其心理健康程度，协助残疾妇女申请基金救助服务等。

（3）关注流动妇女的健康。为减轻流动妇女的工作压力，社区工作者既可为流动妇女开设亲子教育课堂、健康及法律知识讲座、创业就业培训，也可为流动妇女的孩子提供功课辅导、家庭陪伴、能力培养等服务。

（4）关注留守妇女的健康。社区工作者链接各方资源，为留守妇女提供农业技术培训以提高其农业技术水平，以减轻其生活负担和压力。

（四）婚姻家庭咨询服务

（1）恋爱择偶服务。社区工作者通过访谈或问卷评估分析社区未婚妇女的性格特征和择偶倾向，并结合结婚的法定条件、社会心理知识以及妇女自身情况，提供与其相匹配的择偶建议。同时，对妇女的恋爱关系进行评估，传授恋爱沟通的技巧，修复妇女失恋的心理创伤。此外，还可引导妇女探讨夫妻双方的价值观、性格特征、沟通模式等，倡导科学的婚姻观。

（2）夫妻关系咨询。社区工作者为已婚妇女提供婚姻中权利义务、家务分配、生活习惯、财产管理等方面的建议，为妇女化解婚姻危机提供方案，为妇女处理分居、离婚、财产分割与子女抚养等问题提供建议。

（3）亲子关系咨询。社区工作者帮助妇女理解和适应母亲角色，获取权利义务方面的知识，提高妇女作为母亲的角色能力。同时，协助妇女处理亲子冲突，获得亲子沟通技巧。此外，还可开展亲子关系团体辅导，协助妇女与子女进行有效沟通，以此矫正子女的偏差行为。

（五）文娱体育服务

（1）文娱服务。社区工作者开设社区女性文化学堂，传授给妇女各种技艺特长，如摄影、手工制作、茶艺等技能，以提升妇女的审美水平，塑造优雅的形象。

（2）体育服务。社区工作者倡议组建适合年轻妇女的散步、跑步、球类和瑜伽等团体，适合老年妇女的气功、太极拳、舞蹈等小组，并定期组织社区趣味运动会。

> **典型案例**
>
> **为社区单亲妈妈赋能**
>
> 睦邻路社区内共有18户单亲妈妈家庭，这些单亲妈妈独自带着孩子生活，挣扎在贫困线上，同时遭受着社会的冷眼和偏见。为此，社区工作者不仅为她们争取了相

应的优惠补贴，还专门成立了"单亲妈妈俱乐部"，为单亲妈妈提供了一个情感交流和互帮互助的平台，并采取了多项举措为社区单亲妈妈赋能。

整合辖区内的社工机构为单亲妈妈赋能。一是在社区内组建单亲妈妈支持小组，便于单亲妈妈们相互倾诉孤独无援的心情，彼此分享各种经验；二是成立基于本社区的育儿小组，为单亲妈妈提供托儿服务，使她们能有些许时间休息或处理紧急事务；三是为单亲妈妈提供"重拾信心，培养领导才能"的培训，使其逐渐建立起自己的人际关系网络，探索职业兴趣和工作选择；四是为单亲妈妈开设运动、音乐或烹饪等免费或低收费的培训课程；五是开展"大哥哥大姐姐"项目，鼓励单亲家庭的孩子每周或每月与社区里的大哥哥、大姐姐们见面交流，彼此分享成长故事，从而促进孩子的健康成长；六是在"母亲节"或"三八妇女节"的时候，提供免费的插花、烘焙、理发、化妆或者汽车保养服务，让单亲妈妈感受到社区的关爱。

整合辖区内的爱心企业为单亲妈妈赋能。社区工作者通过入户探访，摸清单亲妈妈个人、家庭及其生活状况，明确其差异化的需求，从而通过走访辖区内的爱心企业，一方面为经济尤其拮据的单亲妈妈争取来自企业的经济资助，解决眼前的生活困难；另一方面，结合企业的用人需求和单亲妈妈的实际情况，为单亲妈妈寻找合适的工作，并组织开展岗位所需技能的培训及情绪辅导。

拓展阅读

社区工作中与妇女沟通的技巧

（1）开放式问句技巧。社区工作者与妇女交谈时多使用"怎么了""为什么"和"是什么"等问句，以问题代替回答，使得妇女就自身问题、思想、情感给予详细的说明，也表现出社区工作者有兴趣继续了解妇女所倾诉的内容，从而鼓励妇女更多地描述出自己的困境。

（2）反映式倾听技巧。反映式倾听技巧是指当妇女在讲述事情的时候，社区工作者把自己当成一面干净、完整的镜子，要用专注的、不予评判的方式去倾听，把从妇女那里接收到的情绪或想法再反射给她，这样不仅加深了她对自己的了解，也能促使她更加敞开心扉。

（3）自我表露技巧。社区工作者可以运用自我表露技巧，有选择地将自己处理某问题的经历、感悟开诚布公地告知妇女。社区工作者率先示范，不仅能促使双方建立信任和安全的专业关系，还能鼓励妇女卸下心理防御，深入探讨问题的解决方案。

（4）"三明治"技巧。"三明治"技巧是指跟人交谈时候，先用正面评语开启沟通，中间夹着委婉的建议或批评，最后再用正面评语来结尾。当社区工作者调解妇女婆媳关系、夫妻矛盾等难题时候，要先肯定和认同妇女在家庭事务中的辛苦付出，接着再根据具体状况委婉地建议或给出改正的方向，最后要坚定地相信妇女可以解决生活中的难题。社区工作者使用该方法不仅不会挫伤妇女的自尊心和积极性，还可促使妇女虚心地接受批评，并发自内心地自觉地修正错误。

任务二　掌握社区妇女服务的工作方法

任务描述

作为一名社区工作者,为了更好地为社区妇女服务,必须掌握社区妇女服务在个人层面、群体层面和社区层面的工作方法。

案例导入

王女士于 2016 年新婚,一年后生育了一个女孩,无业。王女士在 2018 年把户口从广西迁入了现在的社区,并和公婆住在一个 70 平方米的老房子中。由于是新迁入,王女士身边没有什么朋友,所以于 2019 年 3 月主动向社区工作人员求助。社区工作人员通过入户探访了解到,王女士目前主要存在三个方面的问题:①公婆要求她再生育一个孩子,可她自己不愿意,觉得再要一个孩子的话,生活状况会更加糟糕;②婆媳相处不融洽,关系紧张,再加上丈夫也不懂得在中间调和,因而对丈夫有很多怨言,夫妻间也时常产生矛盾;③想出去工作,却没有一技之长。面对这么多的困难,王女士表示自己压力很大,晚上常常失眠,还经常迁怒于孩子。

案例思考

结合案例中呈现出的三个问题,谈谈社区工作者可以采用哪些方法为王女士提供服务。

知识链接

一、个人层面的服务

(一)妇女个案工作的含义及内容

妇女个案工作是指专业社会工作者在专业的理念和理论指导下,以面对面的方式为妇女和家庭提供各种帮助与支持,目的在于协助妇女个人和家庭降低压力、解决问题,达到个人和社会的良好的福利状态的专业服务。妇女个案工作的内容包括女性婚恋辅导、女性健康指导、女性家庭关系调适、女性沟通技巧训练、建立倾诉网络等[⊖]。

(二)妇女个案工作的实务过程

参照民政部发布的《社会工作方法　个案工作》(MZ/T 094—2017)推行性行业标准,

⊖ 全国社会工作者职业水平考试教材编写组. 中级社会工作实务 [M]. 北京:中国社会出版社,2019.

本书认为妇女个案工作的实务过程应主要包括以下阶段。

1. 接案

当社区妇女因某种困难向机构申请帮助时，机构则指派社区工作者负责接案，此时社区工作者的工作内容包括：了解妇女的求助动机，共情妇女的情绪，无条件地、积极地关注妇女，初步评估妇女的问题和需求，运用专业技巧与妇女建立初步的专业关系。

2. 预估

社区工作者需要搜集妇女的基本信息资料（籍贯、年龄、婚姻状况、受教育程度等）、生理状况（疾病史、遗传性疾病、有无慢性病和其他生理方面状况）、心理特征（智力水平、自我概念、认知能力、道德状况、个性特点和行为方式等）、家庭背景（家庭经济条件、夫妻关系、亲子关系等）、成长过程中的重大生活事件和压力事件，以及妇女存在的主要问题和主要期望。社区工作者在搜集并规范整理妇女资料后，根据优先性和重要性的原则对所搜集的资料进行排序，识别和探索妇女讲述的若干事件的内在关系，对妇女问题背后的原因和意义进行解释。

3. 计划

社区工作者根据预估结果对妇女现状进行专业判断，分析问题的根源，寻找问题解决途径，并制定具体的介入策略、行动步骤和进度安排。此外，社区工作者和妇女双方均应明确各自的职责任务，并签订个案工作服务协议。

4. 介入

社区工作者在本阶段的工作内容包括：疏导妇女情绪，给予妇女支持与鼓励；澄清妇女模糊不清或不合理的观念，促使妇女的不合理行为发生正向改变；改善妇女所处的不利环境；直接干预妇女的危机状态。社区工作者在介入过程中要根据妇女的实际情况扮演赋能者、联系人、教育者、倡导者、治疗者等角色。

5. 评估

社区工作者邀请服务对象和所在机构的领导或同事对妇女服务的效果和效率进行评估，评估的内容包括：妇女的满意度，妇女知情意行的改变状况，服务目标的实现程度，社区工作者的专业表现，人力、物力和其他资源的投入状况等。

6. 结案

社区工作者根据服务成效或协议时间确定结案，结案阶段要处理的事项包括：提前告知妇女结案时间；强化妇女在服务过程中获得的改变和进步；增强妇女独立解决问题的能力和信心；关注妇女因结案而产生的焦虑、愤怒和悲伤情绪，并进行情绪疏导。

二、群体层面的服务

（一）妇女小组工作的含义及内容

妇女小组工作[一]是指社会工作者秉持社会工作的理念，充分运用社会工作的方法和技巧，通过小组互动、小组经验、小组凝聚以及方案活动实现小组中妇女个人问题的解决、妇女个人和小组的成长以及社会目标的完成的一种专业服务。妇女小组工作的内容十分丰富，包括妇女的职业培训、能力提升、兴趣爱好培养、志愿者队伍建设、反家庭暴力等，都可以运用小组工作的方式来开展。

（二）妇女小组工作的实务过程

参照民政部发布的《社会工作方法　小组工作》（MZ/T 095—2017）推荐性行业标准，本书认为妇女小组工作的实务过程应主要包括以下阶段。

1. 小组筹备期

社区工作者在此阶段的工作主要包括：搜集社区妇女的相关资料，并评估其需求；确定妇女小组的工作目标和组员的目标；根据机构的性质或政策，入组的时间、地点等因素明确组员的筛选标准，列出妇女入组的优先顺序；确定小组的性质是自发形成的小组还是强制组成的小组；确定小组工作的内容是否与妇女的问题及需求相一致；撰写"小组工作计划书"和"小组工作单元（小节）计划书"；在小组服务过程中考察妇女的能力、经验和投入度。

2. 小组形成期

社区工作者在此阶段的工作主要包括：运用聆听、同理、共情等专业技巧营造信任和安全的小组氛围，接纳妇女的焦虑、害怕和疑虑等情绪；澄清小组工作的总体目标和具体目标；形成小组规范，签订小组契约；协助妇女相互认识，初步建立小组凝聚力和归属感；编制小组工作过程记录表。

3. 小组转折期

社区工作者在此阶段的工作主要包括：持续营造信任和安全的氛围，无条件接纳妇女的消极情绪，鼓励妇女认识并表达自己的消极情绪；帮助妇女正视自身的防御性或抗拒性行为，并将之转化为建设性行为；协调和处理组员间的冲突；坦诚面对并处理妇女对社区工作者的质疑；填写小组工作过程记录表。

4. 小组成熟期

社区工作者在此阶段的工作主要包括：维持小组的良好互动；引导妇女在小组中进行深入的自我探索，探索自身问题形成的原因和解决策略，从而形成新的认知；鼓励妇女将新认知转变为新行动；协助妇女解决相关问题；填写小组工作过程记录表。

[一] 全国社会工作者职业水平考试教材编写组. 中级社会工作实务[M]. 北京：中国社会出版社，2019.

5. 小组结束期

社区工作者在此阶段的工作主要包括：评估小组目标的实现程度；了解和处理妇女有关小组结束的情绪；肯定的妇女正面感受，给予妇女外部资源支持和鼓励妇女独立；保持妇女在小组中的变化；帮助妇女制订未来的计划，使其适应外部环境；处理未完成的工作；撰写小组工作过程记录表及小组工作工作评估总结报告。

三、社区层面的服务

（一）妇女社区工作的含义及内容

妇女社区工作[一]是指社会工作者在专业的理念支配下，以社区妇女为服务对象，在充分了解和确定社区妇女的需要及相关问题的基础上，通过发动和组织社区妇女参与集体行动，利用社区内外资源，有计划、有步骤地解决在社区范围内与妇女有关的问题；同时积极培养社区的妇女领袖，培养妇女的互助精神和民主参与的能力，从而推动整个社区的妇女全面发展的专业服务活动。妇女社区工作的内容十分丰富，包括妇女合法权益的维护、男女平等的倡导、妇女互助合作精神的培养、妇女个体自我成长意识的熏陶，等等。

（二）妇女社区工作的实务过程

1. 需求评估

社区工作者在此阶段的工作主要包括：根据以往的相关服务经验对社区妇女进行SWOT分析（优劣势分析），确定社区妇女服务的对象；运用定性和定量的调研工具，深入探究妇女的需求；选调有调研经验的社区工作者，带领志愿者和社区妇女领袖深入社区调研；对调查结果进行量化和质化分析，并形成妇女需求调研报告。

2. 服务策划

社区工作者在此阶段的工作主要包括：与妇女讨论、协商并制定社区服务的长期目标和短期目标；运用社区服务介入策略，倡导更多的社区居民参与到社区妇女项目中；明确社区工作者和妇女双方应承担的角色和任务；链接当地政府、街道、居委会等各方资源与社区工作者协同工作；讨论和落实服务方案以及资金运用方案；明确工作程序和具体的工作时间表。

3. 服务执行

社区工作者在此阶段的工作主要包括：多渠道和持续性地发动社区居民参与到社区项目中；把控社区妇女服务项目的推进策略、方法和节奏，进行经费、资源、进度和服务质量管理；关注服务项目中的特殊妇女，如残疾妇女、遭受家暴的妇女、有严重心理疾病的妇女等，建立服务项目的危机处理机制；制定媒体传播策略，宣传和塑造社区妇女新形象。

[一] 全国社会工作者职业水平考试教材编写组. 中级社会工作实务 [M]. 北京：中国社会出版社，2019.

4. 服务评估与改进

服务评估有助于及时修正服务方案和提升社区居民对项目的支持。社区工作者在此阶段应运用相关评估工具，从过程评估、成果评估和效益评估三个方面来综合评定服务成效。详细的评估细则可参考《社会工作服务绩效评估指南》中的规定。

> **典型案例**
>
> 创新社会服务模式　促进婚姻家庭和谐
>
> 山西省太原市迎泽区积极探索"政府扶持、部门监管、社会组织承接、项目化运行、社工和志愿者协作"的社会服务模式，通过设立政社合作的婚姻家庭服务平台，为居民群众提供专业的婚姻家庭服务。
>
> （1）创新机制，搭建婚姻家庭服务平台。2018年，在太原市民政局、市妇联、团市委、市工会、市残联等有关部门的大力支持和指导下，太原市迎泽区政府以购买服务的方式，引入太原市婚姻家庭建设协会作为第三方，开展新型婚姻家庭服务试点，设立了婚姻家庭社会工作服务站。服务站以营造幸福家庭为目标，以闪婚、冲动性离婚群体为重点服务人群，以受家暴群体、单亲妈妈、失业女性为特殊关注人群，为优化夫妻关系、化解婚姻危机、打造完美婚姻、营造幸福家庭、构建和谐社会发挥了积极的促进作用。
>
> （2）项目运作，开展专业婚姻家庭服务。依托服务站，开展婚姻家庭社会工作服务示范项目。项目由太原市婚姻家庭建设协会具体承接、管理和运作，太原市社会工作研究中心专业督导，以优化夫妻关系，营造美满婚姻、幸福家庭、干预婚姻危机为目的，运用社会工作的理念方法，围绕新婚夫妻优生优育辅导、婚后关系处理、家庭生活经营等婚姻家庭的各个方面开展专业服务。
>
> （3）志愿服务，构建多元婚姻家庭服务。工作站组建了婚姻家庭志愿服务队，从婚姻、心理、妇女、司法、社会工作等各领域招募精选了21位婚姻家庭志愿服务骨干，吸引专业社会工作人才加入到本项目的服务当中，形成了既有专业志愿者提供能力支撑，又有普通志愿者热情参与的志愿服务生态，实现社会工作者和志愿者"双工联动"，不断提升婚姻家庭服务志愿队伍的专业技能。
>
> （4）延伸服务，扩大婚姻家庭服务范围。工作站持续发挥社会工作"柔性化管理、人性化服务、社会化运作"的优势，不断探索社会工作介入家庭纠纷调解的服务模式。在社区开展婚姻家庭、亲子育儿等方面的宣传和个案分析，倡导理性、科学地经营婚姻家庭的理念，强化婚姻家庭矛盾修复化解及沟通方式引导。建立心理疏导及帮扶小组，进行相关资源整合与资助，提供就业指导、再婚咨询和技能培训，搭建互动交流平台。组织亲职教育（即"双亲"教育）、防家暴支持、生活减压等小组活动，在提供专业支持的同时，搭建成员间的互助平台，在发现家暴和轻生倾向等情况后及时实施危机介入。

拓展阅读

民政部、公安部、司法部等13部门出台《关于加强农村留守妇女关爱服务工作的意见》

2019年,民政部、公安部、司法部等13部门出台《关于加强农村留守妇女关爱服务工作的意见》(以下简称《意见》)。《意见》以习近平新时代中国特色社会主义思想为指导,认真贯彻落实党的十九大关于健全农村留守儿童、妇女、老年人关爱服务体系的决策部署和习近平总书记有关农村留守儿童、妇女、老年人关爱服务工作的重要指示精神,针对农村留守妇女在生产生活中面临的困难和需求,推进各地各相关部门进一步完善农村留守妇女关爱服务体系、健全工作机制、提升关爱服务能力,特别是结合当地实际,面向有困难、有需求的农村留守妇女提供相应关爱服务。

《意见》明确坚持和加强党对农村留守妇女关爱服务工作的领导,把党的领导贯穿于农村留守妇女关爱服务工作全过程,充分发挥基层党组织在农村留守妇女关爱服务工作中的战斗堡垒作用。引导广大农村留守妇女深入学习贯彻习近平新时代中国特色社会主义思想和党的十九大精神,坚定做习近平新时代中国特色社会主义思想的信仰者、乡村振兴战略的实施者。

《意见》要求制定完善提升农村留守妇女关爱服务水平的政策措施。一是加强就业创业指导,提升农村留守妇女就业创业能力。加大职业技能培训力度,积极为农村留守妇女创业发展搭建平台、提供服务,提供更多就业岗位,实现农村留守妇女就近就地就业。二是加强精神关爱,丰富农村留守妇女精神文化生活。充分发挥基层综合文化设施作用,加强基层公共体育设施和场所建设,积极组织开展适宜农村留守妇女的文化体育活动,丰富农村留守妇女精神文化生活,支持具备资质的各类组织开展针对农村留守妇女的专业精神关爱服务。三是加强权益维护,保障农村留守妇女合法权益。深入开展权益维护宣传教育,加大对农村留守妇女法律知识普及和法律援助,加大对侵害农村留守妇女合法权益违法犯罪行为的打击和惩治力度,为适龄农村留守妇女免费进行"两癌"筛查,切实提升农村留守妇女的卫生保健意识和水平,将符合条件的农村留守妇女家庭纳入最低生活保障、临时救助等社会救助范围。四是加强家教支持服务,提高农村留守妇女家庭教育水平。针对农村留守妇女需求,面向农村留守妇女宣传家庭教育科学理念和知识,增强农村留守妇女家庭监护主体责任意识,依法履行对未成年子女的监护责任和抚养义务,为农村留守妇女搭建互助交流平台,推动农村留守妇女互帮互助、共同进步,促进家家幸福安康和谐。

《意见》要求充分发挥农村留守妇女在社会生活和家庭生活中的重要作用。一是着力激发农村留守妇女的内生动力。坚持农村留守妇女在社会生活和家庭生活中的重要主体地位,推动其在乡村振兴和脱贫攻坚中奋发作为、勤劳致富。二是引导农村留守妇女在基层社会治理中积极作为。鼓励支持农村留守妇女广泛参与村民委员会选举和村民议事会、妇女议事会等社区议事协商活动,提高其在基层社会治理中的发言权和影响力。三是充分发挥农村留守妇女在家庭文明建设中的独特作用。动员农村留守妇女大力弘扬中华民族家庭美德,引导农村留守妇女开展关爱农村留守儿童、留守老年人等活动。

课 后 作 业

一、不定项选择题

1. 妇女的需要包括（   ）。
   A. 维权普法的需要　　　　　　B. 平等权利的需要
   C. 就业创业培训的需要　　　　D. 身心健康的需要
2. 社区工作者为社区妇女举办了盘发护肤化妆主题的体验沙龙，该活动考虑了（   ）特点。
   A. 服务对象的性别化　　　　　B. 服务方式的多样性
   C. 服务主题的时尚化　　　　　D. 服务内容的普及性
3. 社区妇女服务的内容包括（   ）。
   A. 妇女价值认知服务　　　　　B. 妇女合法权益服务
   C. 健康保健和优生优育服务　　D. 婚姻家庭咨询服务
   E. 文娱体育服务
4. 社区服务项目设计的流程（   ）。
   A. 初定服务群体和问题　　　　B. 聚焦核心问题
   C. 设定问题解决的风险　　　　D. 选取服务介入策略
   E. 项目策划书的撰写
5. 为了帮助受暴妇女，需要合作的机构包括（   ）。
   A. 社工机构　　B. 妇联　　C. 公检法机关　　D. 刑警大队

二、简答题

1. 社区妇女的需要有哪些？
2. 简述社区妇女服务的内容。
3. 简述社区妇女服务项目设计的流程。

三、实训题

任务描述：小萍与丈夫结婚16年了，他们有一个可爱的女儿，刚上初中。一家人过着幸福和睦的生活。但是不久前，这份和睦被打破了，因为小萍丈夫的单位来了一位女实习医生，领导让身为主任医生的小萍丈夫带一带该实习医生。由于工作的关系，丈夫经常值夜班。小萍开始听到一些有关丈夫与该实习医生的风言风语。尽管她很相信自己丈夫的人品，但还是不放心，就开始旁敲侧击地打听丈夫一些工作上的事，丈夫出于对病人的保密也不愿意多谈。更麻烦的是，小萍在整理家里的东西时，发现自己与丈夫的结婚证丢失了。于是，小萍把丈夫拉去当年办结婚证的地方补办，却因为时间太久和单位整合等原因，已经没有他们当初结婚登记的材料了。又把丈夫拉到现在居住的地方想补办一份结婚证，却被告知要开未婚证明或离婚证明。小萍不知道该怎么办，开始变得焦虑不安，经常莫名其妙地冲女儿或丈夫发火。每天回家的第一件事就是翻箱倒柜地找结婚证。

根据上述案例，按照妇女个案工作流程，撰写一份服务方案。

任务引导：

1. 接案：了解服务对象的来源、类型、求助过程，及时收集服务对象的资料。
2. 预估：识别服务对象的问题及导致问题的主客观原因。
3. 计划：在此阶段要根据之前的了解和预估两个步骤中收集到的信息和资料，并根据自己对案例的专业分析，制定服务目标和服务计划，以便更有效地介入。
4. 介入：按照制订好的服务计划逐步开展服务。
5. 评估：评估案主的问题是否有了明显改善，哪些方面有了改善，是否达到了预期目标。
6. 结案：巩固已有改变，解除专业关系，撰写结案记录。

项目七　开展社区残疾人服务

项目概述

本项目通过阐述残疾人及社区残疾人服务的内涵，分析我国社区残疾人工作开展的主要内容，探索社区残疾人服务的方法，使学生能够秉持"平等、参与、共享"的新残疾人观，结合残疾人的实际需求设计助残服务项目，开展助残帮扶活动，进一步保障和改善残疾人民生，推动残疾人事业的发展。

学习目标

知识目标：理解残疾人的含义、特点及需求；明确社区残疾人服务的内涵；掌握社区残疾人服务的内容。

能力目标：掌握社区残疾人服务的内容；能够设计与实施社区残疾人服务项目；能够针对不同类型的残疾对象采取不同的服务方式。

任务一　探讨社区残疾人服务的内涵

任务描述

作为一名社区工作者，为了更好地提供残疾人帮扶服务，必须明确残疾人和社区残疾人服务的内涵，掌握社区残疾人服务的基本内容。

案例导入

金秋社区是一个典型的农转非社区，依山而建，拾阶而上。社区残疾人数量尤为庞大，存在"肢体残疾多、中老年残疾多、轻度残疾多"三多的情况。社区残疾人在功能训练、心理疏导、职业康复、社区参与、文化娱乐等方面存在巨大需求。为此，金秋社区专门引进专业的社工服务，着力打造残疾人"工疗站"品牌项目，为社区残疾人精心打造了一个集康复治疗、工作生产、生活娱乐、心理疏导于一体的交流学习场所，使社区残疾人群体渐渐看到了自身的价值，感受到了生活的意义。

案例思考

结合案例，谈谈你对残疾群体的理解。

> **知识链接**

中国残疾人联合会第七次全国代表大会（2018年）数据显示，当前我国各类残疾人总数已达8 500万。党中央、国务院高度重视残疾人民生改善，推动残疾人事业与经济社会协调发展。党的十八大以来，残疾人权益保障制度不断完善，基本公共服务体系初步建立，残疾人生存发展状况显著改善。但与此同时，我国目前仍有相当数量的农村贫困残疾人、近200万城镇残疾人生活还十分困难，残疾人就业还不够充分，城乡残疾人家庭人均收入与社会平均水平差距仍然较大。康复、教育、托养等基本公共服务还不能满足残疾人的需求，残疾人事业城乡区域发展还很不平衡，基层为残疾人服务的能力尤其薄弱，专业服务人才相当匮乏。残疾人平等参与社会生活还面临不少困难和障碍。

《中华人民共和国国民经济和社会发展第十四个五年规划和2035年远景目标纲要》对提升残疾人保障和发展水平做出部署。"十四五"时期将是我国转向高质量发展的时期，也将是残疾人事业高质量发展时期，残疾人事业保障对象将更加广泛、服务内容将更加丰富、服务方式将更加多元。我们应该以满足残疾人需求为出发点和落脚点，聚焦残疾人基本生活和基本服务两大难题，全面增强制度、服务、产品三方面供给，积极发挥政府、社会、家庭和残疾人个人四方作用，努力推动建立相对成熟的残疾人福利体系，促进残疾人全面发展和共同富裕。

一、残疾人的含义

（一）残疾人的界定

残疾人是区别于健全人的一类特殊群体。世界卫生组织、联合国大会、国内外的专家学者对残疾人从不同的角度做了相关的定义，本书采用《中华人民共和国残疾人保障法》（2018年修订）（以下简称《残疾人保障法》）对残疾人的定义。《残疾人保障法》第二条对残疾人做出了如下界定：残疾人是指在心理、生理、人体结构上，某种组织、功能丧失或者不正常，全部或者部分丧失以正常方式从事某种活动能力的人。同时，该条款还对残疾人进行了分类，包括视力残疾、听力残疾、言语残疾、肢体残疾、智力残疾、精神残疾、多重残疾和其他残疾。

（二）残疾人的分类

依据《残疾人保障法》，我国的残疾人主要分为视力、听力、言语、肢体、智力、精神及多重残疾人七类。

1. 视力残疾

在我国，视力残疾是指由于各种原因导致双眼视力障碍或视野缩小，通过各种药物、手术及其他治疗法而不能恢复视力功能者（或暂时不能通过上述疗法恢复视力功能者），难以做到一般人所能从事的工作、学习或其他活动。视力残疾分为盲和低视力两类。

2. 听力残疾

在我国，听力残疾是指由于各种原因导致双耳不同程度的永久性听力障碍，听不到或听不清周围环境声及言语声（经治疗一年以上不愈者），以致影响其日常生活和社会参与。听力残疾分为聋和重听两类。

3. 言语残疾

在我国，言语残疾是指由于各种原因导致不同程度的言语障碍（经治疗一年以上不愈或病程超过两年者），不能或难以进行正常的言语交往活动（3岁以下不定残）。言语残疾包括两类：一是言语能力完全丧失；二是言语能力部分丧失，不能进行正常言语交往。

4. 肢体残疾

在我国，肢体残疾是指人的四肢残缺或四肢、躯干麻痹、畸形，导致人体运动系统不同程度的功能丧失或功能障碍。肢体残疾的分级：从人体运动系统有几处残疾、致残部位高低和功能障碍程度综合考虑，并以功能障碍为主来划分肢体残疾的等级。

5. 智力残疾

在我国，智力残疾是指人的智力活动能力明显低于一般人的水平，并显示出适应行为的障碍。智力残疾包括：在智力发育期间（18岁之前），由于各种有害因素导致的精神发育不全或智力迟缓；智力发育成熟以后，由于各种有害因素导致的智力损害或老年期的智力明显衰退所导致的痴呆。

6. 精神残疾

在我国，精神残疾是指精神病人病情持续一年以上未痊愈，从而影响其社交能力和在家庭、社会应尽职能上出现不同程度的紊乱和障碍。精神残疾包括：①脑器质性、躯体疾病伴发的精神障碍；②中毒性精神障碍包括药物、酒精依赖；③精神分裂症；④情感性、偏执性、反应性、分裂情感性、周期性精神病等造成的残疾。

7. 多重残疾

多重残疾是指个体同时具有两种或两种以上的残疾，多数兼有智力残疾。患者的残疾程度一般较严重，在我国又被称作"综合残疾"。

（三）残疾人的特点及需求

1. 残疾人的特点

残疾人由于生理、心理、社会等因素影响，在日益激烈的竞争中明显处于不利地位。残疾群体的特征主要体现在以下几个方面：

（1）生活自理能力差。残疾人群体生理障碍明显，生活自理能力较之于健全人普遍较差，特别是重残类群体，其本身的生活自理能力基本缺失，轻度、中度残疾群体由于生理上的缺陷而导致自信心严重不足，特别依赖监护人的照顾。生活自理功能逐渐丧失极其不利于残疾人的康复和自我照护，使其不能像健全人那样生活，更不能公平地参与社会竞争。

（2）家庭经济负担重。大部分残疾人都需要长期医治或护理，残疾人家庭往往会倾尽所有甚至四处举债，使得家庭"因病致贫"。因此，残疾人家庭往往在经济上也异常贫困，无法通过聘请保姆、家政人员、护工或是入住托养机构等方式实施照顾。而其他家庭成员又忙于挣钱，忽视了对残疾人的照料，使得残疾人的紧急需求无法得到及时满足。

（3）心理压力程度高。社会对残疾人的接纳程度仍然比较低，残疾人常常遭遇偏见和歧视。生理上的缺陷、经济上的负担导致残疾人在社会中的心理压力高于一般社会弱势群体。总体上来看，残疾人的心理特征主要表现为自卑、情绪波动大、敏感多疑、固执己见。然而，不同的残疾类别带来的残疾人的心理特征却不尽相同。比如，肢体残疾的人往往比较倔强和克制，具有极大的耐心；盲人内心世界丰富，情感表达较为含蓄；聋哑人相对来说更加注重表面现象，情感反应较为强烈。

（4）家庭康复观念弱。个别残疾人是可以通过康复治疗和训练恢复机体功能的。然而，经济上的困难导致残疾人家庭仅仅注重物质方面的需求，认为吃饱穿暖就满足了，而忽视了残疾人的康复训练，加之残疾人自身对康复的信心和毅力不足，导致能康复的残疾人错过了最佳的康复时段。

（5）社区照料服务缺。现行的保障措施能基本解决残疾人的生活温饱问题，却较少顾及残疾人在社会融入、精神层面的需求。社区工作人员常常忙于行政事务的处理，即使设置有较好地社区照料功能室，也形同虚设，没能较好地发挥社区照料的功能。社区照料功能的良好发挥，将能有效减轻家庭照顾的负担，有助于残疾人恢复自信，积极融入社区。

（6）社会接纳程度低。残疾人群体在社会分层体系中处于底层，这就意味着其仅仅依靠自身的力量很难迅速摆脱困境。因此，必须依靠社会的力量来保护残疾群体的权利和利益。调查显示，不少居民对残疾人以及社区康复了解甚少，也从未想到去关心他们，看到盲人在大街上走着，会觉得特别好奇或者远远地避让。这说明社会大众对残疾人的尊重和接纳程度普遍较低。

2. 残疾人的需求

按照马斯洛的需求层次理论，残疾人与健全人一样在生理、安全、社交、尊重、自我实现五个方面存在需求，但由于自身缺陷，在需求满足和达成方面更为困难。

（1）身体康复与生活安全的需求。身体康复与生活安全需求是残疾人具有的最普遍、最突出、最迫切的需求。残疾人最直接的生活障碍来自生理、心理和精神的残缺，他们希望借助各种可利用的手段使自身功能实现最大程度的康复，以便在身体移动、心理发展、精神卫生、教育就业、社会参与等方面的能力得到最大限度的发挥。《残疾人康复服务"十三五"实施方案》指出，要建立与经济社会发展相协调、与残疾人康复需求相适应的多元化康复服务体系、多层次康复保障制度，普遍满足城乡残疾人的基本康复服务需求。此外，残疾人需要有一个相对安全的生活空间，如盲人想要正常参与社会生活，对盲道等无障碍公共实施的需求就十分迫切。

（2）婚恋交往与文化教育的需求。在婚恋交往方面，残疾人的婚恋交往需求几乎被弱化甚至掩盖，但是残疾人同健全人一样，有表达爱和被爱的需求，有强烈的婚恋交往需求。在文化教育方面，《2018年残疾人事业发展统计公报》[残联发（2019）18号]、《第二期特殊教育提升计划（2017—2020年）》实施方案的出台，《国家通用手语常用词表》《国家通用盲文方案》作为语言文字规范正式发布，《"十三五"残疾青壮年文盲扫盲行动方案》的实施等一系列举措使近年来我国在残疾人教育事业方面取得了一定的成效，但残疾人在求知与学技方面的动力仍然不足，残疾人受教育水平仍然比较低。残疾人也渴望拥有更多的受教育渠道，获得系统的科学文化知识，提高自身的生活质量。

（3）劳动就业与法律维权的需求。劳动是公民的一项基本权利，残疾人同样享有法律赋予的平等就业和职业选择权利。《残疾人保障法》第四章明确规定了残疾人的就业权利、义务和政策措施。《残疾人就业条例》更加具体、详细地规定了残疾人的就业政策和措施。《2020年残疾人事业发展统计公报》显示，全国城乡持证残疾人就业人数为861.7万人。残疾人就业困难、就业层次低、就业不稳定等问题仍然比较普遍。有一份稳定的工作，获得一份好的收入，是很多残疾人的梦想。此外，残疾人与外界交流较少，权益被侵犯后缺乏维权意愿和途径，这些情况对残疾人正常的社会生活极其不利。

（4）身份认同与公平参与的需求。残疾人作为社会的一种客观存在，理应享有和健全人同等的社会资源，并在教育、就业、权益保护以及社会生活的方方面面得到体现。体现社会公平、对残疾人人本关怀的一项特殊服务是"无障碍"，包括"物质环境无障碍"和"信息交流无障碍"。物质环境无障碍是指城市道路、公共建筑和居住区的规划、设计、建设应便于残疾人通行和使用；信息交流无障碍是指公共传媒应使听力、言语和视力残疾者能够无障碍地获取信息和进行交流。但是，由于我国区域经济发展不平衡，"无障碍"尚未完全普及。此外，由于受自身心理因素以及外部社会因素的影响，城市中较少出现残疾人的身影，对"无障碍"设施的总体利用率还比较低，使得原本有限的资源没有得到有效的利用。因此，残疾人公平参与社会生活的需求还未得到较好的满足。

二、社区残疾人服务的含义及目标

2000年，民政部、教育部、公安部、中国残联等14个部委共同下发了《关于加强社区残疾人工作的意见》（残联办字第142号），将残疾人工作纳入社区建设的规划中。自此，我国残疾人社区工作进入全面发展阶段。

（一）社区残疾人服务的含义

《关于加强社区残疾人工作的意见》中指出，社区残疾人服务是指依托社区、充分利用社区资源力量为残疾人服务，促进残疾人平等地参与社会生活的一项工作。社区残疾人服务是社区建设的重要组成部分，是我国残疾人事业为适应经济和社会发展而新开辟的业务领域。

（二）社区残疾人服务的目标

做好社区残疾人工作，对于提高残疾人生活质量，推动残疾人事业的发展，具有十分重要的现实意义。社区残疾人工作的根本目标是促进残疾人的全面发展，具体服务目标包括维护残疾人的合法权益，建立社区残疾人协会，推进残疾人社区康复，为残疾人提供切实服务，活跃残疾人的文化生活，建设社区无障碍环境等。

典型案例

老徐1960年出生，三级肢体残疾，其家庭成员有配偶（精神残疾二级）和两个儿子（均为智力残疾三级），是社区典型的残疾家庭，同时也是社区低保救助家庭。家庭经济来源基本依靠政府的扶助金和拆迁房屋的补偿金。

一家四口，只有老徐一个人有一定的劳动能力，由于配偶和两个儿子的生活自理能力低下，均需要被照料，再加上自身的肢体缺陷，老徐基本没有干过一份正式和稳定的工作，只是靠打零工补贴家用。前几天，老徐在打零工时一不小心跌了一跤，医生叮嘱他一定要卧床休息，否则很难恢复。面对贫困的家庭，需要照顾的配偶和儿子，老徐终于承受不住内心的压力，不禁潸然泪下。社区工作者从邻居那里听说此事后，立即来到老徐家里了解情况。

拓展阅读

我国残疾人事业迈上新台阶

残疾人是人类大家庭的平等成员。尊重和保障残疾人的人权和人格尊严，使他们能以平等的地位和均等的机会充分参与社会生活，共享物质文明和精神文明成果，是国家义不容辞的责任，也是中国特色社会主义制度的必然要求。

我国有8 500万残疾人。新中国成立70多年来，在建设中国特色社会主义伟大事业进程中，党和政府本着对人民负责的态度，坚持以人民为中心，关心特殊困难群体，尊重残疾人意愿，保障残疾人权益，注重残疾人的社会参与，推动残疾人真正成为权利主体，成为经济社会发展的参与者、贡献者和享有者。

在习近平新时代中国特色社会主义思想指引下，中国将残疾人事业发展作为全面建成小康社会的重要目标，坚持政府主导与社会参与、市场推动相结合，坚持增进残疾人福祉和促进残疾人自强自立相结合，将残疾人事业纳入国家经济社会发展总体规划和国家人权行动计划，残疾人权益保障的体制、机制不断完善，残疾人社会保障制度和服务体系不断健全，残疾人的获得感、幸福感、安全感持续提升，残疾人事业取得举世瞩目的历史性成就。

"十八大"以来，以习近平同志为核心的党中央对残疾人格外关心、格外关注。习总书记两次会见全国自强模范暨助残先进集体和个人表彰大会受表彰代表，为我国残疾人事业发展指明了方向。残疾人工作成为"五位一体"总体布局和"四个全面"战略布局的重要内容。在国家层面建立起覆盖数千万残疾人口，包含生活补贴、护理补贴、儿童康复补贴等内容的残疾人专项福利制度；在全国范围内将数百万农村贫困残疾人脱贫作为打赢脱贫攻坚战的重点，精准施策、特别扶助；在实施"健康中国"战略过程中高度重视和关注每个残疾人的健康问题，加快实现"人人享有健康服务"目标；将残疾人基本公共服务纳入国家基本公共服务体系，持续推进残疾人基本公共服务托底补短工作，不断提高残疾人基本公共服务供给水平；各行各业、社会各个方面都在努力消除障碍，越来越多的残疾人接受更好的教育、实现就业创业、平等参与社会。残疾人"平等、参与、共享"的目标得到更好实现，关心帮助残疾人的社会氛围更加浓厚，残疾人事业发展进入了快车道，残疾人的获得感、幸福感、安全感持续提升，残疾人事业的整体发展水平迈上一个新台阶。

社区残疾人服务的内容

任务二　掌握社区残疾人服务的内容

任务描述

社区工作者在开展残疾人工作时，要根据社区残疾人的实际需求和特点提供有针对性的服务。因此，社区工作者在提供残疾人服务时，必须树立新的残疾人观，掌握社区残疾人服务的工作内容，提升社区残疾人服务的品质。

案例导入

阿莲于1999年出生，先天智力障碍，同时兼具精神障碍，现与父母同住，还有一个10岁的弟弟。阿莲在4岁时被鉴定为智力障碍以后，其父母为了保护阿莲不被邻里嘲笑，就不让阿莲与外界接触，有一段时间还把阿莲关了起来。刚开始，阿莲会反抗，往外跑，后来在父母的吓唬下，阿莲开始渐渐地害怕与外界接触，从而变得更加自闭，精神方面也出现了被破坏妄想，不敢与他人接触，一度还有自伤、自残倾向。阿莲渴望被人理解、渴望学习文化知识，希望自己能像其他孩子一样正常地接触社会。而父母一直给其灌输的观念是社会很险恶，会伤害她。在一次残疾人外展宣传活动中，社区工作者得知了该情况。

案例思考

谈谈本案例中的社区工作者可以从哪些方面帮助阿莲。

> 知识链接

社区残疾人服务作为最基层的服务提供方式，与残疾人群体有着更为直接的接触，能为国家残疾人事业的发展做出突出贡献。不同的社区应结合本社区残疾人的特点和需要，开展有针对性的特殊服务。总的来说，社区残疾人服务的主要内容包括以下几个方面：

一、残疾人康复服务

我国残疾人康复工作起步晚，工作基础薄弱，仍然存在康复保障制度不完善、服务体系不健全、服务能力不够强的问题，残疾人的基本康复服务需求仍未普遍得到满足。全国残疾人基本服务状况和需求专项调查（2018年）显示，我国有1 104万有康复需求的持证残疾人、残疾儿童未得到康复服务。《残疾人康复服务"十三五"实施方案》提出，构建与经济社会发展相协调、与残疾人康复需求相适应的多元化康复服务体系、多层次康复保障制度，普遍满足城乡残疾人的基本康复服务需求。尽管截至2020年，我国有需求的残疾儿童和持证残疾人接受基本康复服务的比例已达80%以上，但仍有近20%的康复需求没有得到满足。社区工作者应更加积极地贯彻落实国家出台的各项相关政策，持续深化社区康复服务，以使所有残疾人得到康复服务，实现机会均等，充分参与社会生活。

1. **残疾预防**

实施《国家残疾预防行动计划（2016—2020年）》，建立、完善残疾预防工作机制，社区工作者可借助"爱耳日""爱眼日""精神卫生日""助残日"等宣传节点，针对遗传、疾病、环境、意外伤害等主要致残因素，广泛开展残疾预防宣传教育活动。

2. **残疾普查**

社区工作者在社区范围内对每家每户居民进行调查，调查社区的残疾人员残疾情况、致残原因，定期更新基础台账，对社区残疾数量、残疾分类、残疾特征进行统计分析，为社区残疾人服务方案制订提供依据。

3. **医疗康复**

目前常用的医疗康复治疗方法有物理和运动疗法、语言疗法、作业疗法、心理治疗、中医治疗、文体治疗等。社区工作者可协同医生、护士及其他专业人员，对需要进行康复训练的残疾人开展诸如生活自理训练、购物理财训练、家务劳动训练、儿童游戏训练、语言沟通训练、步行跑步训练等切实可行的康复辅导。

4. **教育康复**

残疾人的教育康复包括文化教育、道德教育、职业教育和普通教育，社区工作者可链接社会资源，对智力、视力、听力及语言障碍者进行特殊教育，为康复对象参与社会生活创造条件。

5. 职业康复

残疾人的职业康复包括职业评定、职业咨询、职业培训和就业指导四个步骤。社区工作者需要对社区内有一定劳动能力和就业潜力的青壮年残疾人提供职业康复服务，为其进行就业评估和就业指导，也可链接福利企业，就近安排在工厂、商店、车间等单位，提升残疾人的谋生技能。

6. 社会康复

《残疾人康复服务"十三五"实施方案》中指出，社区工作者应大力倡导社会各界人士采取各种有效措施为残疾人创造一种适合其生存、创造、发展、实现自身价值的环境，使残疾人享受与健全人同等的权利，达到全面参与社会生活的目的。

二、残疾人帮扶服务

社区残疾人工作者和残疾人服务组织要针对残疾人的困难和需求提供准确的帮扶服务，以解决其实际生活困难。

1. 落实残疾人社会保障政策

宣传贯彻《残疾人保障法》等法律法规，切实维护残疾人合法权益。如残疾人"两项补贴"（困难残疾人生活补贴和重度残疾人护理补贴），保障残疾人的基本生活。国家对残疾人在购买养老保险和医疗保险方面也有不同程度的优惠政策。此外，全国各省份的残疾人政策又不尽相同，如北京持续推动残疾人政策创新和残疾人福利，涉及康复服务、融合教育、无障碍建设、购买服务等方面。浙江率先推行包括困难残疾人生活补贴、重度残疾人护理补贴、康复补贴和社会保险补贴在内的四类残疾人补贴。江苏在全国率先建立残疾人生活救助、生活补贴和护理补贴制度，并扩大保障范围，确保残疾人两项补贴制度覆盖所有符合条件的残疾人。

2. 关心残疾人子女教育问题

依托残疾儿童日托站（伤残儿童幼儿园），将残疾儿童安置在一个专门的处所，使其得到专门照顾和特别教育，对家庭生活困难的残疾人家庭给予支持和帮扶。

3. 提供社区残疾人工疗站服务

残疾人工疗站适用于不能到福利工厂参加工作、外出行动较为方便、有一定劳动能力的残疾人，将残疾人就近安置到社区残疾人工疗站进行一定的简单劳动，并获得一定的经济收入，有助于提高其康复水平、交往能力、劳动能力。

4. 开展残疾人社区文体类活动

依托社区残疾人文化活动中心，为残疾人组织开展各类文化体育活动，举办残疾人集体生日会、运动会、诗词朗诵会、文艺会演等，为残疾人提供一个自我展示的平台，激发其自立自强的进取精神，丰富其精神生活。

三、残疾人就业服务

由中国残联、发改委、民政部等部门联合制订的《残疾人就业促进"十三五"实施方案》中指出，要以残疾人基本服务状况和需求专项调查中未就业的残疾人为主要对象，扎实做好残疾人就业促进、就业培训和就业服务工作。社区针对有潜在就业能力和有一定劳动能力的残疾人提供多种形式的就业服务，以鼓励残疾人自立自强，参与社区建设，维护社区稳定，促进社区发展。

1. 依法推进按比例就业

落实《关于促进残疾人按比例就业的意见》和地方具体实施办法，建立各类用人单位按比例安排残疾人就业情况公示、残疾人就业保障金征收使用情况公示制度，安排残疾人在社区相关单位按比例就业。

2. 发展残疾人集中就业

推动地方政府制定优先或定向采购残疾人集中就业单位产品和服务目录。扶持安置、带动残疾人就业能力强的残疾人集中就业龙头企业，打造一批残疾人集中就业知名品牌。探索残疾人文化创意产业基地建设。

3. 鼓励残疾人自主创业

制订发展残疾人自主创业、灵活就业方案，在继续推行传统的盲人按摩、家电维修、缝纫剪裁、小百货经营等就业形态上，加强推行"互联网+"就业、居家就业、社区就业、灵活就业等适合残疾人的新就业形态。及时了解和掌握市场新兴行业和企业信息，鼓励并引导各类互联网企业为残疾人提供就业岗位或服务平台，帮助残疾人不受地域、出行条件的限制，实现网络就业。

4. 提供残疾人公益岗位

为残疾人优先提供社区便民服务网点、市民求助系统等公益性就业岗位，积极开发社区便民服务、居家服务岗位，优先安排符合条件的残疾人就业。城市便民服务网点免费或以低价承租方式优先提供给残疾人经营。政府开发的公益性岗位优先安排给符合条件的残疾人。扶持有一定基础的残疾人从事非物质文化遗产传承项目。

5. 积极探索支持性就业

调动各类社会资源，以智力、精神残疾人为主要对象，以扶持其在劳动力市场实现就业为目的，积极探索支持性就业。"十四五"期间，国家将继续在部分省市开展残疾人支持性就业试点，扶持建设残疾人就业辅导员培训专业机构（基地），以帮助更多残疾人实现支持性就业。社区工作者应积极参与辅导员培训，从而给予有需要的残疾人更科学的帮助。

6. 农村残疾人转移就业

"十三五"期间，统筹培训资源，为中西部地区 50 万名农村贫困残疾人免费提供实用技术培训，提高农村残疾人种植、养殖、手工加工等技能水平，使之掌握一技之长；开展一人一策精准帮扶，帮助残疾人参与"种养加"及设施农业项目，实现就业增加。加强城乡劳动力资源信息对接与就业服务，做好农村残疾人劳动力转移就业。

四、残疾人维权服务

《2020年残疾人事业发展统计公报》指出，各级残联维权组织建设进一步加强，残疾人事业法律法规体系进一步完善，无障碍环境建设取得新突破，残疾人维权工作全面开展。

1. 宣传落实残疾人法律法规

社区工作者要向残疾人普及法律知识，树立残疾人的法律意识，学会用法律武器来保护自己的合法权益。加强《中华人民共和国宪法》（以下简称《宪法》）《残疾人保障法》以及地方残疾人法规政策的宣传普及，残疾人同健全人一样依法享有我国《宪法》规定的各项权利，也享有《残疾人保障法》中规定残疾人特殊享有的社会救助权、社会福利权、社会保险权、社会优抚权等社会物质帮助权，以及机会平等权、身份平等权及社会平等权等。

2. 大力推进无障碍环境建设

推进无障碍环境建设，建立优美文明的社区环境，有助于残疾人克服外界障碍的不良影响，促进残疾人参与社会生活。无障碍环境包括两个方面：信息和交流的无障碍、物质环境的无障碍。我国残疾人联合会、住房和城乡建设部、教育部等12个部委联合制订的《无障碍环境建设"十三五"实施方案》中指出，推进无障碍环境建设的主要措施包括：依法开展无障碍环境建设，健全无障碍建设工作机制，完善无障碍环境建设相关政策、标准，开展无障碍环境市、县、村镇创建工作，加大无障碍建设与改造力度，发展信息交流无障碍，广泛开展残疾人、老年人家庭无障碍改造，开展无障碍建设研究、宣传等。为此，社区工作者应深入残疾人家庭，详细了解他们的诉求，积极倡导相关部门完善无障碍环境建设法规、标准，进一步推进无障碍改造。

3. 依法维护残疾人合法权益

残疾人的合法权益受到侵害时，社区工作者应帮助残疾人申请法律援助，通过合法途径维护其合法权益。特别关注未成年残疾人、无民事行为能力的残疾人的权益保障问题，一旦其权益受侵犯时，应及时向当地法律援助机构反映情况，协调、推动提供优质、高效的法律救助服务。同时，社区工作人员要经常留意和关心重度残疾、无人照料的残疾人，以免发生意外。

除了上述四类主要服务以外，社区工作者还可为残疾人提供教育服务、组织建设服务、智能化服务、扶贫扶智服务等。

典型案例

三方面解决残疾人案主问题

在一次常规的测血压服务中，社区社工站的社工结识了这样一位案主。案主邓某，65岁，肢体二级残疾，处于半边瘫痪状态，独居。虽有丈夫、儿子，但丈夫因工作、儿子因成家，几乎都很少回家，案主的经济状况也尤为困难，主要靠微薄的家庭支持及补助收入维持基本生活。

案主自身及其家庭的各类问题不仅限制了她的行动自由，让她失去了劳动能力，还限制了其与外界的沟通交流。在与社工交谈时，案主也多次表现出失落、悲伤、落寞的情绪。案主呈现的问题和需求集中体现为事务代理支持、精神慰藉关爱以及支持网络搭建。

为此，社工基于活动理论、社会重建理论、人生回顾理论等专业理论方法，在服务过程中，从案主自身、家庭、社会等三个方面采取了措施。

自身方面：社工运用倾听、同理、鼓励、支持、疏导等技巧，定期到案主家中提供陪聊、打扫卫生、做饭洗碗、活动四肢、精神关爱等服务，或邀请案主参加社区残疾人工疗站的娱乐活动，一定程度上减轻了案主的孤独感。

家庭方面：社工定期与案主家庭亲属沟通，并在每一次服务后主动向案主家属反映案主的近期情况，通过沟通、协调增强了案主与家人的有效沟通和联络，恢复了其家庭的情感支持。

社会方面：社工邀请辖区其他老年邻里志愿者一同定期上门探望、关爱，倾听案主心中的苦闷，帮助案主宣泄负面情绪，适时协助案主参加社区活动，加强邻里沟通。同时，积极链接社会各类资源，帮助案主解决各类生活难题和困惑。

经过为期5个月、共计10余次的持续个案介入，案主的精神状况、家庭关系和社会网络得到了有效改善和增强，案主也变得更加开朗、乐观、积极，见到社工时，脸上总是挂着热情的微笑。

拓展阅读

整合助残资源，发挥联动优势

"情暖夕阳"老年残疾人综合服务项目是专门针对东路社区辖区范围内55岁及以上的老年残疾人开展的综合性服务，项目实施近两年来，通过高效整合机构内外资源，精心开展助残助老服务，为社区老年残疾群体开辟了一片新天地。项目通过组织和协调，把机构内部彼此分离的职能与机构外部参与共同使命的合作伙伴整合成一个为项目服务的系统，取1+1>2的效果，最大限度地优化资源配置，寻求资源配置与服务对象需求的最佳结合点，提高项目服务水平。

（1）动员机构内部资源。依托机构社区社工站点进行项目前期的需求调研、项目执行中的资源协调以及项目宣传等助残助老服务，使得项目能最好地调动机构内部的资源，提高服务效率和服务水平。

（2）动员机构外部资源。根据该项目的实施区域，可调动的外部资源主要分为三类：社区居委资源、辖区单位资源、高校志愿资源。

1）社区居委资源。社区居民委员会是居民自我管理、自我教育、自我服务的基层群众性自治组织，同时也是政府连接基层群众的重要枢纽。社区掌握着社区居民的基础信息资料，熟悉社区居民，尤其是困难群体、弱势群体的家庭生活情况。该项目通过与社区居委会对接，迅速了解到服务对象的基本情况及相关需求。同时，在社区居委会的引荐下，能更快、更好地与服务对象建立信任关系，为后续服务的开展打下基础。

2）辖区单位资源。辖区单位资源主要是指独立的经济体，既追求经济效益，又承担着社会责任。该项目通过与辖区单位合作，采取一定形式的公益补偿，谋求共同目标，为老年残疾人服务提供更大的保障。项目在服务过程中动员的辖区单位资源主要包括社区医院、义剪理发店、洗衣店、物业公司、维修店、餐饮店等。动员医疗资源可有效满足老年残疾人的康复诊疗、日常护理等方面的健康需求；动员理发店、洗衣店、物业公司、维修店等资源，有效满足了老年残疾人的生活照料需求。

3）高校志愿资源。高校大学生志愿者团队的服务精神与该项目的服务理念高度契合，志愿者团队由不同专业背景的大学生组成，极大地充实了项目服务的人力资源和专业资源。项目积极联动高校志愿资源，如组织大学生志愿者定期为老年残疾人提供上门关怀服务，有效满足了服务对象的精神慰藉需求；链接具有法律专业背景的大学生，通过其进行普法宣传，增强了老年残疾人的法律意识。

任务三　设计与实施社区残疾人服务项目

任务描述

社区工作者在开展社区残疾人服务工作时，不仅要落实国家的残疾人政策，还要根据残疾人的特点和需求，设计系统化的社区残疾人服务项目，并积极链接社会资源实施残疾人综合服务，以满足残疾群体的共性化、个性化和多样化需求。

案例导入

明威社区是一个"农转城"社区，辖区内共有残疾人105名，其中82%的残疾人均因后天意外致残，老年残疾人尤其多。残疾类别占比方面，肢体残疾占46%，视力残疾占20%，智力残疾占12%，听力残疾占8%，精神残疾占8%，多重残疾占6%，肢体残疾占比较大；残疾等级占比方面，重度残疾（一级、二级）占34%，中轻度残疾（三级、四级）占66%，大部分服务对象有生活自理能力，但由于过分依赖监护人，也逐渐丧失了自我照护能力。

明威社区的残疾人群体主要存在以下几方面的困难：①出行困难。由于是旧式单体楼社区，没有电梯，残疾人在出行方面存在较大困难。②居住环境差。最为糟糕的情况是，一家四口均患有不同程度的残疾，却蜗居在仅20平方米的房间里，屋里还堆积了很多杂物。③生活拮据。社区大部分残疾人都没有主要经济来源，70%都是低保救助对象，依靠政府的救助过活，生活水平极其低下。④就业困难。社区大部分残疾人文化不高、技能缺乏，再加上缺乏进取心，不愿抛头露面，怕被人嘲笑，不愿出去找工作，从而越发贫困。

案例思考

作为一名社区工作者，请结合该社区残疾人的特点与现实处境，设计一份社区残疾人服务项目策划方案。

知识链接

一、社区残疾人服务项目设计的要素

社区残疾人服务的工作内容繁多，需要社区工作者熟知残疾人相关的各种社会政策和社会福利，为社区残疾人提供符合政策要求的行政性岗位。针对个别极为困难特殊的残疾人提供有针对性的帮扶服务，这就需要社区工作者整合链接各类社会资源，同时能结合社区残疾人群的需求和存在的问题，设计系统的社区残疾人服务项目。目前，民政、残联、基金会等政府系统和社会福利组织都在通过"政府购买服务"的方式为残疾人提供系统化、专业化、精细化的服务。社区工作者必须掌握一定的项目设计技巧，并通过项目申报获得社会和政府的资金支持。

项目是指在一定时间内为实现一个或几个特定目标的用一定的资源（预算）所进行的一系列活动的总称。项目不同于活动，活动是构成项目的最小单位，各活动之间没有联系，仅仅是活动。项目是由一系列活动组成，同时能揭示各类活动之间的关系。项目的设计一定是基于服务对象的问题和需求，一个完整的项目服务设计一般包括三个要素，即项目基本信息、实施单位信息、项目详细信息。

（一）项目基本信息

项目基本信息包括：项目名称、项目实施地点、项目实施时间（周期）、项目服务对象、项目收益人数、项目概述等。其中，项目概述方面需要用精简的语句（一般要求在500字左右）描述项目希望解决的问题，以及计划通过何种方式达到何种目标。

（二）实施单位信息

实施单位是指申请实施项目的单位。对于社区来说，就是填写社区的基本信息，需要填写的信息主要包括：社区基本情况、执行同类项目的情况、社区项目负责人的基本信息、联系电话、所处地址、拟安排的项目专职工作者信息等。

（三）项目详细信息

项目详细信息是项目的核心部分，是对项目需求的精准分析、对项目内容的完整呈现、对项目计划的系统制订、对经费预算的合理安排。项目详细信息主要包括：项目背景、需求分析、项目目标、项目内容、项目计划、工作保障、经费预算等。

1. 项目背景

该部分应对项目实施的必要性、可行性、创新性进行科学合理的分析。项目实施的必要性，即突显问题急需解决以及服务对象需求的紧迫性，不及时解决会导致严重的社会问题和恶性事件的发生。项目实施的可行性，即突显实施单位的实施能力以及相关人力、物力、财力的整合能力等。项目实施的创新性，可以从项目领域创新、项目形式创新、项目内容创新等方面进行呈现。

2. 需求分析

需求包括服务对象的需求、采购方的需求、项目的需求等方面的需求。一般情况下，项目的需求分析主要围绕服务对象的需求来进行系统科学的分析，并采用相关的服务理论，符合项目的逻辑发展。项目的设计需要有效满足服务对象的需求和问题的解决，预防不良事件的发生，贴合项目服务目标。

3. 项目目标

项目目标按照不同维度有不同的分类，可分为短期目标、中期目标和长期目标，也可分为总体目标和具体目标。在制定项目目标时，应尽量将项目目标制定成为具体的、可衡量的目标。目标是项目要达到的预期效果，项目内容和项目计划都要围绕项目目标来制定。

4. 项目内容

项目内容是围绕不同维度的服务目标所设计的各类有内在逻辑联系的主题活动的呈现。通过项目内容，可以清晰地知晓项目的主要活动安排、活动频次安排、服务对象的参与情况，以及有针对性的特色主题活动等。通过精心构思的项目内容框架，往往也是项目设计中的核心亮点。

5. 项目计划

针对项目目标制订相应的服务计划和实施计划。服务计划倾向于项目服务内容，实施计划倾向于项目的实施步骤、具体安排，包括时间、地点、人物等。在项目策划书中，也可将服务计划和实施计划分成两个部分做分析。

6. 工作保障

项目的工作保障是指项目能顺利实施，实施单位能投入的人力、物力、财力等方面的保障。现在，各级政府都在大力倡导发展社会工作专业人才，社区的工作人员基本也都要参与社会工作职业资格证书的考试。在人力保障方面，购买方也会对项目专职工作人员做具体的资质和数量要求。同时，如果实施单位能多方链接经费支持，将有助于项目的更好实施。

7. 经费预算

项目的经费预算是实施项目进行财务收支的依据，涵盖服务经费、人员经费、行政管理经费、税金等。经费预算需要切合实际、清晰具体，要确保项目的实施和资金使用保持一致，做到专款专用，了解实际项目支出与预算之间的差异，对财务行为进行必要的监督，保证资金使用的有效性。此外，要熟悉出资方的经费使用要求，明确各部分经费在总预算中不同的占比：一般情况下，要求人员经费支出不得低于60%，行政管理经费及税金不得高于10%。

二、开展社区残疾人服务工作的技巧

社区工作者在开展残疾人服务时，如果能掌握一定的服务技巧，将达到事半功倍的效果。下面将从四个方面来分析相关技巧的应用。

1. 协助服务对象运用资源的技巧

社区残疾人服务工作者应协助残疾人充分应用其可以运用的资源，引导残疾人转变态度和学习某些方法和技巧，通过自身的努力去解决问题，具体包括辅导、支持、保护三个方面的技巧运用。辅导是指工作者通过解释某些观点和教导，使其能建立自我意志和发挥潜能去解决问题；支持是指帮助残疾人认识自己所处的环境，可运用的资源及途径，针对残疾人的困难提供帮扶服务，如生活照料、链接志愿者定期上门探望、事务代办、陪同就医等，并不断给予鼓励，使其从中获得信心和经验；保护是一种强化的支持，目的在于预防残疾人受到侵害。例如，有抑郁症的精神障碍患者，情绪尤为不稳定，且有自伤自残倾向时，工作者应协同家属及时联系就医。

2. 调动服务对象参与活动的技巧

工作者要积极调动残疾人群体参与社区活动的积极性，具体可以从两个方面来做：一是充分了解残疾对象的活动需求，根据需求制订适合的活动方案；二是创新活动形式和活动环节。比如，在开展残疾人端午节活动时，如果每年都是包粽子、制作香囊，服务对象就会觉得没有新意，如果能创新地举办端午传统分享、端午诗词朗诵、端午习俗有奖问答等活动，不仅能营造浓浓的端午氛围，还能促进残疾人的自我展示，提升其参与的信心和热情。

3. 整合各类社会资源的技巧

工作者一是要整合人力资源，包括辖区党员干部、社区领袖、物管人员、志愿者骨干、学校教师、医院医师、律所律师、社会工作者等人才资源；二是要整合财力资源，接收驻辖区机关企事业单位、个体工商户、社会组织、爱心居民的各种形式的捐助；三是要整合阵地资源，包括硬件设施优良的驻辖区企事业单位、物管公司、商业中心、公共公园等；四是要整合信息资源，收集整理机关、企事业单位、学校、医院等辖区单位的民生服务信息及相关政策信息，以及辖区商业中心的电脑维修、家电维修、医疗、水电安装、理发、按摩、理疗、餐饮、就业等信息。

4. 进行社会倡导宣传的技巧

工作者通过建立宣传媒介（QQ群、微信群、微博、宣传展架等），宣传现代残疾人观念，普及康复知识，动员和组织社会力量关心、支持残疾人事业，以促进残疾人的社会融入。例如，可利用全国助残日、世界残疾人日等重要纪念日开展主题活动，吸引媒体正面关注，建立残疾人的积极形象，从而呼吁社会大众认可残疾人这一有价值的社会群体，消除歧视。同时，工作者还可通过编印简报，在微博、微信等平台上推送文章等方式宣传，并不断完善各类宣传平台，逐步形成上下衔接、内外配合、健康运行的宣传网络体系。

> **典型案例**

"居家养护·暖心助残"富安社区残疾人综合服务项目

富安社区的残疾人群体普遍面临生活自理能力差、家庭经济负担重、家庭康复观念弱、社区照料服务缺、社会接纳程度低等问题。"居家养护·暖心助残"残疾人综合服务项目以富安社区150名残疾人为项目服务对象，精准摸底服务对象的具体需求，为其制作个性化的服务计划，采取"家庭—社区—社会"三位一体模式，组织实施"家庭安养""社区托养""社会助养"三项居家养护助残服务，具体内容见表7-1。

表7-1 "居家养护·暖心助残"残疾人综合服务项目内容

对应目标	服务内容	服务时间	服务内容、形式
目标1 家庭安养	康复理疗	项目周期内	提供健康体检、康复指导、协助医疗护理等，尤其为肢体残疾提供康复训练（个别服务为主）
	日常照料	项目周期内	提供衣服洗护、理发、修指甲、洗被子、送餐、代买代办、陪同就医等日常照料服务（个别服务为主）
	家政维修	项目周期内	提供清扫地板、清洁玻璃、擦洗家具等家政保洁服务；同时为有小家电维修、管道疏通、电路检修等需求的服务对象联系相关资源，进行相关工作（个别服务为主）
	精神慰藉	项目周期内	提供电话慰问、节日关怀、陪同聊天等服务（个别服务为主）

（续）

对应目标	服务内容	服务时间	服务内容、形式
目标2 社区托养	生活自理能力训练	每两个月开展1类	针对穿衣打扮、做饭吃饭、日常起居、家居卫生等方面开设训练课堂，提升残疾人的生活自理能力（活动以公共课堂的形式开设）
	社会适应能力训练	每两个月开展1类	开设时间管理课堂、社交课堂、情绪管理课堂、生命教育课堂等帮助残疾人提升社会适应能力（活动以公共课堂的形式开设）
	就业创业技能培训	每两个月开展1类	开设烘焙、手工串珠、手工丝网花、计算机、智能手机等方面的公共课堂，培养其兴趣爱好，提升其就业创业技能（活动以公共课堂的形式开设）
	心理调适能力培训	每季度开展1次	链接心理咨询专家，为残疾人进行心理诊断和心理调适培训，提升残疾人的心理调适能力（活动以公共课堂为主，个别服务为辅）
目标3 社会助养	助残主题活动	有关残疾人节日的时段内	在全国助残日、全国爱耳日、全国爱眼日、世界精神卫生日，组织开展关爱残疾人大型活动，展示服务对象参与学习的各种成果，增强残疾人的自信心，营造社会对老年残疾人的尊重和支持的氛围（集中活动为主）
	志愿助残活动	每季度开展1次	组织辖区内的青年志愿者、巾帼志愿者、党员志愿者等开展关爱残疾人的志愿活动，如开展适合参加的趣味运动会、结队带领残疾人外出郊游等（集中活动为主）
	文化娱乐活动	节日活动4次，生日会每两个月1次	在春节、端午节、中秋节、重阳节等传统节日，开展节日庆祝活动，让残疾人能走上舞台自信表演。为服务对象过生日1次，可上门单独庆祝，也可开展集中生日活动（集中活动为主，个别服务为辅）
	助残维权活动	每季度开展1次	为残疾人开设法律专题知识讲座，提升残疾人的维权意识，拓宽残疾人的维权途径（集中讲座为主，个别服务为辅）

拓展阅读

金秋社区残疾人工疗站撑起残疾人爱的天地

金秋社区残疾人工疗站项目主要面向金秋社区有需要的残疾人群体开展残疾人社会工作专业服务。项目依托温馨舒适的工疗场所提供"五位一体"治疗服务，主要从康复服务、心理服务、工作服务、娱乐服务、教育服务五个方面，为不同类型的残疾人提供工疗服务。同时进行制度化项目管理，实行打卡积星兑换制度，鼓励工疗人员积极参与工疗站的活动，提高残疾人群体的社会融入水平。项目实施机构于2020年7月入驻工疗站以来，积极打造项目服务站点，将项目简介、服务流程、服务理念等制作成展板，进行制度理念上墙，并进一步精准调研社区残疾人服务需求，优化"五位一体"的服务内容。

（1）康复服务方面，具体包括认知能力指导、居家康复指导、社会融入指导三方面的内容。认知能力指导常态跟进两位有智力障碍和精神障碍的患者，引导其能认识和分辨食品、知道天气情况、知道因果关系、认识钱币、能服从简单的指令、说简单的短句等；引导其积极应对生活困难，理性对待生活难题。居家康复指导常态跟进3个个案，协助残疾人进行简单的穿衣、吃饭、排泄、搭配、认识居家环境以及自我保护。社会融入指导开展了 50 人次以上的爱心义剪、家居维修、事务代理、简单交际、安全认知等方面的服务活动。

（2）心理服务方面，主要包括心理诊断、心理辅导、团体辅导等。心理诊断是指项目社工专门设计了自信心心理测评问卷，对辖区 65 名残疾人进行了自信心心理测评和诊断。心理辅导是指综合心理测试、心理活动及日常接触判断，帮助疏导服务对象内心的苦闷情绪，预防心理疾病的产生。目前，工疗站已对 12 位服务对象开展了心理辅导。团体辅导是指以小组的形式，协助服务对象参加"认识自我""悦纳自我""发展自我"等系列心理健康教育活动，从而增强其自身的社会适应性，重拾生活的信心。

（3）工作服务方面，具体开展了布艺制作、陶艺制作、糕点制作等活动。工作服务是工疗站的常规服务，服务对象可于每周二和每周四上午到工疗站参与手工制作活动，这几项作业劳动深受服务对象的喜爱，极大地提升了服务对象参与社区活动的积极性。

（4）娱乐服务方面，具体开展了文化娱乐活动、节日庆祝活动、集体庆生活动。文化娱乐活动主要包含残疾人运动会、残疾人棋牌比赛、残疾人观影等；节日庆祝活动主要在端午节、中秋节、重阳节等传统节日，通过组织开展形式多样的节日庆祝活动，促进"残健"共融；集体庆生活动是以季度为单位，组织辖区范围内生日相近的残疾人聚在一起，通过视频赏析、互动游戏、生日祝福、节目表演等方式庆祝生日，让残疾人感受到社区的温暖，增强对社区的归属感。

（5）教育服务方面，主要包括政治教育、思想教育、文化教育服务。政治教育结合当前相关残疾人政策宣传、政治理论宣讲，以及习近平新时代中国特色社会主义思想，使残疾人紧跟时代步伐，提升自身政治素养。思想教育旨在增强残疾人的主人公意识，使其积极参与社区发展建设，从而提升其自尊心、自信心。例如，残疾人通过参与社区文体活动、上街义卖手工艺品等项目，增强了自己的表达能力和自信心。文化教育主要是指为残疾人及其家属开设文化教育培训课程，如有关照顾知识、照顾技巧的培训，较好地满足了服务对象的实际需求。

课 后 作 业

一、不定项选择题

1. 新残疾人服务观的理念是（　　）。
   A. 平等　　　　　B. 参与　　　　　C. 共享　　　　　D. 尊重
2. 目前在很多城市的道路设计中，都会专门铺设盲道，这是（　　）的体现。
   A. 提高残疾人社会地位　　　　　B. 建设无障碍环境
   C. 维护残疾人合法权益　　　　　D. 社会对残疾人观念转变
3. 言语残疾的确诊年龄是（　　）以上。
   A. 2 岁　　　　　B. 3 岁　　　　　C. 4 岁　　　　　D. 5 岁

4. 《"十三五"加快残疾人小康进程规划纲要》中指出,我国残疾人事业的目标是（　　）。

   A. 全面建成小康社会,残疾人一个也不能少
   B. 人人享有康复服务
   C. 健全残疾人社会保障和服务体系,确保残疾人权益
   D. 改善残疾人的生活质量

5. 我国残疾人"两项补贴"是指（　　）。

   A. 重度残疾人护理补贴　　　　B. 医疗补贴
   C. 困难残疾人生活补贴　　　　D. 养老补贴

6. 王老伯腿部残疾,行走不便,日常生活处处需要家人照料,很少与外界接触。在照顾王老伯的过程中,家人感到缺乏社区的理解与帮助。针对这一问题,社区可提供的综合性服务是（　　）。

   A. 鼓励王老伯与外界交流　　　B. 协助家庭改造起居环境
   C. 劝说王老伯家人保持平和心态　　D. 建立社区支持网络

7. 小刘是社区里的一名残疾人社会工作者,她发现社区里的残疾人与其他人几乎没有接触和交流;而在她看来,残疾人很有必要融入社会。于是,她与同事筹备在社区建立一个专门为残疾人提供沟通交流机会的"互助合作站",每周至少举行一次活动。小刘采用的残疾人服务方式是（　　）。

   A. 职业康复　　B. 社会康复　　C. 教育康复　　D. 社区康复

二、简答题

1. 简述残疾人的含义及分类。
2. 简述残疾人的特点及需求。
3. 简述社区残疾人服务的内容。
4. 简述残疾人康复服务的具体内容。
5. 简述残疾人就业服务的具体内容。

三、实训题

任务描述：将学生分成小组,以小组为单位,选择某社区,对该社区的残疾人群进行调研（包括残疾人群的规模、结构、特点及需求）,并设计社区残疾人服务项目。

任务引导：

1. 通过社区居委会座谈交流,获取相关文献资料,了解该社区服务对象的年龄结构、需求特点和开展社区残疾人服务工作的困难所在,以及特殊个案情况。
2. 针对社区残疾人设计一份需求调研问卷,对残疾对象进行分层抽样,实施调研活动。
3. 根据调研数据,撰写背景分析恰当、项目目标明确、服务内容适当、计划安排合理、经费预算合理的项目实施方案。

项目八　开展社区矫正服务

项目概述

本项目通过阐述社区矫正以及社区矫正对象的内涵，分析社区矫正服务的基本价值理念，探索社区矫正服务的方法与策略，使学生能够结合实际，组织开展社区矫正服务活动，满足社区矫正对象的需求，降低社区矫正对象再犯罪的风险，使其顺利回归社会。

学习目标

知识目标：理解社区矫正、社区矫正服务对象和社区矫正社会工作的相关概念；内化社区矫正服务的基本价值理念；掌握社区矫正服务的方法。

能力目标：具备社区矫正服务的基本方法和技巧；能够设计与实施社区矫正服务活动。

任务一　探讨社区矫正及矫正对象的内涵

任务描述

为了更好地为社区矫正对象服务，必须明确社区矫正以及社区矫正对象的内涵，掌握作为一名专业的社区矫正工作者可以提供的矫正服务内容。

案例导入

杨某，1995年6月出生，因假释于2020年10月开始接受社区矫正。从监狱到社区，身份不变，但环境却已然不同。自接受社区矫正以来，杨某经社区工作人员介绍，先后从事过不同的工作，当过快递员，也送过外卖，但他始终感到很困惑、很迷茫，不知道以后的路该怎么走。

工作人员在社区矫正过程中察觉到杨某言语之间表现出的困惑跟迷茫，经过深入的交谈，杨某终于向工作人员敞开了心扉，说出了自己目前的困惑，表达了自己想好好学一门手艺，却又担心服刑的经历会对此有不良影响的矛盾心情。工作人员耐心地倾听，并为其解答疑惑，帮助其分析有哪些选择以及权衡各种选择的利弊，并且鼓励他勇于面对、敢于拼搏。

2021年5月,杨某在工作人员的协助下开始跟随老师学习房屋装修。半年之后,杨某初步掌握了这门新的手艺,从最初的困惑迷茫到如今的干劲十足,犹如脱胎换骨一般。

案例思考

1. 结合案例,谈谈你对社区矫正的认识。
2. 社区矫正的服务对象有哪些?

知识链接

一、社区矫正服务的内涵

(一)社区矫正服务的含义

社区矫正是与传统的封闭的监禁矫正相对的行刑方式,即将符合法定条件的罪犯放置在社区里,而不是在监狱或看守所等封闭性场所中进行的一种矫正形式,这是社区矫正与监禁矫正最根本的区别。2003年3月,时任司法部部长张福森对社区矫正做出如下界定:我国的社区矫正是与监禁矫正相对的行刑方式,是指将符合条件的罪犯置于社区内,由专门的国家机关,在相关社会团体和民间组织以及社会志愿者的协助下,在判决、裁定或决定确定的期限内,矫正其犯罪心理和行为恶习,并促使其顺利回归社会的非监禁刑罚执行活动。该定义成为社区矫正政策实施过程的官方依据,并在各种文件、文献和研究报告中被广泛引用。上述界定强调刑罚执行,而本书谈到的社区矫正兼有刑罚执行和社会福利属性。

社区矫正服务的内涵

社区矫正服务是指由专业人员或志愿者运用专业理论和方法,调动一切可利用的资源,在社区范围内为罪犯或者具有犯罪危险性的违法人员,在服刑、缓刑、刑释等社区处遇期间,提供思想教育、心理辅导、行为纠正、生活照顾等,使之消除犯罪心理结构,修正行为模式,重新适应社会生活的一种福利服务。

(二)社区矫正服务的对象

1. 社区矫正对象的界定

社区矫正的服务对象是指符合法定条件的罪犯。依据我国现行刑法和刑事诉讼法,对判处管制、宣告缓刑、裁定假释、暂予监外执行、被剥夺政治权利并在社会上服刑的这五类犯罪行为较轻的对象,依法实行社区矫正。最高人民法院、最高人民检察院、公安部和司法部在《关于开展社区矫正试点工作的通知》中指出,根据我国现行法律的规定,社区矫正的适用范围包括以下五种罪犯。

(1)被判处管制的罪犯。指对犯罪分子不实行关押,但限制其一定自由,依法实行社区矫正的一种刑罚方法。

(2)被宣告缓刑的罪犯。指对于被判处拘役以及三年以下有期徒刑的罪犯,根据其犯罪程度和悔罪态度、表现，如果暂缓执行刑罚确实不致再危害社会，就规定一定的考验期暂缓刑罚的执行；如果在考验期内遵守一定的条件，原判刑罚就不再执行的一项制度。

（3）被裁定假释的罪犯。指对被判处有期徒刑、无期徒刑的罪犯，在执行一定刑期之后，因其接受教育和改造，遵守监规，确有悔改表现，不致再危害社会而附条件地将其予以提前释放的制度。

（4）被暂予监外执行的罪犯。指由于罪犯具有法律所规定的某种情况而暂时变更刑罚执行方式和执行场所，在监狱外执行的一种刑罚执行制度。具体包括有严重疾病需要保外就医的；怀孕或者正在哺乳自己婴儿的妇女；生活不能自理，适用暂予监外执行不致危害社会的。

（5）被剥夺政治权利，并在社会上服刑的罪犯。指被剥夺参加国家管理和政治活动权利的罪犯。

在符合上述条件的情况下，对于罪行轻微、主观恶性不大的未成年犯、老病残犯，以及罪行较轻的初犯、过失犯等，应当作为重点对象，适用上述非监禁措施，实施社区矫正。

2. 社区矫正对象的特征

社区矫正服务是社区服务中一个较为特殊的服务领域，其特殊性主要表现在其服务对象具有其他领域的服务对象所不具有的特点。社区矫正对象的特征表现在以下几个方面：

（1）自卑消沉。社区矫正对象因为处在被监管、被处罚的境地，其积极的人生动机和动力往往潜藏在心灵深处，而消极悲观、自暴自弃、得过且过、患得患失等心理特征占据主导地位。在待人处事方面，他们表现得自我评价低、自卑感强、依赖性强以及缺乏主动进取的精神。

（2）生活困难。罪犯一旦被判定有罪并处以刑罚，其自身和家庭遭受的冲击和改变是十分巨大的：家庭可能因此而解体，婚姻可能因此而丧失，健康可能因此而恶化，财产可能因此而化为乌有，社会地位可能因此而一落千丈。即使罪犯不在监狱服刑，也会面临困难重重的生活压力。

（3）与社会严重脱节。许多罪犯之所以犯罪，是因为其社会化进程受阻，社会功能严重缺失，一旦被判处刑罚，再加上社会的歧视和排斥，以及罪犯的自我封闭，就会处于与社会脱节的境况，这种社会特征不利于社区矫正对象社会功能的修复和重建。

3. 社区矫正对象的需求

（1）基本生存的需求。马斯洛的需求层次理论中，最低层次的需求是生理需求，即基本生存的需求。矫正对象的基本生存条件包括：维持基本生活所需要的经济收入、住房条件以及低保救助，维持身体健康的卫生医疗待遇等。社区矫正对象面临重重的生活压力，为其提供基本生存条件，既是基本人权的体现，也是对其实施社区矫正计划措施的前提。

（2）正常家庭生活的需求。家庭是人们生活的基本场所，也是人们得到生命滋养的源泉。父母慈爱、子女孝顺、夫妻恩爱、兄弟和睦的家庭生活对于每个人而言都十分珍贵，社区矫正对象也不例外。有的矫正对象就是因为其原生家庭缺乏爱和关怀才导致人格缺陷，从而走上了犯罪的道路；有的正常的家庭生活因为其成员的违法犯罪而陷入骨肉分离、支离破碎的境地。因此，社区矫正工作者要鼓励和协助矫正对象恢复和构建正常的家庭生活，这既是为了满足服务对象对于正常家庭生活的需求，也是为了通过创造良好的家庭环境，以促进服务对象更顺利地转变。

（3）教育和就业的需求。社区矫正服务的目标是协助矫正对象挖掘自身潜能，通过自己的努力来维持基本生存和生活。因此，接受教育和就业权益的保障对矫正对象来说尤为重要，矫正工作者要通过链接资源、创造机会来帮助其接受较好的教育，实现有效就业，从而协助其自新、自立、自强。

（4）再社会化的需求。社区矫正服务的又一目标是通过矫正计划措施的实施，促进矫正对象恢复和重建其严重缺失的社会功能，过上正常的社会生活。为此，社区矫正工作者要在专业价值观的指引下，运用社会工作的理论、知识和方法，为服务对象及其家人在社区矫正处遇期间，提供生活照顾、心理辅导、行为纠正、信息咨询、就业培训以及社会环境改善等方面的服务，从而使矫正对象消除犯罪心理，修正行为模式，重新适应社会生活。

二、社区矫正的特征

社区矫正作为一种刑罚执行活动，既具有刑罚执行活动的共性特征，又具有其自身不同于监禁矫正的个性特征。

1. 刑事制裁性

刑事制裁性是指人民法院对触犯刑法，实施犯罪行为的人实施的法律制裁，是个人实施犯罪行为的一种法律后果。社区矫正作为非常严肃的非监禁刑罚执行活动，必须严格依照法律进行。判决书、裁定书、决定书等文书是社区矫正组织接收社区矫正对象并开展社区矫正工作的依据。

2. 非监禁性

非监禁性是指将社区矫正对象放置于社区内进行改造，而不是将其收押到监狱或看守所等刑罚机构中，以实现其再社会化的过程。主要表现在：社区矫正对象在接受矫正期间未被监禁、羁押；社区矫正对象居住在自己家里，生活在社区开放性的环境中，他们的工作、学习和生活都不会因接受矫正而受到太大的冲击或干扰；社区矫正对象在一定范围内可以过着自由的生活，虽然人身自由可能会受到一定的限制，但是仍然保留很大程度的行动自由。

3. 惩罚缓和性

惩罚缓和性是指社区矫正措施对罪犯的惩罚程度较轻的特性，它是与罪犯的罪行程度相适应的，适用于那些罪行较轻微、社会危害性不大的罪犯。

4. 期限性

社区矫正工作还有严格的期限性，社区矫正组织必须严格在判决、裁定或决定中确定的具体期限内开展社区矫正工作,这类期限的变更也必须依照法定条件和程序进行。当期限届满时,社区矫正组织要根据规定进行宣告解除社区矫正等相关工作。

5. 社区参与性

社区参与性是指社区矫正对象与社区生活密切结合的特性,它实际上是一种双向互动的过程。一方面是指社区矫正对象积极参与所在社区的各种有意义的活动;另一方面是指社区矫正工作者广泛利用社区资源开展社区矫正,使社区矫正对象顺利回归社会。

三、社区矫正工作者

社区矫正工作者

(一)社区矫正工作者的含义

我国的社区矫正是由专门的国家机关主导进行的。司法行政机关负责社区矫正的指导管理、组织实施,人民法院、人民检察院、公安机关等其他部门协调配合,相关社会团体、民间组织以及社会志愿者参与社区矫正并起着重要的协助作用。目前来看,我国社区矫正工作者主要由三类人员构成:社区矫正官(司法行政机关执法工作者、司法警察)、社区矫正工作者和社区矫正社会志愿者。其中,社区矫正工作者是指社区矫正服务领域的社会工作者,即具备一定条件的专门从事社区矫正工作的社会工作专业人员,是社区矫正工作的中坚力量。

(二)社区矫正工作者的服务内容

根据矫正对象的特点和需求,我国社区矫正工作者的服务内容大体可以归纳为以下三个方面:

1. 帮助矫正对象解决现有困难

矫正对象面临的困难和问题是多种多样的,社区矫正工作者主要从两个方面进行协助:一是帮助矫正对象协调其与家庭、他人、组织等方面的冲突,改善其矫正环境;二是激发矫正对象潜在的能力和资源,帮助其运用自身的内在资源增强社会功能,获得自我成长。

2. 通过教育培训提高矫正对象的社会适应能力

社区矫正工作者一方面通过个别谈话的方式使矫正对象对自己有一个清晰、全面的认识,使其看到改变的可能性;另一方面通过集中学习、技能培训等方式,对矫正对象展开法律知识、行为准则、就业能力和人际关系等方面的培训,提高其人际协调、社会适应等能力,从而帮助其更好地融入社会。

3. 联系社会资源实现矫正对象再社会化

自矫正对象接受社区矫正开始,矫正工作者就应对其进行政策宣传,协助其联系相关部门的资源。此外,工作者还要合理运用社会力量,充分发动社会各阶层的力量,发挥社区资源的社会功能,帮助矫正对象顺利完成再社会化。

典型案例

社区矫正对象见义勇为回报社会

胡某，男，1992年11月出生，2020年因犯故意伤害罪被判处有期徒刑一年，缓刑两年。2020年12月，胡某来到司法所签订了社区矫正保证书，成为一名社区矫正对象。

刚到司法所报到时，胡某的家人不想见他，胡某对于家人也感到惭愧，很自卑，性格变得内向，人也逐渐消极。社区矫正工作人员了解情况后，开始展开工作。一是每月对胡某家庭进行走访，了解他的家庭生活以及最近的表现情况，积极争取其家人对他的关心和照顾，以减轻他的心理负担；二是每月找胡某谈话，使其渐渐敞开心扉，重新树立生活的信心，并及时指出和有效制止其缺点和错误；三是通过让胡某参加各种社区活动，尝试着重新融入社会，增强自尊感和社会责任感，同时形成正确的劳动观念。社区矫正工作人员多措并举，使胡某在思想上和行动上有了很大的改变。

2021年5月10日上午，正在江边码头干活的胡某忽然听到有人喊救命，他一眼望去，只见江里有团黑影往下游漂来。胡某没有多想，穿上救生衣跳入江里，奋力将落水者救上了岸。随后，在警察的帮助下，落水者被送往医院，经及时救治，脱离了生命危险。胡某"江中救人"的事迹在社区迅速传开，他本人也于2021年8月被授予"见义勇为先进个人"荣誉称号。胡某用实际行动充分展示了一个社区矫正对象悔过自新、回报社会的正能量，成为其他矫正对象学习的榜样。

拓展阅读

《中华人民共和国社区矫正法》关于未成年人社区矫正的特别规定

社区矫正是完善刑罚执行、推进国家治理体系和治理能力现代化的一项重要制度，党中央高度重视社区矫正工作。2019年12月28日，十三届全国人大常委会第十五次会议以168票赞成，全票表决通过了《中华人民共和国社区矫正法》（以下简称《社区矫正法》）。这是我国首次就社区矫正工作进行专门立法。该法共九章六十三条，于2020年7月1日起施行。

未成年人是社区矫正关注的一个重要群体。《社区矫正法》针对未成年社区矫正对象的特殊情况以单独章节设立专章予以特别规定，要求对未成年人的社区矫正与成年人分别进行，采取针对性的矫正措施，从而确保犯罪未成年人在社区矫正期满后可以顺利地回归社会。《社区矫正法》关于未成年人社区矫正的特别规定共七条。

第五十二条　社区矫正机构应当根据未成年社区矫正对象的年龄、心理特点、发育需要、成长经历、犯罪原因、家庭监护教育条件等情况，采取针对性的矫正措施。

社区矫正机构为未成年社区矫正对象确定矫正小组，应当吸收熟悉未成年人身心特点的人员参加。

对未成年人的社区矫正，应当与成年人分别进行。

第五十三条　未成年社区矫正对象的监护人应当履行监护责任，承担抚养、管教等义务。

监护人怠于履行监护职责的，社区矫正机构应当督促、教育其履行监护责任。监护人拒不履行监护职责的，通知有关部门依法作出处理。

第五十四条　社区矫正机构工作人员和其他依法参与社区矫正工作的人员对履行职责过程中获得的未成年人身份信息应当予以保密。

除司法机关办案需要或者有关单位根据国家规定查询外，未成年社区矫正对象的档案信息不得提供给任何单位或者个人。依法进行查询的单位，应当对获得的信息予以保密。

第五十五条　对未完成义务教育的未成年社区矫正对象，社区矫正机构应当通知并配合教育部门为其完成义务教育提供条件。未成年社区矫正对象的监护人应当依法保证其按时入学接受并完成义务教育。

年满十六周岁的社区矫正对象有就业意愿的，社区矫正机构可以协调有关部门和单位为其提供职业技能培训，给予就业指导和帮助。

第五十六条　共产主义青年团、妇女联合会、未成年人保护组织应当依法协助社区矫正机构做好未成年人社区矫正工作。

国家鼓励其他未成年人相关社会组织参与未成年人社区矫正工作，依法给予政策支持。

第五十七条　未成年社区矫正对象在复学、升学、就业等方面依法享有与其他未成年人同等的权利，任何单位和个人不得歧视。有歧视行为的，应当由教育、人力资源和社会保障等部门依法作出处理。

第五十八条　未成年社区矫正对象在社区矫正期间年满十八周岁的，继续按照未成年人社区矫正有关规定执行。

任务二　掌握社区矫正服务的基本价值理念与专业方法

任务描述

社区矫正对象是一个特殊的社会弱势群体，社区矫正工作者必须坚持专业的价值理念和基本原则，熟练掌握和运用社会工作的专业方法，组织开展社区矫正服务活动，以帮助矫正对象更好地回归社会。

案例导入

小李是一名社区矫正对象，在16岁时出于"哥们儿义气"参与了一起群殴并致一人死亡，被法院判处20年有期徒刑。在监狱服刑期间，小李因为表现良好屡获减刑，在监狱服刑11年后被假释出狱。

在求职屡遭拒绝后,小李隐瞒了身份,终于找到了一份餐馆服务员的工作。他十分珍惜来之不易的机会并努力工作,获得了餐馆老板的赏识。但是,由于工作时间与社区矫正工作者要求的思想汇报和参与社区劳动的时间安排相冲突,社区矫正工作者始终认为小李的服刑态度有问题,并几次在公开场合批评小李"恶习难改""公然对抗社区矫正制度"等。经过剧烈的思想斗争后,为了表现"服从矫正制度",小李无奈地辞掉了餐馆的工作。餐馆老板了解了小李的情况后,不仅没有责怪小李隐瞒身份求职的行为,反而将小李在餐馆工作时间做了调整,以方便小李能够参加社区矫正的一些活动。

社区矫正工作者在了解了实际情况之后,动员小李在社区矫正对象的小组活动中袒露自己的心路历程。当小李声泪俱下地谈了出狱后改过自新的决心,以及现实生活中的种种挫折和矛盾时,在场的矫正对象和矫正工作者都受到了心灵的震撼。

案例思考

1. 上述案例中,社区矫正工作者在服务过程中存在哪些问题?
2. 社区矫正工作者应该秉持哪些矫正理念去改进服务?

知识链接

一、社区矫正服务的价值理念

专业的价值理念指引和规范着社区矫正工作者的思想和行为。在社区矫正服务领域,基本的价值理念包括尊重、接纳、可塑性和个别化。

1. 尊重

无论是谁,都渴望得到他人的尊重,社区矫正对象亦是如此,不仅存在生活、工作方面的需要,也有获得他人尊重的需求。尊重是以人为本,把人作为刑罚制度里必须尊重的主体,而不是客体。社区矫正作为非监禁性行刑方式的产生,直接发源于近代西方社会进步思想家对封建主义制度下滥施酷刑、监狱黑暗等种种反人道现象的批判和反思。我国社区矫正吸收了其合理的思想成分,主张在维护法律尊严及与整个社会发展水平相协调的基础上,实施社会主义的刑罚人道主义。

因此,社区矫正工作者在与矫正对象接触时应持有尊重的态度,自觉维护其人格尊严和基本人权,并为其在居住、医疗、卫生、就业等方面提供基本条件。同时,在满足对矫正对象应有惩罚的前提下,在刑罚量和管理矫正方式等方面及时做出人性化调整,尽可能地有利于他们重返社会。此外,工作者要通过营造平等、友好、安全的沟通氛围,使矫正对象打消心中的顾虑,放下戒备,尝试着与他人建立彼此信赖的人际关系。尊重是工作者与矫正对象建立专业关系的前提,能够为后续的服务工作打下基础。

2. 接纳

相信每一个人都有与生俱来的价值和尊严是社区矫正工作最基本的信念，而这种价值和尊严带给每一个人不可剥夺的社会权利。因此，矫正工作者对服务对象的基本态度应该是接纳而非批判。这一价值理念在社区矫正服务领域显得尤为重要。

尽管社区矫正对象是一些曾经对他人和社会造成过伤害的人，他们的行为在道德和法律的范围内都应当受到谴责和惩罚。但在社区矫正工作者看来，无论矫正对象过去的行为对他人和社会造成了多么严重的损害，现在的他们都只是需要帮助的个体。接纳矫正对象，应将其本质与具体表现区别开来，将犯罪看成是种种原因导致的现象，工作者应主动接纳矫正对象的思想、情感和行为，把其看作是有价值的个体，并加以积极的关注，而非用传统的思维和处置方式去处罚、看管，以重新唤起矫正对象对他人以及周边环境的信任。在这样一个充满信任的氛围中，矫正对象能更好地反思自身的错误，汲取教训，发掘出向好、向善的力量，从而获得更好的发展。

3. 可塑性

可塑性是指每一个人在一定条件下都是可以改变的。我国的社区矫正是通过社会工作专业化而发展起来的。社会工作的本质是相信"人是可以改变的"，这一理念与社区矫正关于对"人的改造"是相吻合的。在这样的信念指引下，社区矫正工作者相信可以运用专业的方法和技巧帮助矫正对象改变其与社会生活不相适应的思想观念、生活态度以及行为方式，使其恢复社会功能、顺利回归社会。

从某种程度上来说，矫正对象曾经给他人和社会带来过一定的危害，其中还有多次作案的经历，因此，社会中大多数人会给他们贴上"三岁看到老""江山易改，禀性难移"的标签。但在社区矫正工作者眼中，矫正对象首先是一个人，具有行为的可塑性，因而主张对矫正对象持积极发展的看法，在工作过程中平等地与其交流沟通，真正走进他们的内心世界，相信他们能够对问题的产生和导致的结果形成正确认识，认真纠正自身的错误心理和行为，防止再次犯罪。此外，工作者充分相信矫正对象自身的潜能和资源，相信其有能力解决自身的问题，重新融入社会。

4. 个别化

个别化是指一种分别逐一对待的方法，社区矫正工作者应把每个人看作是唯一的、不同的实体，每个人都有独特的生理、心理特质以及生活经历，这些独特性都应该被重视。因此，矫正工作者要把每一个矫正对象都当作拥有不同特质和需求的"个人"。每一个接受矫正的服务对象，不管他们的犯罪性质和程度是否相同，他们被判处的刑罚措施是否相同，由于他们接受矫正期间的生理、心理等基础条件各不相同，因而不能用先入为主的观点和态度来判断他们所面对的问题，也不能用一成不变的方法来实施矫正。社区矫正工作者在服务过程中要注意倾听和观察矫正对象的一言一行，进入他们的内心世界，了解其问题产生的原因和处境，并根据矫正对象的不同特点和需求进行灵活管理。

二、社区矫正服务的方法

社区矫正是一项复杂的工作,需要运用专业的社会工作方法,不仅仅需要关注社区矫正对象的个人心理问题,还需要协调矫正对象家庭的生态系统问题,另外还需要工作者提供社会资源协助其解决工作问题等。而专业的社会工作方法正好适用于这种复杂的系统工作,工作者可以通过个案会谈、小组辅导、家庭治疗、资源整合、社区发展等工作方法,有效地处理社区矫正中的相关问题。

(一)个案工作方法的运用

个案工作方法是社区矫正服务领域最常用的专业服务方法,这是因为社区矫正工作者接触到的绝大部分服务对象是单个的个体或其家庭。个案工作方法是为社区矫正对象提供一对一的、直接的、专业的个性化服务,突出矫正对象的个别化矫正特征,可以更好地被用来加强对矫正对象的监管,达到社区矫正的目的。具体来讲,个案工作方法包括如下几个步骤:

1. 与矫正对象建立专业助人关系

美国著名心理学家卡尔·罗杰斯说:"良好的专业关系本身就具有治疗的作用。"矫正效果如何,很大程度上取决于矫正工作者能否与矫正对象建立起良好的专业关系。一旦矫正对象进入社区接受矫正,工作者就需要与之建立专业助人关系。然而,社区矫正对象与其他领域的服务对象不同,他们大多是被迫前来求助的,改变的内在动力很弱,在服务初期常常不配合甚至是抗拒工作者,这对于建立专业关系来说是个很大的挑战。

因此,工作者在与矫正对象建立专业关系时必须采用尊重、真诚和同理心等专业方法与技巧。尊重,即工作者尊重矫正对象的现状、人格和价值观,并给予其接纳、关注和爱护;真诚,即工作者没有任何伪装,不把自己藏在专业角色之后,而是表里一致,以真正的自我投身于与矫正对象的关系中,使其能够敞开心扉,从而使问题真正呈现出来;同理心,即工作者能够体会到矫正对象的感受,也能够敏锐地觉察、了解到这些感受所代表的意义,并且能够把这种了解传达给矫正对象。

2. 收集分析资料,确定问题

一方面,矫正工作者要全方位、多角度地去收集与矫正对象有关的资料,并进行归类和整理,以对矫正对象的问题有充分的了解,并对问题进行评估,思考解决问题的切入点。工作者可以通过面谈、家访、问卷调查及文献查阅等方式收集矫正对象的基本资料,还需要了解其心理状况、人际关系、社会角色的执行能力、对问题的分析处理能力,以及其所处环境方面的情况。

另一方面,工作者要将收集到的各种资料进行综合分析与比较研究,确定矫正对象存在的问题以及问题的成因,以此确定协助和治疗的方向。同时,要认识矫正对象的处境及其社会系统的情况,探究矫正对象问题得不到解决的原因。此外,需要矫正对象的充分参与,来明确解决问题的先后顺序。

3. 确定工作目标，制订服务计划

矫正工作者在协助制定目标的过程中，要针对矫正对象提出的问题进行探讨，制定的目标要简单易懂、可测量且具有操作性、现实性，使矫正对象有明确的行动方向，并使工作者与矫正对象拥有共识，选择恰当的策略和方法促使目标的实现。在明确目标的基础上，就可以制订服务计划了。服务计划的制订须由工作者与矫正对象一起合作，要与工作者和矫正对象解决问题的能力相一致，要尽可能详细和具体，能够总结与度量。

4. 介入干预，实施服务计划

介入干预是矫正工作者协助矫正对象解决问题的实际过程，这是用个案工作方法介入社区矫正服务程序中最重要的一个步骤，能否实现所设定的目标，完成预定的任务，就取决于工作者在此阶段能否有效地运用自己的知识、经验和技巧来帮助矫正对象解决问题。在此阶段，工作者要具体实施既定的服务计划，要灵活运用社会工作技巧和各种资源，根据动态发现矫正对象的进步和社会资源等具体情况，不断调整工作策略，以协助矫正对象改善环境，调整社会关系，从而更好地解决问题。

5. 结案与评估

结案是指矫正工作者与矫正对象的专业关系结束前的处理工作。结案意味着工作者与矫正对象所有关系的终结。在结案阶段，工作者需要有高度的专业自觉性，避免过度的情感介入，以防止对矫正对象独立成长的负面影响以及对自身造成伤害。评估是指矫正工作者和相关专家对个案服务的整个过程及其效果的评定，也是工作者总结经验、自我反省、自我提高的过程。

（二）小组工作方法的运用

尽管社区矫正对象的背景各不相同，问题也千差万别，需要以个别化的原则去对待和处理，但矫正对象还是会面临一些共同的问题，存在一些共性的需求。因此，工作者可以采用小组工作方法去介入社区矫正服务，同时要注意以下几个方面的问题：

1. 小组多为同质性小组

社区矫正对象虽然在性别、年龄、性格、文化程度、职业状况、家庭背景、犯罪性质、刑罚类型等方面有很大的差异性，但是，作为被判处刑罚的矫正对象，他们的处境、困难和面对的问题具有同质性，适合用小组工作方法来处理。同质性小组的优势在于成员能较快地认同他人，尤其在小组组成初期，能增强小组发展凝聚力，使成员可以较快地进入工作状态。为此，矫正工作者可以针对矫正对象面临的共同问题或共性需求设计小组活动，如针对矫正对象普遍存在的就学难、就业难等现实困境设计主题活动。

2. 正确选择小组工作模式

小组工作的实施模式是小组工作过程中的理论框架，是为解决现实问题而提出的一种

概念化的设计。小组工作的模式主要包括社会目标模式、治疗模式、互惠模式及发展模式。在社区矫正领域，由于矫正对象的特殊性，应选择以治疗为主的模式。治疗模式的关注点是怎样运用小组工作来改变矫正对象社会功能的丧失与行为偏差，协助其进行社会功能的恢复与行为的矫正。在实施过程中，小组既是治疗环境，也是治疗工具，矫正工作者在治疗模式中主要扮演教育者、领导者、临床诊断者及治疗者的角色，必须拥有足够的能力去诊断矫正对象的问题和需求，据此制订治疗计划及控制小组的发展进程，从而协助矫正对象通过参与小组达到心理、社会及文化的适应，顺利实现再社会化。

3. 合理安排小组活动时间

按照社区矫正制度的相关规定，矫正对象必须按时参加社区矫正工作人员统一安排的各种常态化活动，如定期汇报思想和生活动态、参加社区公益劳动等。同时，矫正对象还要继续参与工作、学习和家庭生活，时间上会冲突。因此，社区矫正工作者在设计并实施小组活动时，应充分考虑矫正对象的实际困难，在时间安排上应尽量与矫正工作制度的要求相结合，不要随意增加时间，可以利用规定的汇报思想和生活动态的时间或者参加社区公益劳动的时间开展小组活动，以减轻矫正对象的压力。

4. 善于发掘和培育小组领导

小组领导要对其他组员发挥正面的影响力，以维持小组良好的工作秩序，帮助完成小组任务，实现小组目标。小组工作中的领导者既可以由社区矫正工作者担任，也可以由小组成员担任。由于社区矫正工作者被赋予了监管的权力，在小组工作过程中往往处于主导地位，主要扮演着小组领导者的角色。但是在带领小组的过程中，工作者发现那些持有更正确思想观念和行为的组员能够对其他组员产生更大的影响，更有利于完成小组任务，实现小组目标。因此，矫正工作者在小组服务过程中要善于从组员中发掘和培育小组领导者。

（三）社区工作方法的运用

社区工作方法是以整个社区为对象的一种综合性的工作方法，目的在于改变社区条件与环境，增强社区成员的凝聚力，促进社区的发展。社区矫正对象大多面临歧视和偏见、环境适应难、就业困难等问题，这些问题需要在社区范围内得到妥善解决，社区工作方法可以整合社区范围内的各种资源，帮助社区矫正对象改善自我、回归社会。工作者在运用社区工作方法提供服务时，应注意以下几个方面的问题：

1. 进行综合治理，改善生活环境

社区矫正对象之所以犯罪，除了自身原因外，外部社会环境（如贫穷、失业、人口混杂、毒品泛滥、色情充斥、黑恶势力猖獗等）的影响也不容忽视。矫正对象在这样的环境中生活，迫于各种压力或因难以抵制周围的诱惑而重新犯罪的可能性极大。因此，要实现社区矫正的目标，除了为矫正对象提供直接服务之外，还应该整合社区资源，进行综合治理，以改善矫正对象的生活环境，为其顺利回归社会创造良好的外部环境。

2. 开展社区教育，培育社区居民接纳、尊重的意识

社区矫正需要全体社区居民的共同参与，以形成有利于矫正对象改过自新的社会氛围。但是，由于矫正对象过去对他人和社会造成过伤害，社区居民对矫正对象会存在恐惧、戒备、防范和排斥等心理及行为，这些反应成为矫正对象重新融入社会的主要障碍。因此，矫正工作者应通过社区教育的方式和途径，改变社区居民的态度和行为，培育其接纳、尊重矫正对象的意识，鼓励社区居民对矫正对象提供情感性支持，与之建立友谊关系。这样才能让矫正对象感受到被尊重和信任，才会有重新面对生活的信心和勇气，从而逐步实现再社会化，恢复社会功能。

3. 链接资源，建立社会支持网络

社区矫正对象面临许多的问题，其中一个重要的问题就是就业问题。社会对矫正对象的"标签化"使其再次就业尤其困难。对此，矫正工作者可以帮助矫正对象链接资源，如发动社区范围内的企业组织，为矫正对象提供合适的就业岗位；联系就业培训机构，增强矫正对象的就业能力和竞争力；挖掘社区志愿力量，共同参与社区矫正工作，从而为矫正对象建立起社会支持网络。

典型案例

社会工作方法介入社区矫正服务的个案

小亮，男，19岁，曾就读重庆某职业技术学院，一年后辍学到某快递公司做快递员。目前因盗窃罪在社区接受矫正。最近，因多次未能按时完成矫正任务，小亮被社区矫正工作人员屡次警告，严重影响到其能否顺利解矫。社区社会工作者通过家访与小亮进行了多次会谈，同时向邻居了解了相关情况，界定出小亮目前存在的主要困难，并进行了介入。

一是及时介入，解决问题。由于多次未能按时完成矫正任务，小亮被社区矫正工作人员屡次警告，严重影响到其能否顺利解矫。社工采取紧急介入，约小亮到司法所面谈，向其了解没有按时报到的原因。小亮告诉社工自己周一到周五都要上课，请假的话，老师和同学就会知道自己在社区服刑，会被别人看不起。了解到不愿向老师说出自己请假原因的想法，社工与小亮分析，得出违反规定比被看不起的后果更加严重的结论，小亮也渐渐意识到遇到问题应该想办法解决，而不是以消极的态度去逃避或者对抗。

二是构建社会支持网络，提高自我约束能力。一方面，社工通过上门走访向小亮父亲了解情况。父亲平时工作较忙，很少有时间管教小亮，而且小亮脾气很倔，有什么事也不爱跟父母说。小亮和妈妈的关系比较差，两个人经常吵架，妈妈也不愿意管小亮的事。了解情况后，社工认为父亲还是很关心小亮的，建议父亲尽量不要用责骂的方式对待孩子，多听听孩子的建议和想法。父亲听后点点头，表示会尝试这样做。社工告诉父亲小亮在学校请假难的事情，建议其可以多关心小亮社区矫正任务的完成情况，让小亮感受到父母对他的重视和关心。父亲表示自己会和小亮商量，并且打电话向老师请假。

另一方面，为了提高小亮进行社区矫正的意识，社工邀请了司法所工作人员参与会谈，引导小亮意识到因害怕别人看不起而不到司法所报到的做法会导致更严重的后果。社工帮助小亮梳理了之前经常会忽视的一些有关社区矫正的问题，比如没有及时接听司法所电话，忘记报到等情况。就这样，在司法所、社工、父母的共同监督下，小亮连续三个月都能按时完成社区矫正任务。在社会支持网络的构建下，促使小亮增强了社区矫正意识，提高了自我约束力。

三是探究犯罪认识，预防重犯苗头。随着关系的建立，小亮慢慢地敞开心扉，和社工诉说起自己的犯罪经历，社工在言语之间感受到小亮对所犯罪行的悔过意识。社工继续向小亮了解"哥们儿"的情况，小亮告诉社工，现在有一些还有联系，也会出来玩，但绝不会再做这种事了。但是小亮年纪尚轻，法律意识比较薄弱，社工建议小亮有计划地去进行法律法规网络教育学习，也推荐了一些相关的书籍和报刊给小亮，鼓励小亮加强学习，提高自身的法律意识，预防重犯苗头。

四是参与社区服务，增强社会责任感。为了提高小亮的社会责任感，使其更好地融入社区，暑假期间，社工继续为小亮安排了社区服务活动，在社工的陪伴和监督下，小亮都能按时完成任务。在参与了一段时间的社区服务后，负责人告诉社工，小亮的表现非常好，与居民之间的互动多了，有说有笑，进步很大。居民都希望他能继续在服务点参加社区服务。小亮通过参与社区服务，不仅增强了社会责任感，还认识了很多志愿者朋友，整个人都开朗了很多。

小亮的矫正表现得到司法所和社工的一致好评。在最后一次面谈中，小亮和社工说出自己的未来规划，表示自己将会认真完成中专学业，然后继续报读大专。社工肯定了小亮对未来的清晰规划，并表扬他是一个有社会责任感的人。在解矫当天，小亮的父母也应邀参与了仪式，司法所肯定了小亮在社区矫正中后期的各种表现，激励其继续加油，做一个对社会有用的人。

> 拓展阅读

成都试点运行"社区矫正监管机器人" 开启"AI人工智能+社区矫正"新模式

四川省成都市司法局坚持"向科技要警力"，不断强化"智慧司法"实战作用，不断探索"智慧矫正"建设实效，率先在成都市温江区司法局研发并试点"社区矫正监管机器人"，在"互联网+社区矫正"的模式下，开启"AI人工智能+社区矫正"新模式，不断提升成都市社区矫正工作的战斗力,最终将队伍建设与信息化建设优化融合,实现"1+1>2"的成效。

一、基于社区矫正数据资源整合,赋予机器人生命力

社区矫正机器人是集生物特征采集、识别(指纹、声纹、人像、芯片)信息查询、视频播放、业务申报、语音播报、录音录像功能于一体的智能服务型机器人。它基于计算机视觉和特征提取技术,通过收集社区矫正工作人员经验模型、社区服刑人员行为模型、知识信息模型、人员身份档案模型、社区矫正工作程序等数据,与社区矫正工作信息系统链接,利用友好智能的人机交互,通过机器学习,达到对社区服刑人员入矫报到登记、"双8"教育、学习考试、学分管理、信息查询、心理评估等功能输出,赋予社区矫正监管机器人强大的"生命力"。

二、基于社区矫正工作实际情况,赋予机器人执行力

一是"人"力资源成本低。机器人在不用占用司法行政专编、不用占用太多经费预算、不用占用较长业务培养时间的基础上,可在一定的社区矫正工作领域实现代替人工作业和服务工作,大大降低了基层工作人员劳动成本和强度,全面提升了社区矫正工作效率。二是教育资源共享率高。机器人可弥补区域间社区矫正教育资源不平衡的问题,利用云数据,实现对心理咨询、学习教育、法律咨询等优质资源的共享。三是程序执行专业强。机器人可对一般性的社区矫正工作程序严格执行,最大程度地排除了人为干扰因素,确保社区矫正工作标准化运行。

三、基于社区矫正工作程序输出,赋予机器人战斗力

一是实现日常管理便捷化。机器人通过"录入指纹""声音采集""人脸采集",自主要求社区服刑人员完成日常报告;可实时上传附本人头像的口头报到、思想汇报、学习教育、社区服务等图文音像;自主收集并分析社区服刑人员报到定位、教育学习、社区服务等情况,便于社区矫正工作人员实时掌握。二是实现定位盯控无缝化。机器人通过与社区矫正定位监管系统连接,实时分析社区服刑人员定位数据,实时监管定位设备状况,灵活设置电子围栏区域,真正实现24小时电子"人眼"监控,并对违规或不正常情况,及时启动自主预警报警功能,确保定位监管无"盲区"。三是实现学习教育灵活化。机器人可针对不同犯罪类型的社区服刑人员,分类别推送矫正学习教育内容,社区服刑人员通过扫描机器人二维码完成学习教育测试;机器人会综合分析测试数据,并即时将分析结果反馈至社区矫正工作人员、社区服刑人员。四是实现心理评估全程化。机器人可自主协助社区服刑人员完成心理评估测试,并对相关指数进行评估,即时给予科学有效的心理建议;同时,"人机交互"式的心理建设过程有利于社区服刑人员适当释放压力、缓和情绪。

四、基于"AI人工智能+"模块拓展,赋予机器人创造力

成都市司法局将积极拓展和完善高校战略合作广度和深度,加快对社区矫正监管机器人系统进行优化、升级,实现机器人智能数据与四川省司法厅社区矫正信息管理系统、社区服刑人员定位管理系统、远程督察系统、政法大数据辅助办案系统、决策分析系统等的有效

连接,将机器人与社会治理工作有机结合起来,增加电子定位监管系统语音自动预警功能;强化汉语、英语等语言的语音识别及文字系统;强化远程探视、律师在线预约服务功能;开发具有自主定位与导航功能的移动式机器人;升级系统生物信息"3D"数据采集功能,提升识别率,提高数据安全系数。

课后作业

一、不定项选择题

1. 社区矫正的对象不包括（　　　　）。
   A. 假释罪犯　　　B. 监外执行罪犯　　　C. 管制罪犯　　　D. 监狱服刑罪犯
2. 社区矫正的特征有（　　　　）。
   A. 刑事制裁性　　B. 非监禁性　　　C. 社区参与性　　　D. 惩罚缓和性
   E. 期限性
3. 社区矫正对象的需求包括（　　　　）。
   A. 基本生存条件　　　　　　　　　B. 教育、就业权益
   C. 正常家庭生活　　　　　　　　　D. 再社会化
4. 社区矫正服务的价值理念不包括（　　　　）。
   A. 案主自决　　B. 接纳　　　C. 可塑性　　　D. 个别化

二、简答题

1. 简述社区矫正对象的特征。
2. 如何运用个案工作方法介入社区矫正服务?
3. 运用小组工作方法介入社区矫正服务时应注意哪些问题?

三、实训题

任务描述：学生以小组为单位,选择一个社区矫正对象进行个案矫正。

任务引导：

1. 了解社区矫正对象的基本情况,评估矫正对象存在的主要问题及需求。
2. 制订个案矫正服务计划。
3. 对社区矫正对象提供心理疏导服务,协助其挖掘自身潜能,并建立社会支持网络。
4. 评估社区矫正对象在心理、行为等方面的改变。

项目九　开展社区优抚服务

> **项目概述**
>
> 本项目通过阐述社区优抚对象与社区优抚服务的内涵，分析我国社区优抚工作的主要内容，探索社区优抚服务的方法与策略，以使学生能够结合实际，组织开展社区优抚服务活动，解决目前社区优抚工作中所面临的困难，回应优抚对象的基本诉求，提升其生活质量。

> **学习目标**
>
> 知识目标：了解优抚对象的含义、特点及需求；明确社区优抚服务的内涵；掌握社区优抚服务的内容。
>
> 能力目标：具备社区优抚服务的基本方法和技能；能够设计与实施社区优抚服务活动；能够针对不同类型的优抚对象采用不同的服务内容和方式，满足其个性化需求。

任务一　探讨社区优抚对象与优抚服务的内容

任务描述

作为一名社区工作者，为了更好地为优抚对象服务，必须明确优抚对象与社区优抚服务的内涵，掌握社区优抚服务的主要内容，以满足社区优抚对象的多样化需求。

案例导入

湖南省醴陵市是革命老区，目前拥有退役军人和其他优抚服务对象近6万人。优抚对象作为一个特殊群体，为祖国的解放事业、国防建设做出过巨大牺牲和重要贡献，理应得到全社会的尊重和关爱。

近年来，醴陵市始终站在支持国防和军队现代化建设需要的高度，把维护优抚对象权益摆在首位，全面提高优抚工作水平，努力让优抚对象共享改革发展成果，有更多的获得感。2019年，醴陵市在全省率先挂牌成立市退役军人事务局，投入1000余万元打造集接访、法律援助、休闲于一体的"温馨之家"。并积极推进该市24个乡镇、270个村设立退役军人服务站，畅通服务，保障"最后一步路"。

案例思考
1. 结合案例，谈谈你对优抚对象的理解。
2. 社区应从哪些方面维护优抚对象的权益，做好优抚服务？

知识链接

优抚工作是我国军民在长期的革命和建设实践中逐步形成并发展起来的一项传统的、政治性很强的工作，它通过对以军人及其家属为主体的优抚对象实行物质照顾和精神抚慰，直接服务于军队和国防建设。我国的优抚工作在计划经济时代就已形成，历来受到党和国家的高度重视。优抚工作关乎国防安全与社会稳定，是我国社会保障体系的重要组成部分。

一、社区优抚服务的内涵

（一）优抚对象及社区优抚服务的含义

社区优抚服务的内涵

优抚是"优待""抚恤"的统称，它是国家依据法定形式对现役军人、退役军人及其家属提供优待和抚恤，以确保其生活水平不低于所在地平均生活水平的一项补偿性社会保障制度。优待一般是指国家、社会对优抚对象在政治上、经济上给予优先、优厚待遇的制度。军人优抚工作中的优待是指对现役军人、残疾军人以及复员军人、退伍军人、烈士遗属、因公牺牲军人遗属、病故军人遗属、现役军人家属等对象，在经济、政治、社会等方面给予物质照顾和优先、优惠待遇，主要包括发放优待金，以及在医疗、交通、参观旅游、教育、住房等方面给予优待。军人优抚工作中的抚恤是指对现役军人、残疾军人、烈士遗属、因公牺牲军人遗属、病故军人遗属、复员军人、带病回乡退伍军人等优抚对象给予的精神抚慰和物质照顾待遇，主要包括死亡抚恤和伤残抚恤两类。《中华人民共和国宪法》《中华人民共和国兵役法》《军人抚恤优待条例》《烈士褒扬条例》等，为我国优抚工作的顺利开展提供了法律依据。

做好优抚工作对于巩固国防和军队建设、促进社会和谐稳定发展有着特殊的意义与作用。为维护军人、军属的合法权益，2018年3月，根据第十三届全国人民代表大会第一次会议批准的国务院机构改革方案设立了中华人民共和国退役军人事务部，其职责包括拟订退役军人思想政治、管理保障等工作政策法规并组织实施，褒扬彰显退役军人为党、国家和人民牺牲奉献的精神风范和价值导向，负责军队转业干部、复员干部、退休干部、退役士兵的移交安置工作和自主择业退役军人服务管理、待遇保障工作，组织开展退役军人教育培训、优待抚恤等，指导全国拥军优属工作，负责烈士及退役军人荣誉奖励、军人公墓维护以及纪念活动等。该部门的成立意味着优抚工作面临新局面，需要新举措。一方面，优抚工作的主体职责是从原有民政优抚工作中剥离，也是对原来碎片化优抚工作的进一步整合；另一方面，这也给优抚工作社会化创造了新机会。

综上所述，社区优抚服务是针对社区内的优抚对象所开展服务的总称。具体是指社区发动和依靠社会力量，以一定的形式为社区内的优抚对象排忧解难，尽可能地满足他们的各种合理需求而提供的各种服务。

（二）优抚对象的特点及需求

1. 优抚对象的特点

社区优抚对象是一个相对特殊的为军队和国防建设做出过或正在做贡献和牺牲的特殊群体，地位突出、特点鲜明，其特征概括起来，主要包括以下四个方面：

（1）覆盖范围广。优抚对象共有二十多种，当中既有正在献身国防的现役军人及其家属、退出现役需要安置的士兵，又有回到地方休养的军队离退休干部、需要照顾的伤残病军人、复员退伍军人患者、孤老优抚对象、革命英烈和他们的遗属，几乎涵盖了各个年龄层次的人群。

（2）军队情结深。优抚对象群体当中多数人具有较长的军旅生活经历，对部队有着深厚的感情。军队和地方截然不同的工作环境和生活环境使得他们在军队和地方的转化过程中面临很大的社会适应压力。

（3）需求层次多。优抚对象构成的复杂性决定了其需求几乎涵盖了马斯洛有关人类需求的全部五个层次：生理需求（健康维护、治疗康复）；安全需求（生活保障、居家安全、后事安排）；社交需求（婚姻家庭、社会交往、社会适应）；尊重需求（社会承认）；自我实现需求（职业发展、社会参与）。其中，比较突出的需求是社会再适应、危机应对、心理补偿、精神慰藉、社会尊重和社会支持。在实际工作中，这些需求往往融合在服务对象的日常生活中，以一种"未分化"的状态呈现。

（4）问题压力重。优抚对象的问题主要包括：老龄化问题、生活困难问题、医疗保障问题、就业难问题、隐形失业问题、合法权益维护问题等。其中，重点优抚对象的生活水平和生活质量以及医疗问题尤为突出。

2. 优抚对象的需求

结合马斯洛的需求层次理论，现将优抚对象的一般性需求主要归纳为以下几点：

（1）生活保障。民政部门在优抚对象生活保障方面，主要是为其提供兜底性服务，如为其提供基本保障以及为生活上有困难的优抚对象提供低保、特困、临时救助等方面的服务。但由于国家相关政策的调整相对滞后于经济社会的发展，导致优抚对象的抚恤补助标准偏低，部分优抚对象，尤其是在乡老复员退伍军人慢性病患者出现了生活困难等问题，他们的生活亟待基本的保障。

（2）健康维护。优抚对象普遍年纪在60岁以上，年龄较高，普遍患有不同程度的疾病，所以对健康维护方面的需求尤为突出。而且有一部分伤残军人的医疗费用负担十分繁重，自身又无劳动能力，家庭经济状况差，经常入不敷出，所以在健康维护方面的需求没有得到较好的满足。

（3）社交娱乐。作为具有社会属性的社会人，优扶对象也需要参与社交娱乐活动等来充实自己的生活，建立自己的人际关系网络，防止自身社会功能的退化。优抚对象主要以退伍老兵为主，在家闲暇时间较多，与社会接触的机会较少，所以渴望有机会参与一些社区组织的文娱活动，增加社会互动的机会，建立新的人际关系，消除日常生活的孤独感，充实自己晚年的精神生活，实现自身价值。

（4）精神慰藉。优抚对象多数面临没有子女、子女不在身边或丧偶问题，所以空巢独居现状居多，基本生活缺乏照料，造成优抚对象精神世界空虚，日常生活缺少诉说对象，饱受孤独寂寞的煎熬，渴望得到家人的关怀。同时，优抚对象希望得到应有的尊重与关心，而不是随着时代的变迁、角色的变化而被社会民众所忽略。

（5）支持网络。很多优抚对象虽然同住一个社区或相邻社区中，但缺少资源链接让他们相识，大多数优抚对象纷纷表示，希望通过一些社区活动的参与结识跟自己困境与需求相似的朋友，并在今后的生活中建立起长期的互助支持关系。因而，基于具有相同背景与需求的优抚对象，应帮助其建立互助支持网络。

（三）社区优抚服务的目标

我国社区优抚服务的总体目标是保证优抚对象的抚恤优待与国民经济的发展相适应，使抚恤优待标准与人民的生活水平同步提高，满足其合理需求，提高其生活质量，同时以法律的形式切实保障优抚对象的合法权益，通过宣传和开展军民共建和双拥等活动，提高优抚对象在国家政治、社会生活中的地位，激发他们的爱国卫国热情，从而直接服务于军队和国防建设。

二、社区优抚服务的内容

目前，优抚服务已从单一的救济型发展到了综合服务型，服务内容由少到多，从低层次到高层次，服务形式灵活多样，并处于不断完善和开拓之中。

1. 落实优抚政策

作为政策落实最具体的社区，在开展优抚对象服务工作时，要从巩固国防、密切军政军民关系、保持社会稳定、维护国家安全和促进经济发展的大局出发，充分认识做好优抚工作的重要意义。社区要以《中华人民共和国兵役法》《军人抚恤优待条例》《烈士褒扬条例》以及相关地方性法规政策为依据，将优抚工作作为重要内容，做出具体规划，并采取有力措施，切实解决优抚工作中的重难点问题，保障优抚对象的生活水平达到或略高于当地群众的平均生活水平，依法维护优抚对象的合法权益。

2. 协助做好征兵和退伍安置工作

社区在征兵工作中，应广泛开展国防教育，动员适龄青年积极报名参军。在军人退伍回乡时做好欢迎接待工作,如召开欢迎会、座谈会,向退伍军人介绍社区和国家当前的政治、经济形势以及存在的困难,倡导他们继续发扬人民解放军的光荣传统。

3. 帮助解决优抚对象生活中的困难

生存生活需求是优抚对象最低层次的需求。为此,社区工作者通过走访慰问,了解和协助优抚对象解决生活中的实际困难。例如,协助其调整和解决住房,优先解决其子女入托入学,分担军人家庭繁重的体力劳动,请医送药,护理病人,安排就业等,都是目前社区优抚服务的重要事项。同时,社区广泛动员和组织社会力量,采取临时救济、特殊照顾、结对帮扶、社会捐助等办法,不断提高优抚对象的生活质量。

4. 开展各种拥军优属活动

社区一方面利用重要节日,通过举行文艺演出、组织游览、参观,为军烈属挂"光荣牌"等方式慰问、走访社区优抚对象,满足其精神需求;另一方面,依靠社会力量,坚持做好常规性的拥军优属工作,使拥军优属工作走上制度化轨道。此外,培养和表彰拥军优属的先进典型,营造人人为优抚对象尽责任、家家为优抚对象献爱心的良好社会风尚。

典型案例

老李,某部队高级军官,三个月前从部队退休回家,妻子多年前因病去世。退休至今的三个月里,老李很少外出,觉得无事可做,对任何事情都打不起精神。起初,他的两个子女认为父亲可能是不适应现在的生活才会变得郁郁寡欢。于是,他们开始找各种借口鼓励父亲外出参加活动,但每次都被老李以各种理由拒绝。子女们很不理解,原本开朗的父亲怎么退休之后像变了个人似的,只有在给孙子孙女们谈论自己的军旅生活时,老李才津津乐道、眉开眼笑,但他们一走,老李又变得没精打采。假设你是老李所在社区的一名社区工作者,老李的子女前来寻求你的帮助。

案例思考

1. 老李面临的困境与需求有哪些?
2. 针对老李目前的困境,探讨社区工作者可以从哪些方面提供帮助。

拓展阅读

优待抚恤政策知多少

➦ **近些年来,优抚对象的保障范围有何变化?**

优抚对象的保障范围不断扩大。2004年以来,我国先后将7种对象纳入国家定期抚恤补助范围,分别是:2004年将初级士官纳入评病残范围,并取消了患精神病义务兵和初级士官不能评残的限制；2006年，带病回乡退伍军人纳入国家定期生活补助范围；2007年，部分参战参试军队退役人员被纳入保障范围；2011年，60周岁以上农村籍退役士兵（当年惠及336.6多万人，以后将惠及近1900万人），部分老年烈士子女、铀矿开采退役人员被纳入保障范围。保障人数从2004年的480余万人，增加至2018年的861万人，实现了农村和城镇无工作退役军人抚恤优待的全覆盖。

↘ 我国优待抚恤工作法规政策体系近年来发展如何？

改革开放以来，特别是近年来，军人抚恤优待工作积极适应国家和军队建设需要，在继承中发展，在改革中前进，取得了重大突破。法规政策更加完善，先后修订、制定出台50多个重要法规政策。尤其是近些年以来，优抚法规政策快速向系统化、体系化发展，形成了以《军人抚恤优待条例》《伤残抚恤管理办法》《一至六级残疾军人医疗保障办法》《优抚对象医疗保障办法》《优抚对象住房优待办法》《优抚对象及其子女教育优待暂行办法》《人民警察抚恤优待办法》等为骨干的，涵盖生活、医疗、住房、抚恤、社会优待等方方面面的较完善的政策法规体系。全面建立了优待抚恤补助标准自然增长机制并发挥了效益，并且将优抚对象的住房、医疗、养老等优先纳入了社会公共服务和保障体系，形成了"普惠+优待"的保障模式。

↘ 定期抚恤补助标准如何提升？

近年来，国家连年以10%～15%的幅度提高优抚对象定期抚恤补助标准。抚恤补助标准自然增长机制全面建立并发挥效益，中央财政下达的优抚经费从2005年的76亿元增加到2018年的463亿元，实现了由保障优抚对象基本生活向提高其生活质量转变。

↘ 优抚对象医疗补助有何优待？

中央财政自2004年起，每年投入1亿元专项资金用于优抚对象医疗补助，2006年提高到15.3亿元，2008年提高到20亿元，2013年提高到23.8亿元。

↘ 在烈属抚恤优待方面，国家有什么样的政策？

我国先后于2004年、2011年两次大幅提高烈士、因公牺牲军人、病故军人一次性抚恤金标准。国家建立烈士褒扬金制度，标准为烈士牺牲时上一年度全国城镇居民人均可支配收入的30倍；大幅提高烈士一次性抚恤金标准，一次性抚恤金标准由原来烈士本人80个月的工资提高到上一年度全国城镇居民人均可支配收入的20倍加本人40个月的工资，仅此两项就约200万元。同时，不断加大医疗、住房、子女入学入伍及退役就业等方面的优待力度，使烈属的生活水平得到较好的保障。

↘ 国家在重大节日是否会为优抚对象发放额外福利？

国家会结合重大纪念活动，为相关优抚对象放发一次慰问金。如国庆60周年期间，国家投入1.99亿元，为部分新中国成立前参加革命的伤残军人和老年优抚对象集中更换了新型假肢、助听器等辅助器具；纪念中国人民抗日战争胜利70周年时，国家为抗战老战士按照每人5 000元标准发放一次性生活补助金；纪念红军长征胜利80周年时，为每位红军老战士颁发了纪念章，国家按照每人1万元标准为红军老战士发放了一次性生活补助金。

⮕ **在烈士精神弘扬方面，国家出台了哪些政策法规？**

英雄烈士的事迹和精神，是中华民族共同的历史记忆和宝贵的精神财富。自2018年5月1日起，《英雄烈士保护法》施行，保护英雄烈士的法律体系日益完善。此外，我国还先后制定出台了《烈士褒扬条例》《军人抚恤优待条例》《关于进一步加强烈士纪念工作的意见》《烈士安葬办法》《烈士纪念设施保护管理办法》《烈士公祭办法》等一系列法规政策，形成了较为完善的烈士褒扬制度体系，为做好烈士及烈属工作提供了可靠的法治保障，逐步推动形成崇尚英雄、缅怀英烈、关爱烈属的良好社会风尚。

任务二　掌握社区优抚服务的工作方法

任务描述

社区在开展优抚工作时，要以真情对待和了解优抚对象，并结合优抚对象的特点及多元化需求提供有针对性的服务。因此，社区工作者在提供优抚服务时，必须构建起社区优抚服务网络，掌握相应的工作方法，提升服务质量。

案例导入

优抚对象、革命伤残军人秦老伯，没有住在养老院等专业机构。随着年龄越来越大，秦老伯经常患病，而且有严重的关节炎，特别是近几年，他的病情逐渐加重，行动非常困难。家中又无其他亲人，要想上医院看病是难上加难；加之其房屋常年失修，多雨季节漏水情况严重，经常是"屋外下大雨，家里下小雨"，导致秦老伯关节常年疼痛难忍。然而，秦老伯不想给社区干部增加麻烦，一直没有就自己的困难提出任何要求，硬是凭着自己坚韧的毅力，独自在恶劣的环境中艰难地生活，直到入户走访的社区工作者发现了秦老伯的实际困难。

案例思考

1. 谈谈本案例中的社区工作者可以从哪些方面帮助秦老伯。
2. 谈谈可以采用哪些方法为秦老伯提供服务。

知识链接

一、构建社区优抚网络

在社区，社区服务机构可以通过不同渠道建立在各自能力范围内发挥作用的优抚服务组织，形成纵横交叉的社区优抚服务网络，以发挥整体功能。目前，全国大多数的县市区均建立了群众性优抚服务组织。通过社区调查，将社区内的优抚对象进行分类登记，并根据不同优抚对象的特点及需求提供精细化的服务。总的来看，社区优抚服务网络一般分为四个层次，分别是包户服务、本位服务、联合服务和军民双向服务。

1. 包户服务

包户服务是指对生活不能自理的优抚对象采取包干的方法实行重点服务。包户服务的具体对象是孤老烈士军属、伤残军人等。包户服务的组织形式是由居委会和驻地单位的干部、工人、学生等组成包户组。包户服务包揽包户对象从吃到穿、从养老到送终的全部生活问题。为了保障包户对象的生活，街道一般与包户单位签订协议，并建立检查制度加以保证，实行定服务对象、定服务人员、定服务内容、定服务时间的"四定"一条龙服务。

2. 本位服务

本位服务是指社区内各企事业单位在街道或街道优抚服务组织的协调和指导下，各自建立优抚服务组织，着重为本单位的优抚对象服务。本位服务的组织形式众多，如江苏省南通市的"军人家庭服务中心"，山西省在开展"为军人安心服役"活动中建立的"优抚服务小组"，杭州市的"拥军优属'四定'服务领导小组"等。本位服务的各种组织形式是在本单位党组织领导下的群众性优抚服务组织，一般由一名党组织领导成员，人武部、工会、共青团及财务、劳动人事、行政等部门的人员组成。它的任务是"做好军属的思想工作；在同等条件下优先为军属家庭安排住房；给确有困难的军人妻子调换工作、班次，并适当安排休假、探亲；为军人家庭提供义务医疗护理；保证军人子女按时入学、入托；分担军人妻子的重体力家务劳动；为军属提供致富信息、技术和可能的资金；帮助调解纠纷，保护军人家庭的合法权益；丰富、充实军人家庭的精神文化生活等。"

本位服务作为社区优抚服务的横向发展，把属于行业垂直领导的各企事业单位这根"条条"与社区这个"块块"结合起来，大大扩展了服务面，增强了服务的力量，更体现了优抚服务的社会性和群众性。

3. 联合服务

联合服务是指社区统一组织社会力量，联合为社区内的全体优抚对象服务，发挥社会团体和基层组织在拥军优属中的积极作用。通过社区服务、志愿者服务等多种形式为优抚对象提供帮助，形成人人关心优抚对象的良好社会氛围，体现社会和群众对优抚对象的特殊关怀和照顾。参加联合服务的主体是社区各企事业单位，特别是商业、服务行业的菜市场、副食品店、肉店、粮店、药店、医院、服装店等，包括国营、集体单位和个体户。联合服务的内容主要是优惠供给紧俏和廉价商品，或提供免费服务。如供应各种肉食蔬菜、免费理发、诊治疾病等。具体来说，联合服务的形式大体有以下三种：

（1）集中服务。一般每逢春节、建军节、国庆节或社区商议确定的每月、每季的某一日举行。集中服务的特点是大型，服务地点一般设在社区中心或繁华地段，并悬挂醒目横幅。优抚对象凭街道办事处发的优惠券享受优惠供应和免费服务。集中服务既可使优抚对象得到各种实惠，又营造了拥军优属的氛围，有利于提高优抚对象的社会地位。

（2）分散服务。一般在平时或集中服务的同时进行。分散服务的特点是小型、灵活、上门，由一定或几家单位，为行动不便或居住集中的优抚对象送货上门、服务上门，如上门送粮、送菜，接送孤老烈军属洗澡、理发，上门打扫卫生等。

（3）中心服务。建立社区烈军属服务中心，凡优抚对象生活中需要解决的困难，经服务中心介绍，到社区设立的各生活服务点享受优先、无偿或低偿服务。中心服务的主要特点是长期性，它随着社区服务的存在而存在，随着社区服务的发展而发展。

4. 军民双向服务

军民双向服务是指军民双方在互助基础上的，以社会主义精神文明为核心内容的互为服务，包括军民共建和军民共育两种形式。

（1）军民共建是军民共建社会主义精神文明活动的简称。从1984年全国拥军优属、拥政爱民大会以后，逐步发展为广泛、持久的群众性活动。军民共建以部队一个机关或团、营、连为一方，社区以街道办事处或居委会为一方，结成对子开展活动。军民共建以地方为主，部队积极协助。部队从多方面为地方服务，包括协助搞好思想文化建设、开展普法教育、搞好社区环境建设，协助街道、居委会为群众排忧解难，支援社区经济建设等。街道办事处或居委会也从各方面扶持部队，如发动干部、群众到驻地和医院慰问、演出，到连队为战士洗缝军衣、修理军鞋等。军民共建促进了地方文明街道、文明居民区和部队的精神文明建设。

（2）军民共育是指军民双方共同培育军地两用人才。所谓军地两用人才，是指战士经过军事、政治、文化和民用技能等方面的培训，成为具备保卫祖国和生产建设两套本领，军队和地方都能用得上的人。军民共育活动以部队为主，地方积极协调，如社区积极牵头与院校和科研单位挂钩，从资金、场地、设备、师资、技术、信息、书籍等多方面帮助部队办学、培训。

优抚工作的开展极其需要群众的支持，真正代表了优抚对象乃至人民群众的利益。慰问、抚恤等拥军优属活动需要人民群众的广泛参与，国家的国防与军队建设更是需要人民群众的积极响应与物质供给，也需要人民群众从戎卫国的爱国主义情怀的精神支持。新中国成立至今，在人民群众积极响应下顺利开展的优抚工作，证明了群众支持是优抚工作可以顺利开展的重要保障，革命战争年代如此，和平建设时期更是如此。经过长期的探索，优抚工作以国家组织、社会优抚机构参与和人民群众积极响应三种主要形式展开，而具体工作的开展还是要靠社会优抚机构的带头支持和人民群众的拥护响应。

二、运用社会工作方法为优抚对象提供服务

（一）社会工作介入社区优抚服务的背景

长期以来，我国的优抚工作一直以政府为单一主体开展管理和服务，但是，随着社会转型和社会主义市场经济的发展，优抚对象的需求日益多样化，当前的优抚工作面临严峻的挑战，其中涉及的医疗保障问题、养老护理问题、社会适应问题和政策沟通问题日益突出。为应对优抚工作的挑战，政府开始积极引导社会力量参与优抚工作，建立政府主导，多方参与的优抚工作格局。

为提升优抚工作的质量，国家相关部门倡导将社会工作专业人才引入优抚服务领域，并且出台了大量促进社会工作专业人才队伍建设的政策。2006年，中共十六届六中全会提出了"建设宏大的社会工作人才队伍"的战略部署；2007年12月颁布的《民政部关于开展社会工作人才队伍建设试点工作的通知》指出，要在优抚安置、社会福利、残疾康复、社会救助和社会公益类民间组织等领域进行试点，试点工作的开展为中央相关职能部门制定和完善社会工作人才队伍建设政策法规提供了现实依据，为民政系统和民政范围内广泛推进社会工作人才队伍建设创造了条件；2011年，国家出台了《社会工作专业人才队伍建设中长期规划（2011—2020年）》与《关于加强社会工作专业人才队伍建设的意见》，皆强调加强社会工作人才队伍建设，这也为优抚安置社会工作的发展奠定了人才队伍基础；2016年，国家颁布的《关于加强社会工作专业岗位开发与人才激励保障的意见》明确指出，要开发优抚安置服务保障等社会工作专业岗位，将社会工作专业岗位纳入专业技术岗位管理范围。

由此可见，国家为社会工作介入优抚安置领域创造了良好的政策氛围，并着手将社会工作方法引入社区优抚工作之中，积极探索社会工作介入社区优抚服务的策略。例如，上海从2014年起，每年投入约1 500万元的公益福彩金引入社会力量开展优抚工作，并于2016年出台了《上海市民政局关于全面推进"关爱功臣活动"的指导意见》。上海80%的区县已明确政府购买优抚工作相关服务的具体事项和标的，明确了六大基础工作（包括日常联络关怀、节日慰问、政策宣传、特殊对象走访慰问、立功受奖关心激励以及召开座谈会）和六大拓展项目（包括医疗服务、生活服务、助老服务、开展庆生祝寿活动、组织集中参观活动和英烈宣讲活动），形成了政府购买服务的流程，建立了竞争性政府购买机制和监测机制。2015年，浙江省出台了《浙江省民政厅关于引导社会力量参与优抚服务促进优抚工作体制创新的意见》，明确了引导社会力量参与优抚服务，促进优抚工作体制创新，形成了购买社会力量服务模式、基层服务网络模式和志愿服务模式，为在生产、生活、学习中有实际困难的优抚对象提供力所能及的服务，如为有需要的退役军人提供就业创业信息，为优抚对象提供精神抚慰和社工专业指导，为优抚对象提供法律维权服务，开展有益于国防教育和拥军的活动，以及其他与拥军优抚安置工作有关的公益资助项目等。

此外，社会工作介入社区优抚服务也是实现优抚工作方式与手段多样化的需要。社区优抚对象的实际情况千差万别，需求日益多样化，而我国传统意义上的优抚工作更多体现的

是根据政策采取统一的工作标准或模式,为优抚对象提供更多物质上的支持,而对他们的情感支持需求以及个性差异并没有给予过多的关注。这样的工作方式已无法满足优抚对象当前的需求。相反,社会工作不仅关注服务对象物质层面的需求、落实政府相关部门物质支持的政策,同时更注重服务对象的精神需求与个体差异性,且采用多样化的专业方法(个案工作、小组工作以及社区工作等方法)为有需要的服务对象提供专业的精神支持、心理疏导等服务,弥补了传统优抚工作在方法上的不足,更好地满足了优抚对象的个性化需求。

社会工作介入社区
优抚服务的策略

(二)社会工作介入社区优抚服务的策略

1. 在社会政策层面,社会工作者主要扮演政策倡导者的角色

(1)倡导多元主体参与社区优抚工作,丰富福利提供主体的多元性,保障政策落实的效果,完善优抚对象的正式社会支持网络。

(2)打造多元化政策宣传平台。比如,通过建立微信公众号、QQ群、微信群等信息分享平台或采用社区走访服务等方式,提升社区内优抚对象对政策的知晓率。

(3)建立完善的政策支持体系。在政策总体设计上,倡导相关部门建立一套详细具体的优抚政策体系,比如,完善生活保障、医疗保障、住房保障、就业创业以及精神慰藉等方面的相关优抚优待政策,以期增强优抚对象在政策方面的正式的社会支持网络。

(4)倡导建立健全政策执行的监督体系。比如,可在市、县、镇、村四级优抚服务中心设立专门的服务监督部门,形成层层监督的体系,并利用微信公众号或市长信箱等渠道,让优抚对象可以通过这些方便、快捷的渠道反映监督的情况。同时,为基层工作人员设定政策执行效果的评估指标,将优抚对象的满意度纳入评估体系之内。最后,引入第三方评估,保证评估的公正性与客观性。

(5)加大财政支持力度,拓宽筹资渠道。大多数优抚对象在医疗方面的费用支出所占比例较大,医疗保障水平偏低。因此,相关部门应加大财政支持力度,让优抚对象看得起病,保障好该群体的生活。同时,由于财政经费有限,因此需拓宽优抚资金的筹资渠道,应该与企业、金融机构合作,吸纳社会力量,吸收社会物资,拓宽优抚保障金的筹集渠道。

(6)加强对基层工作人员的培训。优抚服务中心工作人员的素质参差不齐,这在很大程度上影响了政策的执行效果。相关部门应将社会工作服务的理念普及到基层优抚服务中心,为基层相关工作人员开设社会工作理念的相关培训,积极引导其形成尊重人的价值与尊严、寻求社会正义、助人自助的社会工作价值观,并付诸实践,提升基层服务质量,进而提高优抚对象对服务的满意度。

(7)简化优待申请的程序。倡导相关部门缩短优抚对象申请各类优待的审批时间,为优抚对象提供及时的服务,尤其当服务对象遇到需要生活救助或医疗救助等较为紧急的事件时,应为相关群体开设专门的绿色通道,以解其燃眉之急。

2. 在社区工作层面，社会工作者主要扮演服务提供者、支持者及资源整合者的角色

（1）构建正式的社会支持网络。正式的社会支持网络主要包括社区居委会、优抚对象服务中心、社区卫生站或医院等。例如，针对有就业需求的退伍军人，社会工作者可通过整合民间组织资源——退役士兵就业创业协会，为有就业需求的退伍军人提供就业创业的信息与机会；针对有护理需求的重度残疾退伍军人，可通过整合当地的医疗卫生资源，提供义诊或者义务护理服务。此外，社会工作者作为政府部门与服务对象之间的桥梁，可加强与相关部门的联系，为退伍军人服务争取更多的服务经费；与居委会或复退军人服务中心联合开展服务，让退伍军人引起相关部门的重视，以加强其正式社会支持网络。

（2）构建非正式社会支持网络。优抚对象的非正式社会支持网络一般包括亲人、邻里、朋辈、社区环境及志愿者资源。例如，社会工作者可在节假日期间，组织所在社区的复退军人及部分居民在复退军人之家通过包饺子等活动，促进复退军人与社区其他居民之间的联系与融合，增进彼此之间的情感，让服务对象感受到集体生活的乐趣，丰富他们的生活，以加强优抚对象邻里与社区的支持。此外，可通过链接志愿者资源，为家庭困难的优抚对象进行一对一的帮扶，增强其社区层面的社会支持网络。

（3）构建多方联动的服务体系。社会工作者需积极与当地各种资源交流与合作，建立合作关系，以推动多方联动服务体系建设。以市、县（市）区、镇（街）、村（社区）四级专职服务平台为纽带，组成城乡社区服务机构、社会组织和热心人士等社会力量多方联动的服务体系。一方面要充分整合现有的平台，与所在服务区域的复退军人服务中心工作人员建立合作关系；另一方面，应加强与当地居委会的交流与合作。居委会作为基层自治组织，负责落实优抚对象的部分事宜。社会工作者要熟悉优抚安置工作中涉及的相关程序，与居委会的相关负责人建立良好的关系，以便日后在开展服务的过程中获得居委会在物质或经费等方面的支持。此外，要加强与当地城乡社区服务机构、社会组织的合作与交流，丰富优抚对象的福利提供体系。

3. 在微观社会工作层面，社会工作者主要采用个案工作方法和小组工作方法

（1）采用个案工作方法。主要包括个案管理、问题解决模式及缅怀往事疗法。

1）个案管理。社会工作者首先可通过入户探访的形式，协助相关部门完善优抚对象的信息档案（包括服务对象的个人基本情况、家庭生活情况、医疗情况、住房情况、子女教育情况以及就业创业等信息）；其次，对不同年龄阶段、不同服役年限以及面临不同问题及需求的服务对象进行分类管理、分类建档，匹配其需求，以便后续开展服务。例如，为有就业需求的中青年退伍军人提供就业服务信息，为有维权需求的退伍军人提供相应的服务。最后，社会工作者通过完善优抚对象的信息数据库，并根据群体的需求进行分类，采取有针对性的个案服务。

2）问题解决模式。针对合法权益未得到保障的服务对象，社会工作者要协助其分析问题存在的原因、协助服务对象探讨解决问题的策略。针对有康复需求的服务对象，社会工作者则需要整合相关部门的医疗资源，引入康复师协助其在社区康复，并为该类群体建立康复档案；针对有就业需求的服务对象，采用优势视角，协助其挖掘自身的潜在能力，整合社会资源，与相关部门合作为其提供就业信息，促进其成功就业。

3）缅怀往事疗法。随着年龄的增长，人们对过去和未来的看法有所改变，许多老年人感到要探索和寻找自己一生的意义。社会工作者可以适当引导老年优抚对象进行往事回顾，使其能有机会弥补自己的缺憾，完成未了的心愿。鉴于大多数职能部门提供的优抚工作重物质支持，轻精神支持，使很多有精神抚慰需求的优抚对象长期未得到相关部门的关注。因此，针对有精神慰藉需求的优抚对象，社会工作者可采用缅怀往事的方法，引导服务对象回忆过往成功的事件，为其提供精神辅导与支持，以增强其对生活的信心。

（2）采用小组工作方法。小组工作的服务方法适用于具有较强同质性的服务对象，主要特点之一是协助小组成员形成一个互助体系。也就是说，帮助的力量来自小组中的个人或小组成员的力量。因此，小组工作者的主要任务是协助小组成员达到并创造一个能够互助的团体，增强群体内的社会支持网络。以有再就业需求的退伍军人为例，社会工作者可采用的小组工作策略包括以下两点。

1）构建优抚对象群体的内部非正式社会支持网络。在经费以及人手有限的情况下，可以充分发挥各个镇、村优抚服务中心的功能，建立优抚对象自治组织，形成优抚对象群体内部的社会支持网络。社会工作者需挖掘优抚对象中具有领袖魅力的个体，引导其建立镇或村之间的优抚对象互助组织，促进镇、村之间的优抚对象互助，增强个体间的社会支持体系，利用组织的力量实现信息的流通，丰富他们的信息来源，充分宣传优抚对象的相关政策，提升他们对相关政策的知晓率。除此之外，为有就业需求的优抚对象提供更多的就业信息。社会工作者还可以挖掘就业创业比较成功的退伍军人，向有就业需求的优抚对象分享就业创业的经验，并提供就业创业方面的信息，为优抚对象搭建群体内部的支持网络，促进失业退伍军人再就业。

2）采用小组工作方法，协助部分退伍军人转变非理性的就业创业观念。社会工作者可将此类退伍军人招募在一起，为其宣传就业创业的相关政策信息。同时，采用理性情绪疗法转变该群体的非理性就业创业观念，提升其对当前相关政策的认识，并引导其自主就业创业。理性情绪治疗理论认为，引起人们情绪困扰的并不是外界发生的事件，而是人们对外界事件的看法、态度等认知内容。部分退伍军人在退伍后产生的各种消极心理，大多是由其对外界不合理的认知和评价引起的。例如，有的中青年退伍军人一想到退伍后将会面临巨大的挑战和各种不确定的因素，就极易产生失落、焦虑、恐惧等心理问题，如果不能及时解决，就会给日后的工作、学习和生活带来不良影响。

此外，针对存在社会适应困难且退伍时间较短的中青年退伍军人，社会工作者可以开展成长类小组，为该群体提供社会适应技能的训练，以提升其退伍后的社会适应能力。例如：首先，通过组建"小军营"让服务对象找到熟悉的军旅感觉；其次，引导服务对象自我探索，挖掘服务对象的优势，以增强服务对象的自我效能感；然后，与服务对象分享社会适应的技能，通过小组成员之间的互动交流，充分发挥小组动力的作用，让小组成员在小组内获得同辈群体的支持，引导服务对象分享应对社会适应障碍的技巧，提升服务对象的社会适应能力。

典型案例

退役军人事务部开启2021年度部分优抚对象短期疗养活动

2021年5月，来自全国各地的100余名优抚对象抵达浙江嘉兴，在浙江省荣军医院开始为期10天的疗养，标志着退役军人事务部2021年度部分优抚对象短期疗养活动正式启动。

2021年是中国共产党成立100周年，为彰显革命功臣的突出贡献，体现党和国家的关心关爱，营造全社会崇军拥军的良好氛围，退役军人事务部延续往年惯例，继续组织开展优抚对象集中疗养活动。参加今年疗养活动的有烈士遗属、荣立二等功以上功勋的退役军人、最美退役军人、全国爱国拥军模范等部分优抚对象。

一、医疗服务细致暖心

浙江省荣军医院为参加疗养的优抚对象提供了全面细致的特色医疗服务。一是进行全面体检并建立健康档案，面对面做统一细致的体检反馈与建议。二是开展康复治疗，根据每位优抚对象的需求提供颈椎、腰椎等部位的推拿，使用专业康复仪器进行理疗，使大家放松身心。三是同做养心操，连续组织优抚对象到风景秀丽的公园集体练习医院专业人员自创的养心操，一起进行心脏康复性锻炼，保护心脏，守护健康。

二、红色文化激荡人心

浙江省荣军医院精心安排了一系列红色主题活动，赴嘉兴南湖，瞻仰中共"一大"会址和红船，重温历久弥新的"红船精神"，实地感悟共产党人的初心使命；赴浙江省革命烈士纪念馆敬献花篮，共同悼念革命英雄，参观展览，重温革命先烈为民族独立、国家富强、人民幸福而英勇斗争的光辉历程。参观马家浜文化博物馆、嘉桐工委联络处旧址、G20峰会会场等，充分感受江南水乡的特色和祖国的强大繁荣。

三、优抚对象满意舒心

在开班仪式上，来自黑龙江的伤残军人周宏峰专门作诗一首："百年华诞聚南湖，党和政府敬老兵。战士荣耀享疗养，感谢人民感谢党。"

"时代楷模"拉齐尼·巴依卡的父亲，老护边员巴依卡·凯力迪别克说："浙江嘉兴风光秀丽、气候宜人，每天的活动内容丰富，大家的关怀照顾就像在家里一样，让我觉得特别幸福。"

在2020年6月加勒万河谷冲突事件中壮烈牺牲的一等功臣陈祥榕烈士的母亲和姐姐，在看到南湖红船时内心非常激动。姐姐陈巧钗表示，这是她第一次来嘉兴，一定要带着妈妈好好看一看弟弟用生命捍卫的祖国的大好河山，认真品味"清澈的爱，只为中国"。

参加疗养的优抚对象纷纷表示：要永远听党话、跟党走，带头增强"四个意识"，坚定"四个自信"，做到"两个维护"，在传承红色基因、传播红色文化方面做出自己的贡献。

据悉，本年度疗养共安排四期，每期100人。第一、二期疗养地点为浙江省荣军医院，第三、四期疗养地点为安徽省滁州市光荣院。

拓展阅读

如何运用社会工作专业方法为优抚对象提供专业服务

（1）翔实登记个人信息，使档案管理更加精细。为了做好预估和计划工作，建立档案和存放档案工作是非常重要的。接案中要对优抚对象的基本情况登记详细，建立档案。制作一份详细的信息登记表，除个人基本信息外，表中还要包含住房面积（是否为危房），家庭人口数量（18岁以下人数，60岁以上人数，和优抚对象在一起长期居住生活的人数），是否享受低保、是否享受五保、是否有退休金、参加医疗保险的方式、近亲属的一些基本情况，按照生活难、医疗难、住房难分类管理，确保一人一档，便于后期工作的开展。

（2）熟悉各项优抚政策，使介入服务更加专业。社会工作者在优抚工作领域中必须要熟悉各项优抚政策。有的优抚对象年龄偏大，对资金发放标准不清楚，需要社会工作者熟悉每年政策规定的补助标准，解释优抚资金发放情况；有的优抚对象居住在危房里，需要社会工作者熟悉针对优抚对象的住房政策，帮助他们申请危房改造资金补贴，并链接其他资源，多方协同，为优抚对象解决危房改造问题；有的优抚对象常年住院、吃药，家庭经济负担沉重，这就需要我们了解与优抚对象相关的医疗补助政策，并按照相关政策协助他们申请优抚医疗补助、大病救助等待遇。

有的优抚对象因为自己的优抚待遇问题常年到政府部门信访诉求，这也是优抚工作领域令政府部门工作人员需要解决的一个问题。社会工作者在熟悉优抚和信访政策的前提下，可以为优抚对象提供个案服务。社会工作者可以采用专注、倾听、摘要等方法与优抚对象就信访诉求进行会谈；在介入过程中，针对优抚对象的问题扮演好使能者、支持者、倡导者、资源获取者的角色，帮助他们解决实际问题；对于在光荣院、精神病院长期居住且有自杀倾向的优抚对象，社会工作者要进行危机介入，提供心理疏导，并整合护工陪护、志愿者服务等方法，构建这类优抚对象当下生命的意义，确保其生命安全。总之，要做好优抚领域的工作，只有不断加强专业学习，把社会工作专业方法与优抚领域的政策法规有机结合，才能更好地为优抚对象提供专业服务。

（3）定期慰问优抚对象，使结案工作更加巩固。广大优抚对象在服役期间，为祖国的国防建设奉献了自己的青春年华，有的甚至是生命。优抚对象的军队情结深，更加注重感情。社会工作者在开展专业服务过程中要特别注重融入"人文关怀"，例如，可以在每年的"七一"

建党日、"八一"建军节、中秋节、烈士纪念日、元旦、春节走访和慰问优抚对象，并结合优抚对象的实际情况，为他们送去慰问品和特需物品，让他们感受到党和政府及社会的关怀。此外，社会工作者在结案后，应根据优抚对象的实际情况定期回访。

任务三 组织与开展社区优抚服务活动

任务描述

开展社区优抚活动，既能帮助优抚对象解决实际的困难，又能调动其参与社会生活的积极性。因此，社区工作者必须学会结合社区的实际情况，熟练运用社区优抚服务的工作方法，组织开展各项优抚服务活动。

案例导入

为进一步继承和发扬拥军优属的优良传统，营造关爱优抚对象的良好社会氛围，在"八一"建军节来临之际，岩下社区为社区优抚对象送去了关爱和祝福。岩下社区共有129名优抚对象，包括在乡参战参试退役人员37名、在乡参战退役人员29名、60周岁以上农村籍退伍老兵27名、企业退休参战退役人员9名、伤残军人9名、在乡带病退伍军人6名、在乡老复员军人6名、老烈士子女4名、因公牺牲遗属2名。

岩下社区的退伍老兵年龄均在60岁以上，具有两个方面的明显特征：一是身体健康问题，大多数老兵都患有慢性疾病，随着年龄的增长，生活自理能力逐渐下降，加之生活水平较低，一些年龄较大的老兵面临日常生活无人照顾的困境；二是心理落差问题，从为国参战到如今退休在家，老兵们感到生活十分乏味，加上子女成家组建了新的家庭，孤独情绪更是无人倾诉。社区除了在特殊节日送上慰问品和问候，日常很少开展专门针对老兵的活动，导致老兵的人际交往以及文化娱乐需求得不到满足。

案例思考

作为一名社区工作者，请结合该社区优抚对象的现实处境，组织和开展一次社区优抚服务活动。

知识链接

一项好的社区优抚活动要么能够切实解决优抚对象遇到的实际困难，满足其需求；要么能够通过活动让更多的居民了解和关注社区优抚，让更多的人参与优抚服务，营造拥军优属的社会风尚。

一、社区优抚活动方案设计的要素

社区优抚服务活动的顺利开展有赖于前期活动方案的精心设计。一般而言，一份完整的活动方案主要包括：活动名称、活动目的、活动参与对象、活动时间、活动地点、活动内容（含活动流程、每个环节及其负责人）、所需物资、经费预算、风险分析及应对策略、活动评估。

二、社区优抚活动方案设计的流程

（1）根据本社区优抚对象的构成情况，掌握优抚对象的需求情况。有关情况可以从本社区的优抚组织、居委会、优抚对象亲属、社区单位内的工会退休工作小组等加以了解，也可以参考以往的调查统计资料和相关社区活动资料。

（2）初步进行活动方案设计。社区工作者在充分掌握优抚对象的特点及需求之后，经过综合分析，结合本社区现有的设施及其他资源，拟出优抚活动的初步设计，包括活动内容、活动形式、活动所需物资、人员组织和培训、具体实施步骤、意外事故预防措施及注意事项等。

（3）把初步设计出来的活动方案向社区优抚对象代表、有关机构工作人员、有关专家以及社区其他居民做通气说明并进行咨询，了解各方面的意见和建议，预测将会遇到的困难和矛盾，最后对初步设计再进行修改，以使活动方案更具合理性、可操作性和有效性。

三、开展社区优抚服务活动的技巧

社区工作者在开展优抚活动时，应针对服务对象的特征，妥善运用社区资源策划、社区倡导等社会工作实务的手法，整合在服务活动中要使用到的各种设施资源、人力资源、物力资源和财力资源，连同相关社区服务组织、有关机构及其工作人员，根据活动实施计划和步骤，组织和开展优抚服务活动。

（1）以优抚对象为中心，充分了解服务对象的特点和需求，以解决优抚对象的实际需求为出发点，策划和开展优抚活动。工作者可以通过问卷调查、入户走访的形式，对服务对象的年龄、身体状况等基本信息进行考察，切实解决服务对象在生活、就医、就业、娱乐或是获得陪伴方面的困难，尽量满足其个性化需求。

（2）注重服务对象的权利，通过活动的开展，能够让优抚对象的自我价值得到体现，自我评价得到提高，自我效能感得到增强。例如，社区工作者在采用小组工作方法提供优抚服务的过程中，应鼓励组员根据自身情况积极地参与到活动中来，通过劝说、讨论等方式引导组员积极地讨论，表达自己对活动的看法，并就组员的分享给予及时的正向评价，以使服务对象看到自身的价值和潜能。

（3）调动一切可以利用的资源，联系相关部门，争取更多的政策支持，充分发动社区志愿者或义工组织，一起参与到活动中来。例如，有的优抚对象因是独居老人，日常生活中孤独无助，表达了自己希望有志愿者定期入户陪伴的诉求。社区工作者可以为这类独居老人发动社区的资源与人力，以社区内的青少年学生为主，建立起志愿者团队，搭建起长期的一对一志愿者上门帮扶服务，定期上门走访。

典型案例

"老兵在路上"社区优抚活动方案

1. 活动名称："老兵在路上"社区优抚活动。
2. 活动目的：丰富社区内优抚老兵的娱乐生活，使其在外出活动中缅怀自己的峥嵘岁月，重拾对过往的追忆与认同，提升优抚老兵在今后生活中的自我价值感和自信心。
3. 活动参与对象：社区内行动能自理的优抚老兵。
4. 活动时间：2021年4月5日上午8:00—12:00。
5. 活动地点：歌乐山烈士陵园。
6. 所需物资：签到表、笔、饮用水、备用药物、相机、祭奠鲜花、雨伞等。
7. 活动程序。

时间	活动内容	负责人
2021年3月31日	发出活动通知，组织老兵报名参加活动	宣传负责人
2021年4月4日	联系烈士陵园负责人；准备车辆、祭奠鲜花等物品	后勤负责人
2021年4月5日8—9点	有序组织老兵上车；清点饮用水、雨伞等物品	后勤负责人
2021年4月5日9—10点	组织祭扫活动	活动策划人
2021年4月5日10—11点	区域自由参观和听取讲解	宣传负责人
2021年4月5日11—12点	组织老兵返程	后勤负责人
2021年4月5日11—12点	在返程途中进行访谈评估	活动策划人

8. 经费预算（略）。
9. 风险分析及应对策略：

（1）清明时节易下雨，可能对出行不利。如果下大雨，则通知老兵活动改日举行；如果下小雨，则准备雨伞和雨衣，按原计划活动。

（2）老兵年老体弱，在活动过程中可能出现身体不适。社区工作者可邀请一名社区医生带着急救用品随车前往，以备不时之需。

10. 活动总结及评估。活动结束时，社区工作者可采用访谈的形式邀请大家在返程途中分享参观的感受，评价活动的意义、成功之处与不足之处，以了解服务对象对本次活动的满意度，供下次活动借鉴。

拓展阅读

上海试点"退役军人事务顾问"制度，首家顾问点挂牌

"八一"建军节到来之际，社区"退役军人事务顾问"制度在上海启动。2018年8月1日，首家顾问点在杨浦区延吉新村街道社区事务受理服务中心挂牌。市委常委、市委政法委书记陈寅为首批社区"退役军人事务顾问"颁发了证书。

由市民政局、市双拥办组织实施的社区"退役军人事务顾问"制度，将立足本市双拥优抚工作平台，依托"关爱功臣"项目，充分调动各类涉军政策资源、社区公共资源和社会组织社工志愿者服务资源，为退役军人和优抚对象提供退役军人事务咨询、服务资源介绍等便利服务。

按照"有固定场所、有人员安排、有机制保障、有统一形象"的总体要求，在试点期间，每个区将至少在两个社区事务受理服务中心设置顾问点，社区"退役军人事务顾问"将在社工、志愿者协助下，每周至少利用三个半天，定期接待退役军人和优抚对象。在试点的基础上，社区"退役军人事务顾问"制度将尽快在全市推行，顾问点将设在全市各街镇的社区事务受理服务中心和约300个"双拥优抚之家"。

市民政局、市双拥办表示，社区"退役军人事务顾问"制度的推出，不仅是退役军人、优抚对象服务平台的进一步拓展，更是党和政府与广大退役军人、优抚对象在社区第一线的"连心桥"。通过个性化、精细化服务，将为他们提供就在身边的关心和帮助，彻底解决服务供给与需求脱节的问题，进一步畅通为民服务的"最后一公里"。

课后作业

一、不定项选择题

1. 根据《军人抚恤优待条例》规定，享受优待的对象不包括（　　　）。
   A. 现役军人及其家属　　　　　　B. 烈士遗属
   C. 退伍军人　　　　　　　　　　D. 退役军人家属

2. 军人抚恤主要包括（　　　）。
   A. 死亡抚恤　　B. 失业抚恤　　C. 伤残抚恤　　D. 医疗抚恤

3. 社区优抚服务网络一般包括哪些层次（　　　）。
   A. 包户服务　　B. 本位服务　　C. 联合服务　　D. 军民双向服务

4. 优抚对象的非正式社会支持网络包括（　　　）。
   A. 亲人　　　　　　　　　　　　B. 邻里
   C. 社区志愿者　　　　　　　　　D. 优抚对象服务中心

5. 部分复员退伍军人在新的工作岗位上感到社会再适应的压力，存在焦虑、愤怒、抑

郁等情绪。针对这种情况，社会工作者首先应为他们提供的服务是（　　）。

  A. 联系相关部门，协商安置措施　　B. 整合社会资源，开发就业岗位

  C. 搭建信息平台，开展就业指导　　D. 进行心理辅导，协助适应社会

6. 开展社区优抚服务活动的技巧包括（　　）。

  A. 满足优抚对象的所有愿望　　B. 充分了解优抚对象的特点和需求

  C. 注重优抚对象的权利　　D. 联系相关部门，争取政策支持

二、简答题

1. 简述社区优抚服务的含义。
2. 简述优抚对象的特点和需要。
3. 简述社区优抚服务的内容。
4. 简述社区优抚服务的方法。

三、实训题

任务描述：将学生分成小组，以小组为单位，选择某社区，对该社区的优抚对象进行调研（包括优抚对象的规模、结构、特点及需求），并采用社会工作的方法提供服务。

任务引导：

1. 通过与该社区的居委会建立联系，了解该社区优抚对象的内部结构、具体特点以及内在需求。

2. 以调研报告为依据，设计一份针对该社区优抚对象的服务方案，方案应详细具体，具有可操作性。

3. 实施服务方案，组织开展具体的优抚服务活动，包括活动前期的准备、活动的实施以及活动后的评估。

项目十　开展社区流动人口服务

项目概述

本项目通过阐述社区流动人口以及社区流动人口服务的内涵，分析我国社区流动人口的特点和需求，探索社区流动人口服务的方法，以使学生能够结合社区实际情况组织开展社区流动人口服务，解决目前社区流动人口服务工作中所面临的困境，回应社区流动人口的基本诉求，服务社区流动人口，促进社会融合。

学习目标

知识目标：了解社区流动人口的含义、特点及需要；明确社区流动人口服务的含义和目标；掌握社区流动人口服务的内容。

能力目标：具备社区流动人口服务的基本方法和技能；能够设计与实施社区流动人口服务项目；能够针对社区流动人口的不同特点采取不同的服务方式，满足其个性化需求。

任务一　探讨社区流动人口服务的内容

任务描述

作为一名社区工作者，为了更好地服务社区流动人口，必须明确社区流动人口以及社区流动人口服务的含义，掌握新时代下我国流动人口的特点和需求。

案例导入

小丽，女，15岁，在社区的一所民办中学读九年级，即将面临升学。其父母在广州打工已经10年了，小丽从5岁开始随父母来到广州读书，一家三口蜗居在不足10平方米的房间里，生活十分拮据。小丽同许多在广州读书、生活的外来户籍青少年一样，因为户籍限制、政策规定、学校师资以及个人学习成绩等原因，不能升读广州的高中，只能就读职业学校。但是，小丽不知道自己该就读哪个职业学校以及选择哪个专业，因此感到困惑与焦虑。社区工作者在小丽所在的社区开展流动人口服务项目，小丽向社工倾诉了心中的担忧和烦恼。

案例思考
1. 结合案例,谈谈你对流动人口的理解。
2. 社区工作者可以从哪些方面为流动人口提供服务?

知识链接

一、社区流动人口服务的含义

流动人口是指跨越一定地域,不改变常住户口(外籍人士不改变定居地)的各类移动人口群体。在我国现代化发展过程中,城乡人口的迁移是最显著的人口流动特征。但在社区流动人口中,主要是指非常住人口,包括寄居人口、暂住人口、旅客登记人口和在途人口等。据 2021 年 5 月国家统计局发布的第七次全国人口普查数据显示,我国流动人口将近 3.76 亿人,与 2010 年相比,流动人口增长 69.73%。我国经济社会持续发展为人口的迁移流动创造了条件,人口流动趋势更加明显,流动人口规模将进一步扩大。

社区流动人口服务是指以流动人口为服务对象的社区服务,即针对在社区范围内流动人口的生活现状、心理状态、家庭背景以及文化特点等实际情况,通过个别或集体辅导的方式,调动可利用的资源,促使流动人口的生活处境得以改善,能够融入新社区,同时促进整个社区的发展。为了更充分地体现社区对流动人口的接纳,一些地方开始用"新市民"一词来称呼流动人口,如"新南京人""新昆山人"等。

二、社区流动人口的特点和需要

大规模人口流动迁移在我国持续了 30 多年,流动人口的代际更替悄然发生,新生代已经成为流动人口的主体,其居住长期化和家庭化迁移的趋势愈加明显,对公共服务和社会保障的需求不断提高,融入城市的愿望更加迫切。

(一)社区流动人口的特点

1. 以年轻劳动力为主,工作存在户籍差异

社区流动人口中年轻人口占到绝大多数,可以分为非农业流动人口和农业流动人口。其中,非农业流动人口中的专业技术人员和行政人员较多,文化程度和收入相对较高;农业流动人口则集中在从事以体力型或技术含量低的工作上,如制造业、建筑业、服务业等,总体来说文化素质偏低、收入较少,这也直接导致这部分流动人口容易受到忽视,甚至歧视等不公正的对待。

2. 以非举家流动为主,社区认同相对缺乏

社区流动人口以个体为主,通常随工作迁移而搬迁,举家流动的情况较少。从社会交往上看，流动人口社交相对封闭，由于背井离乡、人生地不熟及所从事的行业、工种等原因，相当一部分流动人口的交往对象主要是老乡、同事等，与本地居民接触不多，也较少参与当地社区组织的活动，对社区的认同感和归属感较低。

3. 租房成为生活常态，基本生活条件较差

社区流动人口中年轻人口占多数，普遍收入较少、生活开销较大。一般说来，合租、集体住宿的情况比较普遍。另因更换工作频繁，通常居住具有临时性，在居住环境营造和生活品质改善上投入较少，生活条件较差。

4. 工作目标非常明确，技能学习需求强烈

社区流动人口的工作目标较为明确，主要是以赚钱、学习技能、寻求自我发展为主，学习意识和创业意识都比较强烈。他们在工作中能够感受到社会对于人才的需求，明白必须具备一技之长才能获得工作机会，所以自身危机感较强，有进取心。但是，由于自身条件的限制，他们在寻求个人发展的同时还存在明显的局限性。

5. 社会保障相对缺乏，权益保障意识薄弱

由于自身条件的限制，社区流动人口中从事临时工、短期工的人员较多，受制于用人单位的规章制度，流动人口应该享有的最基本的社会保险不到位。为了获得一份工作，他们不敢去要求社会保险，加上缺少免费的法律帮扶，因此他们的权益保障意识越来越薄弱。

（二）社区流动人口的需要

1. 就业的需要

对于社区流动人口来说，工作意味着全部的收入，相对稳定的就业岗位和工资不仅能满足其日常生活开支，维持住宿、饮食、出行等最基本的生活需求，还能使他们从工作中学到新技能，促进个人发展。因此，就业的需要迫在眉睫。

2. 学习的需要

除了干好现有工作外，社区流动人口普遍还希望学习新的实用技能，以帮助自己抓住更好更多的发展机会，获得更高的收入，从而改善自身的生活现状。但由于自身收入较低和社会支持系统缺乏的局限，高收费的培训机构对流动人口来说难以企及，学习方面的需要还未得到较好的满足。

3. 尊重的需要

现阶段各地对流动人口的保障政策不一致，部分地区的流动人口缺少平等的社会保障机制，导致流动人口不公平感较强。他们渴望获得社会的尊重，承认其应有的社会地位，保

护其合法的权益。此外，社区流动人口参与社区互动的机会较少，社区融入感较低，缺少社区认同度，容易受到社区原居民的排斥。

三、社区流动人口服务的目标和内容

（一）社区流动人口服务的目标

社区流动人口流动的首要目标是寻求更好的发展、追求更好的生活。从主观上来说，其愿望是积极向上的，无奈实际生活受到社会发展不均等的影响。因此，加强社会融入，给予流动人口平等的发展权利和社会保障是我们工作的方向。具体目标包括以下几点：

1. 建立流动人口管理规范

为了使人口管理工作规范有序，根据国家政策，社区工作者将以自主申办和定期走访两种方式协助流动人口办理居住证、生育服务证等，并对流动人口的来源地、性别、年龄、文化程度、职业、家庭成员等信息进行建档，以掌握流动人口的变化情况，建立流动人口管理规范。

2. 解决流动人口现实困难

流动人口常常面临一些现实困难，如居住环境差、就业困难、因病致贫、子女上学难等问题，因而在这些方面也存在较突出的需求。社区工作者要在居住、就业、教育、医疗、社会保障等方面为流动人口提供更全面、更有效的服务。

3. 增强流动人口综合素质

流动人口的个体差异较大，其中部分农业流动人口因为自身受教育程度和收入水平较低，在工作和生活中可能会出现能力不足的困境。因此，社区工作者要为流动人口创造学习条件和机会，以提升其综合素质，改善其生活状况。

4. 促进流动人口社会融入

流动人口在迁移到新社区的过程中几乎都会面临环境适应问题，包括接受当地生活习惯和生活方式、听懂当地语言、消除与当地居民的隔阂等。社区工作者要借助社区活动等契机，给予流动人口融入社区生活的机会，以增强流动人口的归属感和认同感，营造稳定和谐的社区关系。

（二）社区流动人口服务的内容

尽管我国各地关于社区流动人口服务的内容不尽相同，但总体上可以归纳为以下几个方面：

社区流动人口服务的内容

1. 协助办证服务

为了便于管理，流动人口需要办理一些证件，如居住证、生育服务证等。这些证件是流动人口在城市社区生活的合法依据，社区工作者要依据这些证件为外来人口提供相关服务。

(1)居住证。2015年12月,国务院总理李克强签署第663号国务院令,公布《居住证暂行条例》(以下简称《条例》),《条例》于2016年1月1日起施行。《条例》中明确规定,公民离开常住户口所在地,到其他城市居住半年以上,符合有合法稳定就业、合法稳定住所、连续就读条件之一的,可以依照条例的规定申领居住证。申领居住证,应当向居住地公安派出所或者受公安机关委托的社区服务机构提交本人居民身份证、本人相片以及居住地住址、就业、就读等证明材料。因此,社区工作者可以向外来务工人员及家属宣传流动人口管理和服务政策,协助申领居住证,并告知居住证的适用范围。这样的服务能够让流动人口在进入社区之初就感受到本社区的关怀,增加对新环境的好感,利于社区认同感和归属感的建立。

(2)生育服务证。2016年1月1日,我国全面放开二胎政策并实施,紧接着实行生育登记服务制度,对生育两个以内(含两个)孩子的,不实行审批,由家庭自主安排生育。这是在"准生证"制度实施多年后,我国计划生育服务管理的重大变革。流动人口的计划生育工作由其户籍所在地和现居住地的人民政府共同负责管理,且以现居住地为主。为此,流动人口现居住地的社区工作者应发挥主要协助作用,不仅要向流动人员宣传新政策,更应与其户籍所在地的乡(镇)人民政府或街道办事处建立联系,互相通报信息。

2. 就业指导服务

近年来,越来越多的流动人口通过社区工作者的职业介绍走上工作岗位。同时,社区工作者还需为其提供就业前的各种辅导,包括引导调整就业观念,指导设计职业规划,协助提高求职技巧。具体来说,社区工作者为流动人口提供的求职辅导主要包括:①职业能力评估,根据求职者的个人情况及其职业倾向,分析和评估求职者的职业能力;②职业分析建议,结合对求职者的能力评估和社会上的职业情况进行职业预测,帮助求职者调整就业观念和求职意向,确定职业目标,并提出职业培训建议;③协商制订就业计划,社区工作者与求职者根据已确定的职业目标协商制订短期的就业计划,并确定社区可提供的服务内容;④检查计划执行情况,社区工作者在此过程中要定期约见求职者,跟进、检查就业计划的执行情况,并结合实际执行情况调整服务内容;⑤就业再指导,如果一次辅导没有实现就业,要协助其探究求职过程中显现出来的问题,灵活调整或重新制订就业计划。另外,社区工作者也可结合求职者的职业能力和资源状况,鼓励适当形式的创业。

3. 居住管理服务

目前,我国很多城市为了管理与服务的方便,纷纷提出建设"流动人口公寓",以推进流动人口集中居住。一方面,这种流动人口公寓通常具有很大的福利性,原来挤在临时工棚内的流动人口可以住进明亮宽敞的公寓住宅,其租金要低于市场上的其他出租房,水、电、气、通信、有线电视等设施的费用也相对优惠,在流动人口所能承受的范围内。另一方面,集中居住的方式也使原来比较困难的社会治安、生育服务、卫生防疫服务等工作变得比较容易开展。但是,由于"流动人口公寓"建设不是特别关注经济效益,所以普遍存在建设立项难、土地批征难、规划审批难、吸收投资难等问题,导致建设的步伐远远跟不上流动人口迅猛增加的需要，大量的流动人口仍然不得不租赁私人的房子。

4. 法律援助服务

目前，针对流动人口的法律援助，有1/3集中在其与用工单位之间发生的劳动争议方面。在受理的与流动人口有关的劳动争议法律援助案件主要包括：①企业不签订劳动合同；②发生工伤事故后企业不肯依法给予伤残赔偿；③企业随意拖欠、克扣工资，不缴纳社会保险；④企业对事实劳动关系不予认可。还有的情况是企业本身没有在工商部门注册，属于非法经营，在这种情况下发生劳动纠纷时，因为不存在规范的劳动关系，劳动部门无法协助流动人口，这个时候就需要公安部门的介入。目前，在北京、上海等地，流动人口与本地居民一样，只要符合法律援助条件，就可以申请法律援助，社区工作者可以协助其获得包括法律咨询、代书法律文书、诉讼代理等多种形式的免费法律援助服务。

5. 卫生保健服务

受生育习惯、经济条件等因素的影响，流动人口在健康与保健方面的情况一直有待改善。宁波市的一项调查显示，外来妇女在健康知识方面空白的比率为20.58%，52.26%的妇女有孕产妇保健册，60.58%的妇女做过产前检查。外来妇女主要是从计生干部那里获得避孕节育和生殖健康的知识，其次是从广播电视、书报杂志、医生等渠道获得。有15.52%的妇女有病不看，45.25%的妇女近两年来没做过健康体检。因此，社区工作者可以通过举办健康展览会或健康讲座等活动，尤其是在疾病防治、孕产妇保健、节育等方面加强宣传，有条件的社区可以与当地医疗机构协作，帮助流动人口定期进行常规的健康体检。

6. 流动儿童教育服务

目前，我国有3 610万名流动儿童，面临的系列挑战和问题从根本上制约着流动儿童的生存和发展。教育政策与城镇化政策之间的张力与冲突，国家教育政策与地方政府间功能和利益的冲突，教育资源供给与流动儿童公平教育需求之间的冲突，是导致当前特大城市流动儿童义务教育面临问题的主要原因。《国家教育事业发展"十三五"规划》中指出，应重点推动义务教育均衡优质发展，推进义务教育学校标准化建设，做好随迁子女和留守儿童教育工作，进一步完善随迁子女在流入地就学和升学考试的政策措施，加强对流动儿童的关爱保护，健全服务体系，实行更加人性化、精细化的服务政策。社区工作者应严格落实政策要求，为辖区范围内的流动儿童提供力所能及的服务，如协助有需要的流动儿童及其父母办理入托或入学等相关事宜。

7. 提供语言服务

目前，在吸收跨省流动人口最多的前6个省市中，除北京外，广东、浙江、上海、江苏、福建5个省市分别通行粤语、吴语和闽语等。很多流动人口由于不会听说这些方言，而自己的普通话又夹杂着浓重的口音，普遍存在语言障碍。尤其在他们刚刚迁入新社区时，不管是办居住证、找工作，还是基本的人际交往，都会存在一些语言方面的障碍。因此，社区工作者不仅要扮演"翻译"的角色,更要为流动人口提供当地语言和标准普通话辅导服务,或者为其介绍相关的培训机构,使其能掌握基本的当地语言,使其在找工作的过程中更加顺利,从而增强流动人口对所在社区的认同感。

8. 社区融入服务

长期以来,由于各种原因,流动人口与社区居民之间会存在一些隔阂和距离,在社区融入方面存在一些困难。因此,社区工作者除了为流动人口提供一些特殊服务外,还可通过开展丰富多彩的文化娱乐活动,促进流动人口与本社区居民的融合。例如,可以为流动儿童提供课业辅导、兴趣培养、素质拓展等服务,为流动家庭开展亲子教育、亲子读书、亲子运动会等活动。此外,还可引入专门的社会组织开展专项流动人口社会融入项目,以培养他们对社区的亲近感和归属感,从而有效地缓解流动人口管理和服务的压力。

典型案例

"小青成长课堂"为新市民子女撑起暑期"保护伞"

2019年7月1日上午,安福社区"小青成长课堂"开课,该课程是专门为社区新市民子女开设的暑期课,通过邀请社区里的教学名师志愿者前来授课,为新市民子女提供一个获取知识、休闲娱乐、素质拓展的场所。

据了解,安福社区地处工业园区,70%以上的居民都是外来务工人员,很多务工人员的子女正在小学念书。但是,由于工作繁忙,绝大部分务工人员都是早出晚归,对子女的学校教育、兴趣培养、能力拓展关心较少。为此,社区工作者积极链接社区里的教学名师志愿者,联合打造了"小青成长课堂"。该课程针对外来务工人员子女的需求,设立主题阅读、趣味数学、化学实验、书法、美术、舞蹈等兴趣小组,并围绕新时代文明实践站(点)建设,组织孩子们参与友爱互助、扶弱助困等主题志愿服务活动。"小青成长课堂"使新市民子女假期有处可去、有物可学、有趣可享,极大地解决了外来务工人员的后顾之忧。

目前,"小青成长课堂"运用家庭、社会、学校相结合的教育方式,已连续多年为城市新市民子女提供暑期课程辅导。通过开设和实施课业辅导课程、素质拓展课程、科学实验课程,不仅缓解了城市流动人员子女暑期无人看管、监护不力等问题,也使孩子们开阔了眼界,提升了社会实践能力和文明素养、发挥了个性特长,从而更加积极地融入城市生活,健康茁壮地成长。

拓展阅读

广州市黄埔区推广"流动儿童家庭教育服务"公益创投项目

小颖是广州市黄埔区的一名小学四年级学生,最近生了一种"怪病",只要一上学就身体不舒服，尤其是胃肠反应强烈。家长多次带他就医都查不出病因。"这种情况，学校和家长都难办。"全国心理技术应用研究所研究员王在泽通过广州市黄埔区民政局的公益创投项目，和广州市黄埔区三生家庭研究院一起接手了这个案例。

通过心理干预，项目人员发现小颖在校与同学关系不好，师生关系也比较疏离，家长也少有陪伴，依靠过去单纯的学校教育或者家庭教育很难解决这个问题。"在小颖这个案例里，小颖的家长一味要求分数，不管孩子人际交往能力和社会适应能力的培养，诸因素综合困扰，导致该生厌学，甚至恐惧校园，这种心理状态的持续又在躯体症状上表现为肠胃不适，进学校就加重，不上学就减轻。"王在泽教授表示，这就需要社会组织填补学校与家庭之间的空白。经过对学生、家长以及教师的心理咨询，综合调整各方行为模式，在项目组人员的努力下，小颖恢复了正常的学习和生活。"现在，小颖已经变得开朗多了，都是笑着去上学的！"小颖的爸爸说。

这是从2017年8月开始，广州市黄埔区民政局、区慈善会主办，区三生家庭研究院承办，广州市同行社会服务中心协办的公益创投项目——"流动儿童家庭教育规划及服务体系建设""流动儿童特困家庭帮扶"公益活动的典型案例。该项目通过"有效的亲子教育与沟通""爱自己，爱生命""特别的爱给特别的你"等主题讲座帮助流动儿童家庭释疑解惑，通过"神奇的专注力""生命教育体验活动——活出生命的色彩""青春期——性教育·花季雨季""用心沟通""爱与被爱都快乐"等系列主题活动培养儿童的健全人格，成为家长在家庭教育中的实用指南。因采用电影课体验、讨论、感悟、分享、绘本创作、榜样示范、情景模拟、角色扮演、角色互换等新颖、针对性强的表现形式，该项目深受学生、家长和学校的欢迎。

目前，该公益活动已经覆盖了广州市多个中小学和社区。通过师资培育、身心健康测评、个案辅导、亲子疗愈、主题团辅活动及家长家庭教育指导等方式进行精准帮扶，为孩子构建更加利于其成长的学校、家庭、社会支持系统。

任务二　掌握社区流动人口服务的工作方法

任务描述

社区在开展流动人口管理和服务工作时，需要掌握一定的工作方法，并结合流动人口的不同特点和需求提供有针对性的社区服务。社区工作者在服务过程中，应主动接纳流动人口，完善社区管理体系，建立流动人口的自我管理组织，鼓励各类社会组织介入社区流动人口的管理和服务，从而增强流动人口的社区归属感和社会融入感。

案例导入

郑某，女，贵州人，初中文化，丈夫在深圳打工。2018年，郑某和两个儿子跟随丈夫在深圳生活。其大儿子读初二，目前处于休学状态；小儿子出生时眼睛就有缺陷，后又检查出患有癫痫。在小儿子两岁时，郑某曾带他到北京治疗眼睛，花了十几万元。术后，郑某还要带着小儿子到医院进行复诊、用药，每月医疗费用大约2 000元。目前，家庭经济来源只有其丈夫每月8 000多元的打工收入，另外还需支付房租、水电气费及其他日常开支，家庭经济状况堪忧。郑某一直无法接受小儿子的残疾问题，也害怕别人异样的眼光，加上家庭经济紧张，经常情绪崩溃，甚至有轻生的想法。郑某的婆家和娘家都一直劝她放弃小儿子的治疗，但她始终不忍心，因此其娘家和婆家都不与她联系了。郑某不仅缺乏来自亲人的支持，也几乎没有其他社交活动，每天都围着家里转。此外，由于不是本地户口，郑某也没办法获得政府的正式资源支持。

案例思考

结合本案例，谈谈作为一名社区工作者，可以采用哪些具体的方法为郑某提供服务。

知识链接

流动人口一方面为流入地的经济建设做出了巨大贡献，另一方面为流出地增加了经济总量，并且带回了新思想、新观念、新技术。流动人口不仅为自己挣到了可观的经济收入，也带动了地方经济的发展。但是，由于无固定的工作和住所，流动人口给社区管理和服务工作带来了很大的挑战。

为认真做好流动人口服务工作，不断提升城市流动人口公共服务的可及性和获得感，促进流动人口的社会融合，国家卫生健康委流动人口服务中心在建设流动人口公共服务平台、数据平台、"融易服务"微信公众号，抓好信息服务的基础上，组织各方力量编写了城市流动人口服务手册——新市民读本系列丛书。经过努力，2016年，北京、上海、广州三个城市编写了新市民读本；2018年，《广州新市民服务指南》已编辑和出版，从而为城市如何更好地服务流动人口指明方向。为了实现服务目标，真正做好流动人口服务，社区工作者需要根据流动人口本身的特点和社区的实际情况，采用多种服务方法。同时，要不断创新服务方法，以适应不断变化发展的社会需求。

一、登记建档，落实流动人口基础工作

开展登记建档工作，掌握流动人口的底数和基本情况，做到底数清、情况明，做好外来流动人口循环簿登记工作。社区工作者可联合社区网格员、派出所民警，利用元旦、春节期间流动人口往返之际，及时对新流入的流动人口登记建档，了解相关信息，宣传卫生计生政策。对离开不再返回的流动人口及时退档，并与户籍地做好交流通报，保障流动人口服务

不间断。同时，切实利用好流动人口信息管理系统，做好流动人口信息的建档登记管理工作。此外，完善社区流动人口管理制度，严格进行登记管理。对社区流动人口实行分类登记和管理，实行一人一卡，严把流动人口"流入关"，做到来路明、底子清、管得住。此外，要狠抓对出租房屋的管理，完善和规范出租房屋档案。

二、提供咨询，帮助流动人群获取资源

对初入社区的流动人口来说，社区的一切都是新的，新住户们可能对社区的服务网点分布不是很了解。这个时候，如果社区工作者可以为他们提供各种咨询服务，将对流动人口意义重大。

为了提供更多的服务项目，使流动人口在咨询中得到更多更有用的资料，社区工作者需要掌握一定的社会资源。一般说来，房屋、就业及劳动争议、申报居住登记或户口迁移、医疗、生活购物、子女入托入学、社会福利等，都可能是流动人口经常咨询的项目。有的服务项目可以由本社区提供，如小孩入托，可以在本社区的托儿所，社区工作者只需告知流动人口如何办理。但有的服务项目未必是本社区所能承担的，如流动人口的就业，本社区可能是一个纯粹的居住型社区，或者本社区内的剩余职业岗位并不适合服务对象，这就可以把辖区职业介绍所的信息告知服务对象，使其凭此信息获得其他的援助。

因此，当社区工作者本身无法为流动人口提供更好的服务时，可以将流动人口妥善转介到本地的房屋中介、职业中介、公安警察、法律事务、医疗卫生、生活购物、教育文体、社会福利等机构，以使其获得更好的服务。

三、宣传教育，提高流动人口的素质

加强流动人口管理的关键之一是提高流动人员的素质。社区工作者可从以下几个环节加强宣传和教育：①引导流动人口熟悉城市文化。在流动人员进城办理居住证的时候，社区工作者可以将之前制作的"新市民手册"（包含社区的基本情况社区文化、本地的社会服务体制等教育资料）及时发放给流动人员，并引导其进行学习。②开展社区教育活动。在流动人口有了比较稳定的居住条件以后，居住地居民委员会应将流动人口纳入社区教育范畴，通过开办民工学校、社区教育活动中心、法制学校，开展上岗培训、职业培训、专题性讲座，举办各种活动对他们进行思想品德和法制教育。③加强法制宣传教育。社区工作者可以充分利用各类传媒，包括社区宣传橱窗、标语等宣传媒介，尤其是对流动人口影响力极大的电视传媒以及网络平台，对流动人口开展法制宣传教育，营造学法、懂法、守法、用法的良好氛围。同时，可以利用节假日宣传与外来务工人员切身利益息息相关的《宪法》《合同法》《劳动法》等法律法规。④加强人口政策宣传。在流动人口及外来务工人员住所地、工作地、街道、市场、车站等流动人口较为集中的地带悬挂宣传横幅、张贴宣传标语，加强宣传，及时掌握流动人口的思想动向和变化。

总之，通过各种形式的宣传教育可以使流动人口迅速了解其所处的新社区的基本情况，培养他们对本社区的认同感和归属感，协助这些初到本地的"新市民"认识到社区内存在的各种资源，当自己需要援助时，可以通过哪些渠道获取资源。

四、组织活动，营造和谐社区文化氛围

为增强流动人口对流入地的认同感和归属感，营造共居一地、共保安宁、共创繁荣的和谐氛围，社区工作者可挖掘和整合社区资源，大力推行亲情化管理与服务。例如：组织开展流动儿童功课辅导、困境儿童家庭陪伴、社区安全空间营造、能力培养提升等活动；为流动儿童提供营养餐食服务；为流动妇女提供亲子教育课堂、健康及法律讲座、组织舞蹈、开展社区文艺晚会及运动会等；为非正规就业群体提供就业、创业培训等。

五、培育组织，增强流动人群自助能力

流动人口由于语言文化差异、户籍限制等因素容易受到排斥，导致自尊心受损，成立流动人口自主支持体系可以提升他们的自尊心和维权的能力。目前，很多地方成立了"社区流动人员协会"等组织，如各类老乡会、农民工联合会、农民工权益服务站、少数民族妇女文艺队，协会成员主要由流动人口构成，通过成员间的互助为彼此搭建社会支持体系，以应对城市打工生活中的风险。

社区工作者有意识地引导流动人口根据业缘、地缘等因素结成联盟，成立自治组织，并加强指导。一是开展流动人口有关法律、法规的宣传，发掘、表彰、宣传优秀的外来务工人员；二是帮助沟通流动人员与当地政府部门的联系，积极为外来务工者提供政策、法规、信息、技术等咨询；三是反映流动人群的意愿，维护他们的合法权益；四是在法律许可的范围内积极为外来务工人员解决劳资纠纷；五是关心外来务工人员的生活疾苦，组织成员前往探望、慰问患病、伤残、病故或遭灾的外来务工人员。

此外，在没有建立自治组织的社区中，社区工作者一方面可以引导建立健全流动人口党团组织，或者推选出一名综合素质较好、较有威信的流动人员作为小组长，通过示范带动作用，使社区里的流动人口都能做到遵纪守法，争做社区里的文明居民；另一方面，可以吸纳流动人口参加社区志愿服务组织，定期组织有技术特长的流动人口开展为民服务活动，以增强其对社区的亲切感和认同感。

> **典型案例**

异地务工人员的个案服务计划

一、案主基本情况

小刘，女，20岁，未婚，初中文化，目前是一家电子厂生产线的操作工。小

刘目前面临几个方面的困扰，精神压力大。2021年3月，小刘通过网络聊天软件认识了一个珠海的男朋友，之后便不顾家人的劝阻只身一人从云南前往珠海，花光银行卡里的3 000元后，其男朋友就无缘无故消失了。小刘一直不敢和家人讲，觉得是自己咎由自取。由于内心极度自卑，小刘一直对人际交往有抵触，在珠海也没有什么朋友，加上很少和家人联系，内心非常孤独。小刘想着挣很多钱之后再回家，就不会被家人、邻居瞧不起了，但是，工作普通、收入平平的现实状况让她很是沮丧。

二、诊断分析

通过个案会谈，社区工作者了解到小刘目前主要面临以下几个方面的问题：

（1）精神压力大，心理轻度抑郁。小刘思想单纯善良，性格又特别倔强，被男朋友欺骗后，虽然找到了一份糊口的工作，但是心理上遭受了巨大的创伤，其自我心理调适能力较差，需要进行心理疏导。

（2）个人交际面窄，生活孤独苦闷。小刘只身一人来到举目无亲的珠海，被一个"网络恋人"欺骗后，对交友也极度恐惧和谨慎。对于向其示好的工友，小刘内心也非常排斥，将自己封闭起来。工作者需要协助其适当地扩大人际交往圈子，包括重新与家人取得联系，获得家庭系统的支持。

（3）工作单调乏味，个人发展受限。小刘来到珠海的初衷是和"网络恋人"一起享受爱情的甜蜜，同时通过自己的努力多挣点钱，让家人和邻居对她刮目相看，然而现实背道而驰，让她感到特别苦恼。小刘有强烈的自我发展欲望，却没有找到好的方法和途径来帮助自己进行职业生涯规划，也就谈不上促进自我发展和自我实现。

三、介入计划

（1）心理调适方面。工作者链接到专业的心理咨询师，为小刘提供免费的一对一情绪疏导，以改善其睡眠质量。同时，积极挖掘小刘身上的闪光点，并对其进行正面的肯定和鼓励，以帮助其重新找回自信，保持乐观的心态。

（2）人际调适方面。工作者鼓励小刘参加社区志愿服务活动，使其在服务过程中感受到自己的价值，同时获得朋辈群体、帮扶对象的支持和认同，健全其人格发展。同时，在家庭关系恢复方面，协助小刘对自己一直以来持有的非理性信念进行澄清，主动联系家人，从而恢复家庭系统的支持。

（3）职业规划方面。工作者协助小刘进行职业能力分析和现有岗位分析，包括厘清职业发展空间以及职业发展方向。同时，为小刘争取了社区组织的就业创业培训机会，帮助其拓宽就业途径，使其深刻感受到社区的关怀和温暖。

> 拓展阅读

"四同"服务助推流动人口社区融合

复兴社区在应对流动人口流量大、来源广、流动快、矛盾多等问题上坚持需求导向，瞄准凸显矛盾，大力实施"四同"服务，加快推进流动人口社区融合，着力推动流动人口均等化服务全覆盖，使广大流动人口拥有获得感和归属感。

（1）同管理。一是加强公约管理。针对流入人口，社区工作人员及时将社区公约进行宣传告知，让广大流入人口自觉遵守，充分参与，共同维护社区的安全和环境卫生。二是加强登记管理。针对流入人口建立社区登记管理制度，并及时告知流入人员如实填写姓名、性别、身份证号、联系方式、居住地住址、到达时间等基础信息，动态更新流动人员的台账信息。三是强化健康管理。针对流入三个月以上的流动人口随时做好变动登记，建立台账管理，充分发挥卫生计生资源优势，了解他们的健康问题和健康需求，开展相关服务。

（2）同待遇。一是学校教育均等。与教育部门学校沟通协调，协助解决好流动人口子女上学难问题，帮助流动人口儿童顺利转学，并对考取大学本科及以上学历的流动人口家庭参照原居民标准给予每人2 000元的奖励。二是卫生服务均等。向流动人口宣传就近参保就医，强化全民参保。围绕流动人口中的育龄妇女，积极开展妇科病普查普治、宫颈癌筛查、乳腺癌筛查等卫生健康工作。三是维权援助均等。针对农民工受教育程度不高，权益易受侵犯的情况，通过免费咨询服务、为农民工提供法律援助，协助其维护自身合法权益。

（3）同关注。一是落实政策救助。根据流动人口家庭生活状况或生活需求，特别是特困家庭，给予落实低保、帮扶、救助、维权、协办等服务，使流动人口家庭少跑路，更好地解决相关困难问题。二是开展便民服务。为流动人员开展相关证件办理服务、生育关怀服务、生殖健康教育服务，使流动人员的生活更加便利。三是开展慰问服务。对流动人口中的空巢老人、留守妇女、留守儿童，充分利用志愿者服务队伍进行慰问、代管、照看等服务，切实让流动人口感受到社区的温暖。

（4）同发展。一是提供就业创业指南。针对流动人口就业创业难的问题，提供相关信息，搭建求职平台，助推流动人口就业。依托社区智慧平台，开展"线上+线下"服务，破解低层次就业不可持续的难题。二是开展儿童成长服务。为流动人口子女提供暑期课堂、社区实践、素质拓展等服务，解决外来工者忙于生计无暇照顾子女的后顾之忧，同时也助力儿童快乐健康成长。三是培养挖掘典型。挖掘和培养由流动人口组成的自治组织，组织的骨干从中产生，通过参与组织提升能力的领袖和骨干，充分激发其自我管理、自我服务、自我发展的能力。

任务三　设计与实施社区流动人口服务项目

任务描述

社区工作者在组织开展社区流动人口服务工作中，要结合流动人口在语言、文化、饮食、风俗习惯及宗教信仰等方面的差异，从个人、社区、社会多层面出发，为流动人口提供共性化或个性化的服务。这就要求社区工作者掌握流动人口服务项目设计的流程和技巧，系统、专业地帮助流动人口及时享有当地有利的政策，捍卫流动人口的合法权益，推进公共服务均等化，提升流动人口的社会融入水平。

案例导入

明月社区系20世纪80年代末形成的城乡接合部社区，社区居住人口以非户籍人口、流动人口为主体，由于社区居住人口流动性强，相对而言社区服务难度较大，但是社区服务并不能因为流动人口居多而降低服务标准，为了搞好本社区流动人口的服务，并不断提升服务水平，该社区居民委员会提出就社区流动人口服务方案进行招标。

案例思考

作为一名社区工作者，请结合该社区流动人口的特点以及现实处境，设计一份社区流动人口服务项目的策划方案。

知识链接

一、社区流动人口服务项目设计与实施的流程

社区流动人口服务的工作内容繁多，需要社区工作者熟知与流动人口相关的各种社会政策和社会福利，为社区流动人口提供符合政策要求的行政性事务，并针对个别极为困难、特殊的流动人口提供有针对性的帮扶服务。此外，能整合和链接各类社会资源，并结合社区流动人口的需求和存在的问题设计系统的社区流动人口服务项目。社区工作者可以按照了解社区流动人口基本情况、设计社区流动人口服务项目方案、实施社区流动人口服务项目、开展社区流动人口服务项目评估四个步骤来设计与实施社区流动人口服务项目。

（一）了解社区流动人口的基本情况

为了有效收集一个社区的流动人口的各类数据信息，分析和掌握社区流动人口的特点和需求，社区工作者可通过制定调查提纲、采集信息、信息处理、建立信息档案等方式方法来展开调研行动。

1. 制定调查提纲

制定调查提纲是了解社区流动人口基本情况的准备性工作,社区工作者根据确定的调查主题将需要了解的资料以提纲的形式记录下来,列举需要调查的各个项目。例如,在确定要了解"社区流动人口基本情况"这个调查主题以后,就可以拟出一个简单的调查提纲。

调查时间:×年×月×日至×年×月×日。

调查对象:××社区流动人口。

调查内容:××社区流动人口数量、受教育水平、年龄结构、流出地、职业结构、居住地址、主要服务需求及当前困难、意见建议收集等。

调查方式:问卷调查、访谈。

2. 采集信息

信息与资料的采集是调查的中心环节,要根据提纲确定的主题和调查内容,运用确定的调查方法对资料进行收集。社区工作者根据流动人口的特点,可以选择以下几种方式:①入户调查,找到流动人口的居住地址,深入流动人口的家庭中采集信息;②进入流动人口的工作单位和工作地点,寻求相关人士的配合;③寻求政府人口服务部门的帮助,获取一些有用的二手资料。

3. 信息处理

在资料收集完毕之后,社区工作者要及时对资料和信息进行处理。对定量资料要进行审核、转换、录入和清理;对定性资料要进行阅读、编码和分析整理。

4. 建立信息档案

社区工作者将分析处理后的信息分门别类地建立档案、台账等。

社区流动人口服务项目的设计

(二)设计社区流动人口服务项目方案

社区工作者在掌握了社区流动人口的基本情况之后,便可开始结合流动人群的具体需求设计社区流动人口服务项目,具体工作事项包括:归纳社区流动人口服务项目、征求社区流动人口对服务项目的意见、确定社区流动人口服务项目。

1. 归纳社区流动人口服务项目

社区流动人口服务是一个复杂的工程,能否有效地对其进行服务,使之服务于社区经济社会等各项事业的发展,是社区流动人口服务的目标,也是贯彻以人为本的具体措施。流动人口问题的复杂性决定了服务所涉及的项目较多,如流动人口的住房问题、子女教育问题、计划生育问题、职业发展问题、社会保障问题、治安服务问题等。在设计社区流动人口服务项目时,一定要针对社区的实际情况,重点解决该社区存在的突出问题、难点问题和社区流动人口反映强烈的问题,同时还要考虑到实施有效服务的现实条件。

2. 征求社区流动人口对服务项目的意见

社区工作者在收集资料和确定服务项目之后，还需征求社区流动人口对该服务项目方案的意见和建议。值得注意的是，征求的对象不仅要包括社区流动人口本身，还应包括社区中的其他居民。

3. 确定社区流动人口服务项目

社区工作者在征求了社区流动人口对服务项目方案的意见和建议，并进行修改完善之后，便可确定最终的服务项目。同时，在确定服务项目以后，还需请相关专家进行可行性论证，以保证项目的科学性。

（三）实施社区流动人口服务项目

实施社区流动人口服务项目的具体流程包括：确定项目实施机构、确定项目实施时间、确定项目实施要求、预测项目实施的难点并提出解决思路。

1. 确定项目实施机构

应明确该项目的主管机构，是政府机关、社区基层组织还是社区自治组织。只有确定了实施机构，才能落实服务项目。

2. 确定项目实施时间

为了方便财务规划和经费安排，项目服务周期一般是一个年度。在短短一年的时间里，项目的服务成效往往不太明显，因此，部分地区已基本以三年为一个周期进行服务购买和财政拨款。同时，为了对项目进行评估和监督，每一年都将对项目实施情况进行评估和验收，并根据项目实施成效决定是否续约或调整项目进度等。

3. 确定项目实施要求

项目实施要求特别需要明确，以确定项目是要解决流动人口具体哪方面的问题，如流动人口的住房问题、子女教育问题、计划生育问题、职业发展问题、社会保障问题、治安服务问题等。由于项目服务的范围有限，需要集中精力和时间从社区流动人口最为迫切、最容易突破的问题入手。不同问题的解决需要规划不同的项目服务目标和服务内容，并尽量将服务指标进行量化，以便能更好地评估服务成效。

4. 预测项目实施的难点并提出解决思路

一个好的项目策划需要对各种可能出现的问题和风险进行预测和控制。由于管理理念有待更新、管理机制缺乏创新等原因，流动人口管理和服务的难度较大。因此，必须积极探索新时期流动人口服务和管理的全新理念和工作机制，不断创新服务方式，实现流动人口服务和管理的法制化、人本化、有效化、服务化和社会化。

（四）开展社区流动人口服务项目评估

社区流动人口服务项目评估的具体流程包括：评估主体、评估内容、评估标准、评估方式。

1. 评估主体

评估是一项技术性较强的工作，对评估主体的知识要求和技能要求较高。因此，可以邀请一些专业的评估专家参与评估，同时也要注重评估主体的多元性，保证社区各层次成员的共同参与。

2. 评估内容

评估分为项目实施前的可行性评估和项目实施后的效果评估。评估的内容应当包括积极方面的评估和消极方面的评估。

3. 评估标准

对社区服务项目的评估要参照以下标准来进行：①服务项目的效用，能够以较小的时间成本、人力成本和资金成本获取最大的服务效益，是社区服务项目的目标；②社区流动人口的满意度，从某种意义上说，社区流动人口对社区服务项目的满意度越高，该服务项目的效果就越好。

4. 评估方式

对社区服务项目的评估可以采取多种方式，如社区流动人口打分制和专家的专业评估等。

二、开展流动人口服务活动的技巧

社区工作者在开展流动人口服务活动时，可以从服务对象个人、社区、社会三个层面来提升服务技巧。

1. 个人层面

（1）明确问题和需求。社区工作者可通过入户访谈、跟踪服务，运用专业的沟通技巧与科学评估体系，全方位了解流动人群的需求，发现潜在的服务对象，帮助他们解决实际困难，预防困难群体的群体性事件发生。

（2）链接相关有利资源。一方面，社区工作者可以宣传与链接相应的社区公共资源、教育资源、培训资源、生活资源，并提供就业指导、职业技能培训，帮助他们拓展多方面的职业技能，掌握变化的市场信息，从而找准自己在城市中生活的方向。

（3）建立社会支持网络。既要引入制度性资源，如担保手续简便的低息贷款、经营管理知识和政策法规、热门技能等方面的劳务输出培训等，又要建立非制度性支持，如物质支持、精神与心理支持、关系支持以及社区照顾等。

2. 社区层面

（1）提供社区公共服务。社区工作者可有效利用现有的社区公共事务服务平台资源提供各类公共服务，积极引导流动人口主动依靠公共政策获取资源，实现对城市生活的适应和融入。例如：可以有针对性地开展创业经商、房屋租赁、子女就学等方面的咨询指导，聘请法律顾问提供法律援助；还可以邀请流动人口参加社区文体活动，定期组织流动人口与本地居民进行联谊座谈等各类交流活动，为他们创造与本地居民交流、交往的机会，建立情感纽带；引导流动人口一起讨论社区的共性问题，参与社区事务。

（2）开展政策法律宣传。利用立体化、多样化的社会工作手法，借助短片、互动游戏、动漫等动静结合的宣传载体与题材，开展城市法制化管理等相关法律法规宣传，引导他们树立遵守城市规范化、法制化管理的意识，让其真正了解与自己的利益息息相关的政策，按规定办理相关证件，以便及时享受相关权益。协助矛盾纠纷调解工作，引导流动群体理性表达诉求，通过法律途径维护自身合法权益。

（3）树立典型代表人物。可通过联谊座谈、走访与节日慰问等途径，发现、发展流动人群代表人士，引导他们发挥自身在流动人口中接触深、习俗近、语言通、威望高的优势，倡导依法纳税、诚信经营、公平竞争，以使流动人口更快、更好地融入新环境。

3. 社会层面

社区工作者应及时收集并向政府相关部门反映流动人口的有关诉求，为制定和落实有针对性的公共政策提供参考和支持。同时，要积极策划流动人口与政府、社会组织等的联谊活动，以加强彼此的沟通交流。此外，还应倡议政府结合社区实际情况，出台更多的福利政策来保障城市流动人口的权益。

典型案例

"救助—预防—发展"三位一体　探索困境外来务工者帮扶模式

祥和社区所辖区域工厂林立，外来人口众多，是本地户籍人口的2倍多。但相较于本地户籍居民来说，外来务工人员能获得的社会资源以及享受到的社会福利和公共服务都非常有限，一旦因病或因灾陷入困境，往往很难靠一己之力脱困。2019年年初，祥和社区通过申请政府采购服务项目，引入社工组织来探索外来务工人员及家庭的帮扶服务模式，项目通过"救助—预防—发展"三位一体模式，来帮助外来务工人员渐渐走出困境，积极融入社区。

一、救助：阳光助困服务

在前期调研中，社会工作者通过走访民工子弟学校、外来人口聚居点并经社区居委会工作人员的介绍，了解到社区中处于困境的外来务工家庭主要有两大类：①因经济困难导致辍学或面临辍学危机的适龄儿童及其家庭，②因家庭成员患有重大疾病或遭遇突发意外且无力承担医疗救治的个人及家庭。基于此，社会工作者主要通过"阳光助学"和"阳光助医"两类服务方式精准实施"阳光助困服务"。在项目实施过程中，社会工作者发现，困境中的外来务工家庭所面临的问题往往是比较紧急且复杂的危机状况，因而开展服务的手法主要以个案管理为主、小组活动和社区活动为辅，注重统筹和整合服务对象自身的优势资源以及有力的外部资源，协助困境中的外来务工人员个人或家庭申请各项可用的救助资源，解决其最迫切的问题。同时，同服务对象一起分析造成其困难的根本原因，积极协助其进行自我心理建设、自我能力建设以及潜能挖掘，从而提升其应对困难和危机的能力，实现助人自助。

二、预防：暖心护苗服务

经调研，许多服务对象是因病或因灾而陷入困境。为预防外来务工人员遇到困难或困难进一步恶化，社会工作者积极链接社会医疗资源、保险资源、企业爱心资源开展了"暖心护苗服务"。一方面，为困难外来务工家庭的儿童购买医疗及意外保险，预防因罹患疾病或遭受意外事故导致个人或家庭陷入危机。另一方面，通过链接辖区爱心企业资源，为贫困外来务工家庭的子女购买了保险，同时向所服务区域的家长倡导为孩子购买必要的健康及意外保险，提升外来务工家庭应对疾病或灾害等危机的意识和能力。

三、发展：志愿互助服务

在对困境中的外来务工个人及家庭的服务过程中，社会工作者一直坚持"助人自助"的服务宗旨，积极挖掘服务对象的潜能，激发其解决自身困难事项和其他弱势群体困难事项以及参与社会服务事务的能动性。随着服务的持续推进，脱困对象数量不断增多，困难对象脱困后对社区服务事务的参与意愿逐渐增强。社会工作者通过开展老乡座谈会、家乡美食汇、邻里文化节等活动，倡导和推动受助对象积极参与社区事务探讨和社区发展建设规划。通过"志愿互助服务"，众多受助个人及家庭积极参与到社区文化志愿服务队、环保志愿服务队、治安维护志愿服务队和困境外来务工互助会中，不仅从中获得了帮助，还借此为其他社区困难群体提供了帮助，一定程度上提升了外来务工个人及家庭自我管理、自我服务、自我发展的能力。

祥和社区困境外来务工者社会工作服务项目的启动和实施，充分彰显了资源整合、社会救助、社会倡导、助人自助的社工服务特色。实施以来，在不断的优化改进中，探索出一条"救助—预防—发展"三位一体的社会工作服务路径，提升了困境外来务工个人及家庭应对危机的信心和能力。

拓展阅读

困境新市民个案援助案例

张阿姨，女，65岁，丈夫意外去世，2019年5月随同儿子从云南来到重庆，和儿子、儿媳、孙子一起住在家和社区所辖的公租房内。社区工作者在一次例行的入户探访中了解到张阿姨的困难，张阿姨患有较为严重的"三高"，长期依靠药物治疗，身体健康状况较差。老伴的意外去世给张阿姨造成了严重的打击和心理创伤，至今还未从失去丈夫的痛苦中走出来。同时，由于语言文化差异，张阿姨很少与邻居聊家常，也没什么朋友，对新环境的适应较为困难。此外，张阿姨的孙子今年14岁，正处于青春叛逆期，养成了一些不良的行为习惯。但是儿子和儿媳忙于工作，早出晚归，没有时间管教孩子，张阿姨为此非常焦虑，多次和孩子父母沟通未果，还引发了家庭的婆媳矛盾。针对张阿姨的现状及处境，社区工作者及时采取多项措施进行介入。

（1）建立社工支持系统。社区工作者将张阿姨转介给社区专门做心理支持项目的专业社工，由专业社工对其进行专业的心理疏导和压力调适辅导。专业社工以个案管理的方式为张阿姨提供了心理测量、个案会谈等服务，紧接着建立了个案服务档案，并为其制订了个案服务计划。通过半年多的持续跟进和服务，张阿姨渐渐摆脱了失去丈夫的悲伤情绪。

（2）建立家庭支持系统。针对张阿姨对孙子的家庭教育感到焦虑的问题，社区工作者多次联系孩子的父母，并成功开展了家庭会议。工作者通过引导家庭成员分别袒露心声，指出在正视孩子教育问题的同时，也要共同维系家庭成员间的关系，同时建议成员之间多一些理解和包容，多看到其他家庭成员的努力，从而帮助张阿姨恢复了正常的家庭支持功能。此外，对于孙子处于青春期较为叛逆的情况，社区工作者因势利导，引导孩子积极参与社会实践活动，在体验社会生活的同时进行合理的人生规划。

（3）建立社会支持系统。社区工作者按照"挖掘潜能，助人自助"的原则，积极协助张阿姨建立社会支持系统。例如，邀请张阿姨参加社区组织的"手工制作"活动，使其从中结识更多的邻居和朋友，还能展现自己的一技之长，获得大家的认可，从而逐渐适应和融入新的生活环境。截至目前，张阿姨已先后5次参加社区组织的孝亲邻里主题活动、健康健身大讲堂、感恩节主题活动、老年人免费体检活动以及困难群体外出郊游活动等。此外，社区工作者还链接到辖区的志愿者资源，他们会在节假日通过电话、上门等方式为张阿姨送上节日问候，还为其提供基本身体检查、家居清洁、交流谈心等服务。

课后作业

一、不定项选择题

1. 以下人群类别中，（　　　）属于流动人口范畴。
   A. 寄居人口　　　　　　　　　B. 暂住人口
   C. 旅客登记人口　　　　　　　D. 在途人口
2. 流动人口服务的宗旨是促进社会融入和平等发展、构建和谐社会。社区流动人口服务的具体目标包括（　　　　）。

  A. 建立流动人口管理规范   B. 解决流动人口现实困难

  C. 增强流动人口综合素质   D. 促进流动人口社会融入

3. 新时代下我国流动人口服务的国家直属事业单位是（　　　　）。

  A. 国家卫生健康委流动人口服务中心   B. 公安部门

  C. 劳动和社会保障部门   D. 人力资源和社会保障部门

4. 我国的《居住证暂行条例》是从（　　　　）开始施行的。

  A. 2014 年 1 月 1 日   B. 2015 年 1 月 1 日

  C. 2016 年 1 月 1 日   D. 2017 年 1 月 1 日

5. 我国全面放开二胎政策，实行生育登记服务制度，对生育两个以内（含两个）孩子的，不实行审批，由家庭自主安排生育。这是在"准生证"制度实施多年后，我国计划生育服务管理的重大变革。我国全面放开二胎政策是在（　　　　）。

  A. 2015 年 1 月 1 日   B. 2016 年 1 月 1 日

  C. 2017 年 1 月 1 日   D. 2018 年 1 月 1 日

二、简答题

1. 简述流动人口的含义和类别。
2. 简述社区流动人口的特点和需求。
3. 简述社区流动人口服务的主要内容。
4. 简述社区流动人口服务的工作方法。

三、实训题

任务描述：将学生分成小组，以小组为单位，选择某个流动人口较为集中的社区，对该社区的流动人口进行调研（包括流动人口的规模、结构、特点及需求），并结合社区实际情况及流动人口的需求，设计社区流动人口服务项目。

任务引导：

1. 制定访谈提纲。就调查时间、调查对象、调查内容、调查方式有一个明确的提纲信息。
2. 开展座谈交流。通过对社区居委会以及相关部门的座谈交流，获取相关文献资料，了解该社区服务对象的年龄结构、需求特点和开展社区流动人口服务工作中的困难所在，以及特殊个案情况。
3. 设计需求问卷。针对社区流动人口设计一份需求调研问卷，对流动人口进行分层抽样，实施调研活动。
4. 制订项目方案。根据调研数据，撰写出背景分析恰当、项目目标明确、服务内容适切、计划安排合理、经费预算合理的项目实施方案。

项目十一　开展社区再就业服务

项目概述

本项目通过阐述社区再就业服务的内涵，分析我国社区再就业服务的主要内容，探索社区再就业服务的方法，以使学生能够结合实际，组织开展社区再就业服务活动。

学习目标

知识目标：理解社区再就业服务相关概念；了解失业人群的特点；明确社区再就业服务的必要性、原则和目标；掌握社区再就业服务的内容。

能力目标：具备社区再就业服务基本方法和技能；能够设计与实施社区再就业服务活动；能够独立开展社区再就业调查和咨询活动。

任务一　探讨社区再就业服务的内涵与内容

任务描述

作为一名社区工作者，为了更好地为社区再就业群体服务，需准确理解社区再就业服务的内涵，掌握社区再就业服务的内容。

案例导入

近年来，越来越多的社区人力资源和社会保障服务站按照就业服务体系建设现代化、专业化、制度化、社会化的新要求，充分利用社区平台促进再就业，并取得了一定的经验，在促进下岗失业人员再就业方面发挥着越来越重要的作用。

（1）建立灵活迅捷的信息平台。对下岗失业人员的底数掌握不清，是导致社区再就业工作无法有效开展的一个重要难题。建立社区劳动保障工作平台，对辖区内劳动保障有关基础数据进行摸底，从而初步发挥较为灵活迅捷的信息基站作用，为各级政府的决策提供客观依据。

（2）创建贴近群众的服务窗口。基层劳动保障机构直接面对居民群众，所承担的工作事事关系到基层群众的基本权益。因此，社区劳动保障工作站担负着各级政府靠前服务的重任，把优质、高效的服务工作深入到千家万户，在小平台中发挥"大窗口"的作用。

（3）开展再就业援助。以再就业援助行动为契机，面向下岗失业人员开展送政策、送培训、送岗位、送服务的"四送"活动，让社区工作人员成为帮助下岗失业人员"找工作"的助手。利用创业带头人下岗再就业的亲身经历，现身说法，帮助下岗失业人员转变观念，同时为下岗失业人员推荐岗位。

此外，还可开辟广泛的就业渠道。随着城市功能的不断完善，社区就业的潜力越来越大，围绕解决社区居民最关心的实际问题，并结合社区建设的需要，充分开发社区就业岗位，以适应居民多领域、多层次日常生活服务的需要。

案例思考

结合案例，谈谈你对社区再就业服务的理解。

知识链接

劳动力的失业与再就业问题是当今世界许多国家都很难解决的问题，也是我国建设和谐社区所要解决的关键问题。大量职工下岗失业是我国社会转型期一个不可避免的问题，也是一个辅助的社会现象。伴随着市场经济的发展，我国原来那种由单位办社会的状况发生了改变，城市的管理模式逐渐从关注单位到关注社区，从关注"单位人"到关注"社区人"，尤其是关注那些失业后又回到社区的下岗工人。与此同时，政府的职能也发生了变化，政府已将目标定位在了社会管理和公共服务上。因此，为失业人员提供再就业服务，对社区工作人员而言，既是一种责任，也是一种使命，是建设和谐社区的基础性工作。

社区在再就业工作中发挥着桥梁和纽带作用，对下联系着广大失业人员，掌握着失业人员的基本情况和就业需求；横向联系着辖区内的单位，掌握着用工信息，需及时把政策传达给居民；对上把群众的所需和所想反映到上级部门，更好地发挥职能，为居民做好服务。社区再就业服务，不仅可以通过降低失业率来解决社会的贫困问题，维护社会的稳定，促进经济社会的持续发展，还可以通过提高失业人员的技能和素质来促进再就业，进一步增强社区对居民的亲和力和向心力。

一、社区再就业服务的内涵

（一）社区再就业服务的定义

在学习社区再就业服务之前，要对"就业""失业""再就业"等概念有一个基本的认识。"就业"是指在法定年龄内的有劳动能力和劳动愿望的人们所从事的为获取报酬或经营收入而进行的活动。就业的内涵可以从以下三个方面来理解：一是指在法定劳动年龄内有劳动能力和劳动愿望，二是指获得一定的劳动报酬或经营收入，三是指每周工作时间的长度。依据《中华人民共和国劳动法》的相关规定，就业人口是指在16周岁以上（男，16～60岁；女，16～50岁），特殊职业需要18周岁以上，从事一定社会劳动并获取劳动报酬或经营收入的人员。

"失业"，即达到就业年龄、具备工作能力谋求工作但未得到就业机会的状态。没有劳动能力的人不存在失业问题；而有劳动能力的人虽然没有职业，但自身也不想就业，也不能称为失业者。按照国际劳工组织（ILO）的统计标准，凡是在规定年龄内一定期间内（如一周或一天）存在下列情况的，均属于失业人口：①没有工作，即在调查期间内没有从事有报酬的劳动或自我雇佣；②当前可以工作，即当前如果有就业机会，就可以工作；③正在寻找工作，就是在最近期间采取了具体的寻找工作的步骤，例如到公共的或私人的就业服务机构登记、到企业求职，或刊登求职广告等方式寻找工作。

"再就业"是指曾就业、转失业人员重新就业的状态。下岗失业人员一般不会马上完全脱离与原工作单位的关系，他们有的进入单位的再就业服务中心进行知识技能的培训，等待单位效益回升后重新获得工作岗位；有的进入社区，成为社区再就业服务对象。

综上所述，社区再就业服务是指社区作为一个组织单位，在其职责范围内将社区服务与再就业相结合，充分利用本社区的各类资源，通过提供就业指导、就业信息、知识和技能培训、岗位开发、岗位跟踪等方式，帮助社区下岗失业人员重新就业的服务。

（二）下岗失业人群的特点

1. 年龄偏大

社区失业人员主要为年龄偏大者，一般工作年限较长。由于年龄的限制，他们进入了一种无法和年轻人相比的"倦怠期"。当今时代，知识、信息量爆炸式地膨胀，知识老化的周期日益缩短，那种"一技在手，终身不愁""学一阵子，用一辈子"的观念已经跟不上现代社会的发展了。因此，在当前科技进步加速、产业结构大规模调整的过程中，作为首批遭受冲击甚至被淘汰的群体，社区失业人员在实现再就业的过程中会遇到比年轻人更大的阻力。

2. 整体文化素质偏低，技能单一

社区失业人员的整体文化素质偏低，具有大专及以上学历的人占比很低，甚至存在不识字的下岗失业人员。同时，下岗失业人员在原单位从事的多是体力劳动或技术含量不高的简单操作工作，劳动技能单一，职业技术水平不高，因而经常出现屡次应聘屡次失败的情况，再就业概率低。

3. 负担重，压力大

从生活上来看，失业给失业人员及其家庭带来了严重的经济压力，其生活质量受到不同程度的影响，衣食起居、看病就业、小孩上学等正常的生活开支在失业后失去了基本的保障；从心理层面来看，失业前后的差异容易造成失业人员极大的心理落差，他们在失业的时候往往会表现出很明显的不适应，加上失业带来的经济困境，他们普遍承受着巨大的心理压力，感觉自己仿佛成了社会的弃儿，沮丧、焦虑、苦闷、烦恼等不良情绪随之产生，严重影响了家庭成员之间的关系，甚至造成家庭破裂。

4. 适应社会能力不强

失业人员在年龄、文化素质等方面的特点导致他们在下岗失业后适应社会的能力变弱。一方面，失业人员认为没了工作天就塌了，过度沉浸于悲观、失望的情绪中，看不到生活的希望；另一方面，由于年龄偏大，传统观念较为严重，在下岗后不能正确评估自身素质，找准自己的定位，同时，接受新事物、新技术的能力较弱，又不愿积极参与职业培训、主动参与竞争。

（三）社区再就业服务的必要性

1. 社区再就业服务是促进再就业的重要途径

尽管近几年我国城镇登记失业率有所下降，但由于年龄、文化、技能和观念等因素的制约，大量下岗失业人员再就业难的问题仍然十分突出，政府仍面临较大压力，再就业服务工作仍需进一步完善。国内外的成功经验表明，在实现再就业的众多途径中，社区服务业已成为增加就业机会，促进就业困难人员再就业的一个重要渠道。因此，应大力发展社区服务业，通过社区再就业服务提升社区失业人员的再就业能力，以缓解其再就业压力。

2. 社区再就业服务是构建和谐社区的必然要求

和谐社区的首要前提是群众能够各尽所能、各得其所，这就要求每个居民都能在社会中找到属于自己的位置，拥有一个就业的岗位，使人们的创造欲望和要求得以充分发挥。因此，做好社区再就业服务是构建和谐社区的重要基础，是维护社区稳定的重要前提。

3. 社区再就业服务是下岗失业人员安居乐业的根本前提

劳动就业是民心工程，再就业服务与人民群众最关心、最直接、最现实的利益问题息息相关。只有解决了就业问题，下岗失业人员才能安居乐业。因此，社区再就业服务应该以如何有效提高社区失业人员的再就业技能和适应能力为主线开展相应的工作。

二、社区再就业服务的原则和目标

（一）社区再就业服务的原则

1. 尊重下岗失业人员的人格尊严

下岗失业人员的压力不仅来源于经济状况，还包括歧视，他们在寻求再就业机会的过程中所受到的歧视更是让其再就业难上加难。因此，社区工作者在提供服务的过程中，要更加细心、耐心、有爱心，要尊重下岗失业人员的人格尊严，"想他们所想，急他们所急"，让他们充分感受到来自党和政府以及社区工作者的关怀，以帮助他们重塑生活的自信心。

2. 保障下岗失业人员的基本生活

下岗失业人员普遍缺乏收入来源，生活得不到较好的保障，常常因此引发家庭矛盾，甚至是社会问题。因此，社区工作者在服务过程中要摸清再就业困难人群的真实情况，为其争取应该享受的"低保"等优惠政策，同时可以和企业合作运营再就业服务机构，代缴养老、失业、医疗等社会保险费，在失业人员失业期间切实保障其基本生活。

3. 促使下岗失业人员转变就业观念，树立自信心

从社区失业人员的年龄状况来看，"70 后"为主干群体，他们在一定程度上还受到统包统配的就业体制下的就业观念的影响，希望依靠国家解决就业问题。当传统的就业体制在市场经济条件下发生变化的时候，不少失业人员的就业观念却停留在旧的水平。观念滞后成为失业人员再就业困难的重要原因。尽管各级政府和社会各方面都在为失业人员想办法，可是大多数失业人员的就业观念仍然没有多少变化，认为只有安排在国有企业工作才算"体面就业"，认为社区服务业，特别是家政服务，是类似传统的"保姆"，是"低人一等"的工作，会被社会上一些人看不起。此外，大部分失业人员对收入的心理预期偏高，与社区服务企业的微利形成矛盾，难以调和。因此，社区工作者要帮助失业人员转变就业观念，树立就业信心。

4. 鼓励下岗失业人员通过参加技能培训重新充电

下岗失业人员再就业遇到的困难在一定程度上与其自身素质有很大关系，例如，这类人群普遍存在知识老化、技术陈旧和技能单一等问题。在市场经济环境下，企业为提高自身的竞争力，对劳动力的技能素质也提出了更高的要求。在这种情况下，失业人员如果不提高自身的技能水平，便难以适应市场需求，重新就业的可能性将大打折扣。因此，社区工作者要鼓励他们积极参与技能培训，提升竞争力。

5. 给予优惠政策，鼓励自主创业

贯彻落实下岗失业人员再就业的扶持政策，也是社区再就业服务工作的重要内容。近年来，政府给予了从事社区服务业的失业人员各项优惠政策，包括简化工商登记手续，三年内可以免征营业税、一年内减免工商管理等行政收费和个人所得税，以鼓励失业人员自主创业。此外，还通过减免生活特别困难失业人员子女的学杂费等政策缓解失业人员的经济压力。因此，社区工作者应积极传达和落实各项优惠政策，为社区失业人员重新就业提供切实有效的帮助。

（二）社区再就业服务的目标

1. 建立起管理和服务下岗失业人员的机制

建立失业人员档案动态管理机制、再就业帮扶联动机制。例如，针对家庭困难、本人有就业需求的失业人员提供心理咨询、观念更新、技能培训、职业介绍、就业指导、小额贷款等帮扶联动，且要有计划、有组织地宣传和落实，逐渐形成制度和习惯。

2. 做好下岗失业人员的登记管理工作

社区工作者要对失业人员的各种情况，如年龄、性别、家庭状况、受教育程度、个人特征、兴趣爱好及联系方式等进行调查，并做好详细的登记，同时要定期进行信息的更新，以便相关部门随时查阅，加强对失业人员的动态管理。

3. 做好下岗失业人员的培训工作

由于年龄偏高、文化水平较低、专业技能单一等因素的制约，社区失业人员难以在短时间内具备新岗位所需要的知识和技能，难以适应新时期不断发展和变化的岗位需求。因此，社区应充分依托社区服务中心等现有的各种设施，与有关教育培训部门联合开办各种职业技能培训班，以帮助失业人员转变就业观念，提升就业素质和能力，顺利实现重新就业。

4. 做好就业指导工作

下岗失业在市场经济条件下具有内在的必然性，是劳动力资源通过市场机制优化配置的结果。对于这一点，许多失业人员缺乏正确的认识。从劳动力资源的市场配置来看，即使是在职职工，也面临着失业的可能性。现在，不少职工对于下岗和失业确实存有疑虑和恐惧心理。因此，社区工作者要做好就业指导工作，帮助失业人员转变就业观念，同时要耐心倾听他们的诉求，真诚地尊重和关心他们。

5. 做好就业信息介绍

城市社区服务就业容量大，然而这种潜在的就业机会并不会自动地转化为现实的就业岗位。为此，社区工作者平时要加强与人才劳务市场，清洁、绿化、公共设施维护、城市交通、治安等行业管理部门及企业的联系，善于收集岗位需求情况和用人要求，并利用社区宣传栏定期发布人才劳务信息，打通供求之间的绿色通道。此外，还可通过组织社区专场招聘会，为失业人员建立再就业信息平台。

6. 以创业带动就业

很多下岗失业人员都是工作经验较丰富的人，只是当时缺乏创业的想法和机会，创业的潜能有待挖掘。因此，社区工作者要引导失业人员转变择业观念，鼓励自主创业，并为他们争取可以享有的优惠政策支持，协助他们办理各种手续，通过他们的成功创业为社区更多的失业人员提供就业岗位。

社区再就业服务的内容

三、社区再就业服务的内容

1. 提供再就业政策、法律方面的咨询服务

扩大就业、促进再就业，关系到我国经济发展稳定的大局，关系民生，关系国家的长治久安，所以它不仅仅是一个经济问题，还是一个重要的政治问题。我国在促进失业人员再就业方面出台了一系列优惠政策，如《国务院关于做好当前经济形势下就业工作的通知》（国发[2009]4号）、《财政部、国家税务总局关于延长下岗失业人员再就业有关税收政策的通知》（财税[2009]23号）。然而，很多下岗失业人员并不了解这些政策，或者缺乏操作性认识。因此，社区工作者要利用工作日或节假日为社区失业人员提供再就业相关政策和法律咨询服务，以提高其政策知晓率，了解就业领域的法律知识。

2. 提供有关的就业信息

社区工作者要主动与社区企事业单位联系，倡导开展"资源共享、社区共建、失业人员共帮"活动，共同关注下岗失业人员，签订用工协议。同时，要主动与中介机构联系，掌握最新的用工信息，根据失业人员的就业愿望和自身条件推荐适合的岗位。此外，通过邀请市、区劳动就业部门及有关用人单位来社区举办劳务集市，免费为下岗失业人员提供就业信息。

3. 提供再就业培训，提高再就业人员的技能素质

很多企业认为失业人员就业困难的原因在于缺乏再就业技能素质，这就要求失业人员要善于学习新知识、新技能，不断提高和充实自己，以谋求到较好的职业。因此，社区工作者要积极配合街道劳动就业服务部门，加强对社区下岗失业人员的再就业培训，使他们掌握至少一门谋生的手段与技术。例如，社区工作者通过邀请社区内外的技术能手和业务精英，利用空余时间对下岗失业人员进行职业技术教育和劳动技能培训，以提升其就业竞争力，促进再就业。

4. 发展社区服务业，拓展社区就业渠道

能否快速、有效地为下岗失业人员提供再就业机会，是下岗失业人员能否摆脱困境的最为关键的一步，而高质量、全方位的社区服务业拥有巨大的需求市场，能够提供大量的就业岗位。据相关资料显示，目前，发达国家社区服务从业人员已占就业总人口的20%~30%，发展中国家平均水平在12%~18%，而我国只占到5%左右，由此可见，我国社区服务业的发展潜力巨大。社区工作者应根据社区综合发展规划和社区内居民、企事业单位的服务需求，开发多种形式的便民利民服务项目，向社区要岗位，拓宽就业渠道，将扩大就业与社区服务结合起来。

> **典型案例**
>
> **多措并举　促进失业人员再就业**
>
> 为帮助辖区内失业人员实现再就业，馨兰社区积极搭建服务平台，多措并举促进失业人员再就业。
>
> 一是全面掌握辖区内失业人员的基本情况，社区通过电话联系、入户走访等方式加强对失业人员信息的采集，了解他们的择业意向、就业能力，建立失业人员台账，实行动态管理。
>
> 二是加大信息发布力度，利用社区就业工作QQ群、微信群、宣传栏等形式，全年总发布招聘信息278条，对就业服务政策、服务举措、企业最新的招聘信息及时进行发布宣传，全年发布宣传资料3 000余份，以确保失业人员及时掌握就业政策和岗位信息。
>
> 三是积极做好就业技能培训和创业培训，将培训工作与企业用工需求结合起来，以企业用工需求为导向，开展有针对性和实用性的技能培训。全年共开展技能培训10场，以帮助失业人员实现再就业。

> **拓展阅读**

《财政部　人力资源社会保障部关于就业专项资金使用管理及有关问题的通知》（节选）

一、资金安排。县级以上人民政府要根据就业状况和就业工作目标，在财政预算中安排就业专项资金用于促进就业工作。失业保险基金用于促进就业的支出，按国家有关规定执行。

二、资金使用范围。就业专项资金用于职业介绍补贴、职业培训补贴、社会保险补贴、公益性岗位补贴、职业技能鉴定补贴、特定就业政策补助、小额贷款担保基金和小额担保贷款贴息，以及扶持公共就业服务等。各地确需增加新的支出项目的，须经省级人民政府批准，并报财政部、人力资源社会保障部备案。

三、中央财政补助。对各地职业介绍补贴、职业培训补贴、社会保险补贴、公益性岗位补贴、职业技能鉴定补贴、特定就业政策补助，以及扶持公共就业服务资金，中央财政通过专项转移支付的方式给予适当补助，并对中西部地区和老工业基地给予重点支持。中央财政就业专项转移支付资金的分配与各地就业状况、地方财政投入（包括公共就业服务保障情况）、就业工作绩效等因素挂钩，补助资金实行年初和年中分两次拨付、年度全面考评、全年重点跟踪检查的办法。中央财政对符合条件的小额担保贷款按规定据实贴息。

四、预算管理。各级人力资源社会保障部门要根据财政部门规定的预算编制要求，向同级财政部门申请就业专项资金年度预算，经同级财政部门审核后列入年度财政预算并报同级人民代表大会批准。就业专项资金要严格按照批准的预算执行。执行中确需调整预算的，要按照国家预算管理制度的有关规定办理。

任务二　掌握社区再就业服务的工作方法

社区再就业服务的工作方法

> **任务描述**

作为一名社区工作者，为了更好地为社区下岗失业人员服务，必须熟练掌握社区再就业服务的工作方法，提升服务质量。

> **案例导入**

社区开展就业困难人员摸底调查登记工作

近日，双虹社区开展了就业困难人员摸底调查登记工作，并建立基本情况信息数据库，以切实帮助再就业困难群体解决实际困难，促进其尽快实现再就业。

双虹社区工作人员深入居民楼进行全面摸底，通过入户走访的方式对辖区内"4050"①和"零就业家庭"就业困难人员调查登记，核实认定，摸清就业困难人员数量，并通过组织填写就业困难人员调查采集表，全面了解其家庭情况、培训愿望、职业技能、就业要求，有针对性地为其提供就业政策扶持和就业服务，逐步实现对就业困难人员的动态管理，进一步做好就业困难人员的就业援助工作。

社区工作人员通过此次对社区就业困难人员的全面摸底调查登记工作，不仅较好地掌握了就业困难人员的家庭生活基本情况与再就业意愿，还广泛宣传了改善就业困难人员民生的相关惠民工程，同时认真听取了就业困难人员对社区就业工作的意见和建议，为做好就业援助工作打下了良好基础。

案例思考
1. 社区开展就业困难人员摸底调查登记工作的意义何在？
2. 如何组织开展社区再就业调查？

知识链接

一、组织开展社区再就业调查

（一）社区下岗失业人员信息登记

社区工作者应加强对社区下岗失业人员的管理，为辖区内下岗失业人员登记办理就业失业登记证，同时对其家庭情况、经济来源、求职动机、专业特长等进行调查摸底并详细登记，及时掌握下岗失业人员的动态情况，以便为下一步开展再就业服务提供数据支撑。此外，要利用现代数据技术建立"在线"台账，做到"五清"，并利用网络建立健全街道办事处社区服务中心、企业社区服务组织、再就业中心三位一体的社区就业服务网络，为社区下岗失业人员提供求职登记、职业介绍与指导、档案动态管理等"一站式"服务。

（二）社区下岗失业人员调查

社区工作者通过调查可以进一步了解下岗失业人员的再就业状况及其问题，为街道及社区更好地开展再就业工作提供参考依据。

1. 设计社区失业调查问卷

（1）明确设计调查问卷的目的。确定设计调查问卷的目的是问卷设计的前提条件。社区工作者必须搞清楚为什么要实施社区失业调查，通过调查到底想了解哪些情况，调查结果是否能够提供必要的决策信息等。

---

① 4050人员是指处于劳动年龄段中女性40岁以上、男性50岁以上的，本人就业愿望迫切，但因自身就业条件较差、技能单一等原因，难以在劳动力市场中竞争就业的劳动者。

（2）问卷设计的原则。一是相关原则。调查问卷中除了少数几个提供背景的题目外，其余题目必须与研究主题直接相关。二是简洁原则。调查问卷中每个问题都应力求简洁而不繁杂、具体而不含糊，尤其针对社区失业人员展开的调查，应尽量使用简短的句子，每个题目只涉及一个问题，不能兼问。三是礼貌原则。针对失业问题的调查问卷难免会涉及个人隐私，如收入来源、就业意向、失业原因等，但应尽量避免那些会给调查对象带来职业压力的措辞，以免使人感到不适。四是方便原则。鉴于失业人员知识水平的有限性，调查问卷中的题目应尽量方便调查对象回答，不要让调查对象觉得无从下手，耗费很多时间思考。五是适合身份原则。调查问卷中题目的语言风格与用语应该与调查对象的身份相称。因此在题目编拟之前，社区工作者一定要针对性地设置问题，采用通俗易懂的语言，避免使用专业术语和政策术语。

（3）设计提问方式。针对社区失业人员的调查应主要采用封闭式提问，即在每个问题后面给出若干个选择答案，调查对象只能在这些被选答案中做出选择，尽量避免使用开放式提问。

2. 通过分析撰写调查报告

社区工作人员依据回收的调查问卷展开分析，并撰写调查报告。一是对社区就业调查基本情况做介绍，结合 Excel 和其他统计分析软件的描述统计等功能得出的数据做阐述。例如，"社区居民就业意向调查问卷"包括对已成功创业人员基本情况描述、社区就业人员和有社区就业愿望人员的基本情况描述、居民社区服务需求的基本情况描述等。二是调查结果分析，例如，已成功创业人员的文化程度与其所从事的行业关联度非常高，表现出"哑铃型"特征等。三是对策建议分析，例如，创新思路，完善政策，建立扶持创业的"绿色通道"。

二、统筹规划，整合资源开展服务

下岗失业人员再就业工作，工作量大、涉及面较广、政策性强，社区工作者必须整合众多资源展开服务工作。

（1）坚持政府在社区再就业促进工作中的宏观指引作用。政府通过颁布一系列的就业促进政策，解决社区就业与工商、税务、劳动、民政等各个部门的法律、法规和条例相互冲突和相互制约的问题，明确社区就业性质及其在劳动力市场中的地位，保障社区就业政策落到实处。

（2）坚持全员参与，整合社区资源的整体优势，促进再就业工作的开展。社区工作者要动员全社会的力量，通过多渠道筹集资金、人力（如企业、非营利组织及志愿者）和物力资源，共同为再就业工程提供可持续发展的动力。

（3）大力发展社区再就业自助组织。街道、居委会应成立专门的社区就业服务机构，如社区再就业服务中心（协会）等，负责社区再就业服务的建立、组织和管理工作，并进行具体工作的运转。

三、做好社区再就业政策宣传与咨询服务

(一) 社区再就业政策宣传

1. 社区再就业政策内容

(1) 税收减免政策。失业人员从事社区居民服务业,符合规定免税项目范围的(各地可根据实际情况增列项目),在规定期限内给予免征营业税、个人所得税、城市维护建设税和教育费附加等项的税收优惠政策。

对新办的服务型企业(国家限制的行业除外)当年新招用下岗失业人员达到职工总数30%以上,并与其签订3年以上期限劳动合同的,3年内免征营业税、城市维护建设税、教育费附加和企业所得税(企业所得税按国家税务局和地方税务局征管范围办理,下同)。当年新招用下岗失业人员不足30%的,根据招用人数,按应缴所得税额的一定比例减征企业所得税。减征比例=(企业当年新招用的下岗失业人员/企业职工总数×100%)×2

持《就业失业登记证》人员从事个体经营的,在3年内按照每户每年8 000元为限额,依次扣减其当年实际应缴纳的增值税、城市维护建设税、教育费附加和个人所得税。

(2) 工商登记优惠政策。失业人员申请从事个体经营或开办私营企业的,在开业1年内,减免工商管理行政性收费;失业人员从事社区居民服务业的,3年内可免收工商管理行政性收费等。

(3) 行政性收费优惠政策。失业人员从事社区居民服务业的,3年内可免收行政性收费。失业人员申请从事个体工商经营、家庭手工业或开办私营企业的,工商、城建等部门要及时办理有关手续,开业1年内减免工商管理等行政性收费。

(4) 信贷优惠政策。对积极吸纳国有企业失业人员的中小企业、劳动就业服务企业等就业实体的,以及失业人员从事个体经济或组织起来兴办服务型企业的,只要符合国家产业政策、产品适销对路、符合贷款条件,有关商业银行和信用社要积极给予贷款支持,城市商业银行和城市信用社要优先安排此类贷款。

此外,社区下岗失业人员可根据国务院有关文件规定享受失业人员再就业的其他优惠政策。

2. 社区再就业政策宣传的方式

(1) 宣传栏。根据当地政府就业工作重点,组织资料,采用图文并茂的形式,制作社区再就业政策宣传专栏。

(2) 宣传横幅。结合再就业政策的特点,选择适宜的布色和字体,制作宣传横幅,这种方式使用得比较普遍。

(3) 宣传品。择选政策文件中的重要内容制作成小册子或宣传单、电子宣传单,以方便居民阅读。

(4) 开展活动。可在社区公共场所设立宣传活动中心或者会场,并设立政策咨询台;

利用网络、广播、电视报刊等媒体辅助宣传；开展送政策上门活动，社区工作者深入社区对就业困难人员进行家访，宣传再就业扶持政策、街道再就业及社会保障等相关问题。例如，开展"再就业政策宣传周""再就业援助月"系列活动。

（二）社区再就业咨询服务

成立社区就业服务工作机构，组建社区就业咨询服务载体。城镇街道办事处可依托街道就业服务机构或社区服务中心，失业人员比较集中的居委会也可建立社区就业服务站，设立再就业政策咨询窗口，具体组织开展社区再就业咨询工作；有条件的大中型企业独立形成一个社区的，可在企业劳动服务公司或劳服企业管理机构增挂企业社区就业服务中心的牌子，与当地街道基层组织加强配合，共同开展社区再就业咨询工作。

四、做好社区再就业培训

社区下岗失业人员普遍存在年龄大、缺乏技能等特点，社区工作人员必须根据就业市场的需求为失业人员提供有针对性的职业指导，包括职业技能、创业能力、职业道德和职业纪律等方面的培训。同时，要根据社区失业人员的年龄状况、文化程度、技能水平以及求职意愿等实施分类、分层培训，以帮助其掌握再就业的技能和本领，提高再就业能力，从而尽快实现再就业。

（一）社区再就业培训的内容

1. 开展职业指导

社区工作者要建立失业人员职业指导制度。一是帮助他们认清宏观就业形势，更新就业观念，树立自主就业意识；二是为他们提供就业信息，帮助再就业人员和社区用人单位牵线搭桥；三是教授求职方法，并指导他们制订个人再就业计划。职业指导的具体实施，既可通过在职业培训机构中开设专门的职业指导课程，或由职业指导人员深入社区提供咨询服务，也可采取让再就业成功者介绍经验或组织巡回演讲等多种形式进行。

2. 职业技能培训

职业培训机构要根据劳动力市场需求和失业人员的特点确定培训项目，制订培训计划，着力开展适应性职业技能培训。在学历提升上，可以通过自考途径报考职业院校；在学制上，可以试行全日制、非全日制、学时制或学分制等；在培训方式上，可利用现有培训机构组织、职业教育单位集体办班开课，或采取企业与职业教育机构产学合作办学，也可利用互联网开展网络培训，还可利用职业教育信息平台——智慧职教、职业教育课程中心等进行自学。培训要突出针对性和实效性，一般以短期和以掌握实际操作技能培训为主，使失业人员较快地提升自身的再就业技能。

3. 创业能力培训

对准备自谋职业，特别是有创办小企业意向的失业人员开展创业能力培训，使他们熟悉国家相关政策和法规，了解创办企业必备的知识和程序，掌握经营管理方法，提高适应市场的能力，并指导其制订切实可行的创业方案，帮助其解决创业中的问题，在其开业后还应继续提供必要的咨询服务和业务指导。

（二）组织社区再就业培训

1. 发动全社会力量积极参与和实施再就业培训计划

要鼓励工会、共青团、妇联和社会团体、民主党派以及居民个人参与培训计划的实施，要联合教育部门的大专院校和职业学校为再就业培训增添力量，充分发挥院校的自身优势，利用现有设施，挖掘培训潜力，做好再就业培训工作。对于具备条件且承担再就业培训任务比较好的教育、培训单位，经劳动部门确定，可以作为再就业培训定点单位，给予相应的扶持；对于组织失业人员中的困难群体人员进行培训的，可以给予适当的经费补贴。

2. 鼓励和支持行业部门和企业做好失业人员转业培训工作

要充分利用行业和企业现有的培训设施和师资力量，对失业人员开展多种形式的转岗、转业培训。行业和企业的再就业服务中心要指定专人负责组织失业人员的培训工作，并根据失业人员分流安置计划方案，制订切实可行的再就业培训计划和措施。对准备进行产业结构调整或即将兼并破产的行业和企业，要加大在职职工的培训力度，进行失业风险、竞争意识教育和多种新技能培训，为其转业、转岗做准备。

3. 制定灵活多样的培训方式，确保培训效果

按照培训资格认定、培训项目招标、培训成果考核等方式，使培训更加适应市场需求，同时要结合培训内容的特点采取多样化的培训方式。一是企业内培训，包括学徒培训、在职培训和转岗培训等方式；二是企业外培训，如与技术高中、职业训练学校、社区学院等正规教育机构合作，实行全日制集中培训或半日制、夜校分散培训等形式，并积极运用网络平台、函授教育等手段，为失业人员提供远程教学和辅导。此外，还可通过组织政策理论研讨和经验交流、表彰先进单位和个人等多种形式，指导和推动再就业培训工作。

五、大力开发社区就业岗位

1. 开发社区公益性就业岗位

所谓公益性就业岗位，是指由政府及其职能部门出资扶持，社会筹集资金，以安置就业为主的公共管理和社会服务性质的就业岗位，主要包括如交通协管、物业管理、环境管理、车辆看管等社区管理岗位，清洁、绿化、安保、公共设施养护、家政服务等社区服务岗位，机关事业单位的门卫、收发等后勤岗位，以及社会工作机构相关的岗位。社区工作者要号召社区居民大力开发社区公益性岗位，将社区公益性岗位信息通过劳动力市场实行公开发布、公开招聘，优先录用年龄大、无技能、就业困难、家庭生活困难的特困人员。

2. 开发社会化服务岗位

社区工作者可以结合驻社区的企事业单位和政府机关，根据部分社会服务职能的需要开发社会化服务岗位，如开发适合社区退休老人的娱乐及生活照料等工作岗位。

六、引企业入社区，拓宽就业渠道

国家肯定中小企业在就业促进方面的积极作用，并出台了税收等具体的优惠政策，鼓励企业积极吸纳下岗失业人员。因此，社区工作者要按照"谁投资、谁所有、谁受益"的原则，鼓励并游说中小微企业或其他社会力量进入社区，开办社区服务项目和社区服务实体，建立多渠道社区服务设施建设投入机制，加快社区服务产业化步伐，提高社区服务吸纳劳动就业的能力，从而拓宽再就业的渠道。

七、鼓励自主创业

依据国家相关政策支持，社区工作者要多鼓励和支持下岗失业人员在社区组织起来，积极投入投资较少、机制灵活、适应性强的社区服务业，在实现自主创业的同时还缓解了其他下岗失业人员的就业压力，可谓一举两得。

典型案例

"订单式"培训帮助社区失业人员再就业

蓝沁苑社区居民黄某，两年前因意外被车撞伤，从此失去工作能力，成了失业人员，一家人的生活重担落在了妻子向某身上。社区知道情况后，便介绍向某到附近一所学校的食堂当勤杂工，一定程度上缓解了家庭的经济压力，向某由衷地感谢社区工作人员帮助。

蓝沁苑社区还有许多类似于黄某这样的失业人员，为了提高社区就业、再就业工作的服务水平，更好地为居民群众服务，蓝沁苑社区工作者对辖区的居民进行了就业意愿摸底调查，了解了居民的自身技能、工资期望等情况，建立了数据库，并针对失业人员的现实情况采取"订单式"的培训模式，以确保居民找到新工作。

所谓"订单式"培训，是指社区工作者在对居民进行就业意愿摸底调查，并广泛掌握企业用工要求等情况的基础上，对社区内的下岗失业人员实施免费的、分类别的技能培训。也就是说，企业需要什么样的人，社区就有针对性地为企业培训什么样的人，使下岗失业人员在最短的时间内学习和掌握到最有针对性的技能和业务知识，从而能点对点地找到自己满意的工作。此外，社区宣传就业政策，开展技能培训班，组织招聘会活动，也从中构建了一个公共人才交流平台，为失业人员提供了更多、更好的就业机会，让更多失业人员能找到满意的工作。

> **拓展阅读**

《人力资源社会保障部关于开展就业政策落实服务落地专项行动的通知》（节选）

突出重点群体帮扶。要聚焦高校毕业生、农民工、下岗失业人员、就业困难人员等重点群体，认真落实职业培训补贴、就业见习补贴、求职创业补贴、社会保险补贴、创业担保贷款、税收优惠等政策，稳定重点群体就业。要扎实推进离校未就业高校毕业生、建档立卡贫困劳动力、去产能职工等实名管理服务，完善跟踪帮扶机制。对就业援助对象实施优先扶持和重点帮助，指定专人负责，制定个性化援助计划，跟踪解决就业过程中的困难和问题。对其中通过市场渠道难以实现就业的，可通过公益性岗位予以安置，确保零就业家庭动态"清零"。

加大招聘专项活动力度。要按照"月月有招聘活动，时时有就业服务"的要求，认真组织全国统一的公共就业服务专项活动，搭建人力资源供需对接平台。要面向民营企业、小微企业、重点群体，加大就业服务专项招聘活动的力度和频次，提高人岗对接的效率。对受外部环境和结构调整影响的重点企业，建立专人对接机制，提供个性化指导，组织专场招聘；对其中的下岗失业人员，充分发挥政府部门和社会力量作用，多渠道、多方式提供就业服务，开展专门招聘活动，努力帮助其尽快实现再就业。

提升群众就业满意度。要全面落实人社系统行风建设的总体要求，持续推进"减证便民"行动，简化优化补贴申领、就业服务流程，清理各类无谓证明，打造群众满意的公共就业服务。要进一步压缩办理时限，对具备条件能够实现"秒批快付"的补贴政策，在收到申请材料后的下一工作日下班前反馈审批结果，其他补贴申领时限由各地根据实际情况按最大限度减少审核时间的原则作出规定。要广泛开展经办人员政策培训，加大岗位技能练兵比武力度，通过专题研讨、脱产轮训、远程教学等方式，提高经办能力。

开展评估和调研。要密切跟踪就业政策落实服务落地实施情况，适时开展落实情况自查或第三方评估，及时发现问题、分析原因、研究解决。要深入开展调查研究，认真听取劳动者、用人单位和基层干部对政策落实服务落地的意见建议，并在工作中认真吸收采纳。要认真排查风险隐患，进一步完善风险应对处置方案，对基层反映的普遍性、趋势性重大问题，对发现的苗头性、倾向性风险隐患，要在第一时间处理，将问题化解在萌芽状态，坚决防止小矛盾演变成大问题。

课 后 作 业

一、不定项选择题

1. 失业人群的特点不包括（　　）。
   A. 年龄偏大　　　　　　　　　　B. 整体文化素质偏低，技能单一
   C. 负担重，压力大　　　　　　　D. 社会适应能力强

2. 社区再就业服务的原则包括（　　　）。
   A. 尊重下岗失业人员的人格尊严　　B. 保障下岗失业人员的基本生活
   C. 转变就业观念，树立自信心　　　D. 鼓励自主创业，给予政策性优惠
   E. 鼓励下岗失业人员通过参加技能培训重新充电
3. 对社区下岗失业人员情况进行摸底调查的途径有（　　　）。
   A. 上门入户调查　　　　　　　　　B. 网络调查
   C. 自愿登记　　　　　　　　　　　D. 工作人员自己估计
4. 从再就业培训的对象来看，下列（　　　）不属于培训的对象。
   A. 失业人员　　　　　　　　　　　B. 想调换工作人员
   C. 就业处境不利者　　　　　　　　D. 面临失业威胁的人员

二、简答题

1. 简述社区再就业服务的内涵。
2. 简述社区再就业服务的目标。
3. 简述社区再就业服务的内容。
4. 简述社区再就业服务的方法。

三、实训题

任务描述：将学生分成小组，以小组为单位走访附近社区，了解社区居民的失业情况，并组织实施一次再就业培训。

任务引导：

1. 通过与该社区的居委会建立联系，了解社区居民的失业情况。
2. 争取所在地社区的支持，针对本社区失业人员，组织一次再就业培训。
3. 将调查过程、培训组织实施过程及培训总结制作成 PPT，以小组为单位进行汇报展示。

项目十二　开展社区社会保障服务

项目概述

本项目通过阐述社区社会保障服务的基础社会保障制度，分析我国社区社会保障服务的主要内容，探索开展社区社会保障服务的方法与策略，以使学生能够结合实际，有效地组织和开展社区社会保障服务活动，满足社区居民对社区社会保障服务的需求，提升福利水平。

学习目标

知识目标：了解社会保障制度；明确社区社会保障服务的内涵；掌握社区社会保障服务的主要内容。

能力目标：具备社区社会保障服务的基本方法和技能；能够设计与实施社区社会救助服务活动。

任务一　探讨社区社会保障服务的基础与内容

任务描述

作为一名社区工作者，为了更好地为社区提供服务，必须明确社区社会保障服务开展的基础，掌握社区社会保障服务的主要内容。

案例导入

佳庆社区是一个典型的老旧社区，3个居民小区的不少建筑建于20世纪90年代，社区现有居民2 400户，人口近5 000人，其中老年人有近2 000人。佳庆社区社保站根据社区情况开展了很多有针对性的工作，切实地发挥了社保站的重要作用。孤寡老人张奶奶无儿无女无工作，家里一直用的是罐装液化气，生活极度不方便。社区社保干部了解情况后，帮助张奶奶家申请开通了管道液化气。失业的林某检查出了癌症，他的妻子因为单位破产也失去了工作，社区社保站将林某的家庭认定为"零就业家庭"，为其妻子提供了公益性社区工作岗位。佳庆社区老人居多，并且很多老人患有身体疾病，非常容易被虚假药品广告欺骗，为了避免老人上当受骗，社保站邀请区医院的医生来社区开展健康知识专题讲座。讲座围绕养生知识开展，老人在讲座中提高了识别虚假药品的能力，并且增强了养生知识。为促进社区居民就业、创业，社保站先后举办了手工编织、插花、中式面点、西点等培训班，近200名居民接受了培训。居民李大妈通过培训后有了开面包店的想法，在社保站的引导扶持下，李大妈终于开了自己的面包店，生意非常红火。

案例思考

结合案例，谈谈你对社区社会保障服务工作的理解。

知识链接

社会保障是经济、社会发展到一定阶段才出现的客观经济范畴，并且随着社会经济的发展和社会实践的演进而不断发展变化。在国际社会中，完善的社会保障制度已经成为现代化社会的一个重要标志，在维护社会稳定方面发挥着"减震器"和"安全网"的重要作用。与发达国家相比，我国社会保障起步晚，发展过程比较艰辛，但可喜的是，经历了多年的发展，我国现已实现了社会保障制度上的全覆盖。伴随着我国经济社会的不断发展以及改革开放的力度不断加大，社会保障在养老、医疗、失业、生育、工伤、社会救助等方面发挥的作用将越来越重要。

一、社区社会保障服务的基础：社会保障制度

（一）社会保障与社会保障制度

社会保障的英文为social security，直译为社会安全。社会保障最早是在美国1935年颁布的《社会保障法案》（Social Security Act）中提出的。第二次世界大战期间，美国总统罗斯福与英国首相丘吉尔在1941年签订的《大西洋宪章》中再次引用该词。后来，国际劳工组织也沿用该词，并在一系列公约、文件和文章中使用，直至今日。

由于世界各国建立社会保障依据的理论体系存在差异，加之各国的经济发展水平、政治体制、文化传统等不同，国际社会上至今还没有形成一个可以被普遍接受的有关社会保障的定义。在我国，一些学者根据自己的理解也给社会保障下了不同的定义。我国在1986年全国第六届人大第四次会议中首次使用"社会保障"一词，将社会保障做定义如下：国家和社会通过立法，采取强制手段对国民收入进行再分配，形成社会消费基金，对由于年老、疾病、伤残、死亡、失业及其他灾难发生而提供的最低生活保障。

社会保障制度是以政府为责任主体，依据法律规定，通过国民收入再分配，对暂时或永久失去劳动能力以及因各种原因而生活发生困难的国民给予物质帮助，保障其基本生活的制度。社会保障制度通过集体投保、个人投保、国家资助、强制储蓄的办法进行资金筹集，对生活水平低于最低标准者实行救助，为暂时或永久失去劳动能力的人提供基本生活保障，逐步提升全体国民的物质和文化福利，维持社会稳定，促进经济增长和促进社会进步。因此，

社会保障制度具有公平性、普遍性、强制性和互济性的基本特征。社会保障制度是社会成员应享有的基本权利,对社会成员的基本生活实施保障,是国家和政府不可推卸的责任。同时,社会保障制度也是解决社会问题的重要杠杆,是稳定社会和经济秩序的重要机制之一。

(二)我国社会保障制度的主要内容

1. 社会保险

社会保险是政府通过立法强制实施,运用保险方式处置劳动者面临的特定社会风险,并为其在暂时或永久丧失劳动能力、失去劳动收入时提供基本收入保障的法定保险制度。由于社会保险的对象主要是劳动者,其群体的规模和数量都是人口中最大的,劳动者面临的风险也最多,因此需要保障劳动者在暂时或永久失去劳动能力的特殊情况下仍然能够参与社会分配。所以,无论从保障的对象上还是基金规模来看,社会保险都是社会保障的核心。社会保险的项目一般包括养老保险、医疗保险、失业保险、生育保险、工伤保险等,是社会保障中承担风险最多的保障内容。

2. 社会救助

社会救助是依据法律规定,政府和社会对遭受贫困或灾害的国民提供物质帮助和服务,以维持其最低生活标准的制度。社会救助既是一项古老的保障制度,也是现代社会保障制度中最基础的部分,是社会成员的"最后一道防护网和安全网"。社会救助的目的是通过由国家和社会作为主导力量采取的法制化济贫手段,使公民的生存权得到保障,进而维护社会秩序的稳定。

目前,我国的社会救助体系主要包括基本生活救助(如对共同生活的家庭成员人均收入低于当地最低生活保障标准且符合财产状况规定的家庭,给予最低生活保障)、专项社会救助(如根据实际需要给予相应的医疗、住房、教育、就业等救助)、急难社会救助(对遭遇突发事件、意外伤害、重大疾病,受传染病疫情等突发公共卫生事件影响或由于其他特殊原因导致基本生活暂时陷入困境的家庭或个人,以及临时遇困、生活无着人员,给予救助)。

3. 社会福利

社会福利的含义有广义和狭义两种理解。广义的社会福利泛指国家和社会对全体公民在生命全过程中所需要的生活、卫生、环境、住房、教育、就业等方面提供的各种公共服务。狭义的社会福利是与社会保险、社会救助等并列的一种社会保障形式,是指国家和政府通过为公民提供一定的物质帮助来提高公民的生活质量,满足公民的共同和特殊生活需要而制定的制度。社会福利一般包括儿童福利、老年福利、残疾人福利、公共福利等内容。在社会保障制度中,社会救助是社会保障的最低层次,保障社会成员的最低生存需要;其次是社会保险,保障社会成员的生活需要;社会福利是最高层次,能够改善和提高社会成员的生活质量。

4. 社会优抚

社会优抚是群众优待和国家抚恤的总称,是国家和社会依据法律规定,对那些为保护人民利益和保卫国家安全而牺牲、伤残的人员及其家属，提供生活和工作上的优待、抚恤和照顾的制度。军人保障是社会优抚的重要组成部分，包括对转业、复员、退伍军人给予妥善安置，对为国捐躯和伤残的军人家属给予精神上的慰藉和物质上的帮助等。做好优抚工作，对于鼓励社会正气、安定军心、维护国家安全和社会稳定有着不可替代的作用。

二、社区社会保障服务的内涵

社区社会保障
服务的内涵

（一）社区社会保障服务的含义

社区社会保障服务是指在我国社会保障制度基础之上，以社区内因各种社会风险而陷入困境、有物质需求和精神需求的社区居民为服务对象，为其提供各种形式的福利性援助的专业服务的总称。社区社会保障的上述定义，可以从以下几个方面来理解。

（1）社区社会保障服务开展的依据是国家的社会保障制度。社会保障制度是社区社会保障服务的基础，当前我国还没有关于社区社会保障的立法，国家的社会保障制度就成为社区社会保障服务开展的主要依据。凭借我国现有的强制性的社会保障制度，可以有效地明确社区保障服务各方的权利义务，更好地促进社区社会保障服务的开展。

（2）社区社会保障服务的对象是社区居民。国家社会保障的对象是全体社会成员，社区社会保障服务的对象则是该社区内的户籍居民。国家社会保障的对象并不因为保障对象的流动或变迁而改变，而社区社会保障服务通常局限于社区内的户籍居民，保障对象会随着户籍居民的流动或迁移而改变。

（3）社区社会保障服务的直接目的是保障社区居民的基本生活权利和需求。社区社会保障服务的主要功能是为处于困境中的社区居民提供最基本的生活保障，这一目的具有微观性，它主要是为本社区居民的基本生活权利提供安全保障，以确保本社区的居民不致因为暂时的困难而陷入孤立无援的境地，也不致因为永久性困难而无法生活下去。但是，随着社会和经济的发展、社区建设的完善及人民生活水平的提高，社区社会保障的功能已经不仅仅是为满足社区居民的基本生活需求，更大程度上是为了促进人的全方面发展，创建和谐社区与和谐社会。因此，社区社会保障服务的直接目的是保障本社区的居民安居乐业，以促进社区物质和文化生活质量不断改善，维护社会稳定和发展。

（4）社区社会保障服务可以是实质性的也可是非实质性的。社区社会保障服务可以通过给付现金、物资等实质性的形式来满足社区居民的基本生活需求，同时也可以通过提供培训、医疗服务、信息咨询、心理辅导等非实质性的服务来满足社区居民的需求。

（二）社区社会保障服务的特征

社区社会保障服务是在国家不断推进社区建设的背景下逐步发展起来的，它是在实施了法定的基本保障后，为社区居民提供各种形式的专业服务，其特征有以下几个方面：

1. 救困性

国家虽已实施了社会保障制度，但是社区成员仍不可避免地会遭受到社会风险的侵袭，疾病、自然灾害、意外事故等风险因素都可能导致社区居民陷入困境。当社区成员个人、家庭、亲属等无力解决基本生存问题时，当社区成员因失业或是无法再就业而导致家庭生活困难时，社区可以通过多种渠道筹集资金，为需要帮助者提供救困性服务。

2. 服务性

社区社会保障服务不仅仅要满足社区居民的基本生活保障，同时还要为社区内居民提供各种服务。对有物质需求的居民，社区社会保障服务要提供各种物质援助，对有精神需求的社区居民要提供满足精神需要的各类服务活动。同时，社区也是社会成员聚集的场所，社区内各类特殊人群，如高龄老人、残疾人、妇女儿童等也需要社区为其提供不同层次、不同形式的服务。

3. 福利性

社区社会保障服务不是以营利为目的而提供的服务，而是为了增进社区居民的福利而提供的服务。社区社会保障服务提供的可能是现金、物资，也可能是各种形式的服务，这些服务是无偿的或是低偿的。从权利和义务的角度来看，被保障者所享受到的一定大于他所花费的，这体现了社区社会保障服务的福利性。

4. 资金来源的多样性

社区社会保障服务的资金除了政府的财政拨款、企业捐款、民间募集等，还可以利用和挖掘自己独特的社区资源来满足社区服务需求。如通过发展社区经济来获得公共积累，通过举办义卖、义演筹集社区社会保障服务所需的资金。

三、社区社会保障服务的主要内容

（一）社区基本保障的管理

社区社会保障服务作为我国社会保障的组成部分，在社区基本保障管理方面发挥着极其重要的作用。在我国，社会救助资金的发放、城市居民最低生活保障的申请、退休人员的管理等，都需要通过社区层面来实现。所以对社区内的退休人员、失业人员、自由职业者等进行管理，掌握这些人群的详细信息、现实需要，可以更好地促进社会保障制度的实施。

（二）开展社区养老保障服务

老年人对社区的依赖性最强，其衣食住行、文化娱乐等活动基本上都是在社区内完成，同时社区也是最熟悉老年人生活状况的，因此社区要承担起养老保障服务工作。社区要建立健全老年人档案，对其个人基本情况、原工作单位及工资情况、医疗情况、养老金发放管理等进行记录；了解老人的现状和需求，对于有特殊需要的老人，要及时关注并建立特殊档案，提供特殊服务；掌握社区老人的养老保险情况，把社区所负责的工作做好、做细。同时，社区还要积极开展助老、养老服务活动，帮助老人，关心老人，调动老人的积极性，组织各种有利于老年人身心健康的活动，丰富老人的生活。

（三）开展社区社会救助

社区社会保障服务在开展社区社会救助工作方面主要体现在两个方面：一是社区就业托底保障服务，二是社区居民最低生活保障工作。先来看第一个方面。一般劳动者的再就业工作主要是由政府部门来负责，而那些市场就业有困难、家庭生活又有困难的社区居民就成为社区社会保障服务关注的对象，具体包括：失业人员中市场就业困难、家庭生活困难者，下岗待业人员就业困难、家庭生活困难者，非正规就业组织从业人员和自由职业者。再来看社区居民最低生活保障工作。城市居民最低生活保障制度是我国社会保障体系的重要内容，也是目前社区社会保障服务的重点工作。在社区开展最低生活保障工作需重点关注三类特殊群体：第一，特殊困难群体，如大病者、重病者、严重残疾者的家庭及其子女、单亲家庭等，各地在发放低保金时一般都向这些重点照顾对象适当倾斜，以切实保障他们的基本生活；第二，对无生活来源的人，无法定赡养人、抚养人的人，无劳动能力的人，即传统的"三无"人员，要特别关心和照顾，关注他们的衣食住行，尽量多地为他们提供关怀和帮助；第三，对残疾人要特殊照顾，要认真了解他们的健康和生活状况，采取切实有效的保障措施帮助他们。

（四）开展社区优抚工作

随着社会改革的深入，优抚工作也在向社区延伸，成为社区社会保障服务的重要内容。这方面内容请参见本书社区优抚服务章节的介绍。

典型案例

社区居民李某，女，40岁，丈夫五年前因病去世，留下她和儿子相依为命。李某因为学历低一直在农贸市场做保洁工作，最近李某感觉腰疼严重，经检查发现得了腰椎间盘突出，需要治疗。农贸市场在得知李某生病后辞退了李某，使其家庭失去了唯一的收入来源。前几天李某发现青春期的儿子又出现了逃学的行为，劝说无效，母子二人为此大吵一架。面对这些难题，李某感到难以支撑下去。社区居委会在了解了李某的状况后，决定为其提供社区社会保障服务。

案例思考
1. 李某面临的困境主要有哪些？
2. 针对李某目前的困境，探讨解决的办法。

拓展阅读

完善覆盖全民的社会保障体系　促进社会保障事业高质量发展

社会保障是保障和改善民生、维护社会公平、增进人民福祉的基本制度保障,是促进经济社会发展、实现广大人民群众共享改革发展成果的重要制度安排,是治国安邦的大问题。

我们党历来高度重视民生改善和社会保障。党的十八大以来,党中央把社会保障体系建设摆上更加突出的位置,对我国社会保障体系建设做出顶层设计,推动我国社会保障体系建设进入快车道。统一城乡居民基本养老保险制度,实现机关事业单位和企业养老保险制度并轨,建立企业职工基本养老保险基金中央调剂制度。整合城乡居民基本医疗保险制度,全面实施城乡居民大病保险,组建国家医疗保障局。推进全民参保计划,降低社会保险费率,划转部分国有资本充实社保基金。积极发展养老、托幼、助残等福利事业,使人民群众不分城乡、地域、性别、职业,在面对年老、疾病、失业、工伤、残疾、贫困等风险时都有了相应制度保障。

目前,我国以社会保险为主体,包括社会救助、社会福利、社会优抚等制度在内,功能完备的社会保障体系基本建成,基本医疗保险覆盖13.6亿人,基本养老保险覆盖近10亿人,是世界上规模最大的社会保障体系。这为人民创造美好生活奠定了坚实基础,为打赢脱贫攻坚战提供了坚强支撑,为如期全面建成小康社会、实现第一个百年奋斗目标提供了有利条件。同时,随着我国社会主要矛盾发生变化和城镇化、人口老龄化、就业方式多样化加快发展,我国社会保障体系仍存在不足,必须高度重视并切实加以解决。

习近平指出,社会保障关乎人民最关心、最直接、最现实的利益问题。党的十九届五中全会明确了"十四五"时期我国社会保障事业的发展蓝图。要坚持系统观念,把握好新发展阶段、新发展理念、新发展格局提出的新要求,在统筹推进"五位一体"总体布局、协调推进"四个全面"战略布局中思考和谋划社会保障事业发展;要树立战略眼光,顺应人民对高品质生活的期待,适应人的全面发展和全体人民共同富裕的进程,不断推动幼有所育、学有所教、劳有所得、病有所医、老有所养、住有所居、弱有所扶取得新进展;要增强风险意识,研判未来我国人口老龄化、人均预期寿命提升、受教育年限增加、劳动力结构变化等发展趋势,提高工作预见性和主动性。

任务二　掌握社区社会保障服务的工作方法

任务描述

社区在开展社区保障服务时,工作者要从提升居民服务的视角出发,使用个案工作、小组工作、社区工作、社会工作行政等工作方法,利用各种工作技巧去回应社区居民多元的需求。

案例导入

社区居民周奶奶，女，97岁，独居，丈夫早就去世，膝下无儿女，为低保户。周奶奶因摔伤导致双脚无法正常行走，只能依靠简易的凳子在屋内移动。在摔伤之前，周奶奶生活能够自理，能够自己做饭，也喜欢邻居聊天交流；但自从摔跤后，身体情况变差，行动亦不便，无法自己做饭，只能依靠其侄子一家照顾日常生活。但是因其年事已高，身体相关机能都不断下降，听力、视力等都下降，加之行动不便，周奶奶很少与别人交流，邻居也都不来找她聊天。最近有邻居向社区工作者反映周奶奶的三餐并不稳定，其侄子一家在送餐时的态度也不是特别好，特别是其侄媳，有时候会恶声恶气地在窗口上喊周奶奶，即使屋内没有人回应，也置之不理。邻居对周奶奶表示同情，并期望社区工作者能够介入。

案例思考

结合案例，谈谈社区工作者可以采用哪些具体的方法为周奶奶提供服务。

知识链接

一、个案工作方法

个案工作方法的工作对象是个人或家庭，该方法在运用中主要是通过社会工作者与服务对象进行面对面的交流，运用专业的知识和技巧帮助服务对象提升潜能，并整合自身与外部资源来解决服务对象的问题，增进个人与家庭的福利。个案工作方法直接与案主进行一对一的面谈，有助于专业关系的建立与问题的深入，能够有针对性地专注于解决某一个案主的问题。因此，社区社会保障服务中使用个案工作方法可以为社区居民提供具有针对性的、直接的、面对面的服务，能够有效地帮助社区居民缓解精神方面和心理方面的问题，提升其解决问题的信心及能力。同时，社区工作者通过运用专业性技巧，挖掘、利用个人和家庭及社会环境中的资源，激发社区居民的个人潜能，帮助其真正摆脱贫困，满足需求。

社区工作者在使用个案工作方法介入社区社会保障服务时，可以采用以下具体的技巧：

（1）会谈的方法。每次会谈前社区工作者要做好会谈场所的选择，做好会谈前的准备，确定会谈内容及主题。在会谈过程中要恰当地使用开放式提问和封闭式提问，积极倾听，恰当表达同感，对服务对象模糊不清的表述及时做澄清与对质，逐步影响社区居民做积极转变，并且在会谈结束时要做好总结与提示，为下一次会谈做准备。

（2）访视的方法。访视是社区工作者到社区居民生活的家庭、学校单位等环境中去拜访有关人员的方法。访视有利于社区工作者更全面、真实地去了解社区居民的问题与境况。为更好地做好访视工作，社区工作者首先要明确访视的目的，做好访视的准备工作，如熟悉受访者的资料、确定受访者的住址和联系方式等，同时还要注意自身仪表，在访视过程中要持有尊重、真诚、接纳的态度，以促进双方更好地合作。

（3）记录的方法。社区工作者在工作过程中需要将社区居民基本情况、与社区居民的接触过程及居民改变的情况记录下来，这就需要使用个案记录的方法。完整的个案记录应包括：社区居民本身的资料，居民问题产生的原因及其性质，居民的期望及其会谈时的感受、反应，社区工作者的分析、反思及进一步的处理意见等。个案记录是个案工作过程中不可或缺的环节，通过记录，社区工作者可以回顾执行工作的情况，有助于提高服务的品质。个案记录的方式主要有三种：文字记录、录音记录和录像记录。这三种记录方式各有其优点与局限性，工作者可以根据需要、情境采取适宜的记录方式。同时，需要注意的是，个案记录可能会涉及保密原则，如果在会谈过程中进行记录，要首先征得服务对象的同意。

与此同时，工作者还需遵守一些工作原则，这些原则包括个别化原则、接纳原则、非批判原则、案主自决原则、保密原则等。

（1）个别化原则。个别化原则强调每个人都是独特的个体，每个人的能力、所处的环境和所拥有的资源都是有差别的，虽然面临同样的问题，但每个人的感受和看法也会是不一样的。所以，社区工作者在服务过程中不能依循过去的经验，公式化地对待社区居民，而应该具体情况具体分析，充分重视并致力于了解社区居民的具体情境和独特感受，进而灵活地运用不同方法与原则去帮助不同的社区居民。

（2）接纳原则。接纳原则要求社区工作者真实地理解与看待社区居民，包括其优势与弱势、个性品质、各方面感受、积极与消极的态度、适宜与不适宜的行为，尊重其与生俱来的尊严与个人价值。做到接纳，就要对社区居民做到宽容与尊重，最低限度是不歧视、不排斥他们，不拒绝为其提供服务。但要注意，接纳并不意味着社区工作者赞同居民的价值观或行为，而是相信其当前不合理的思想与行为是有历史与现实原因的，虽然并不一定正确或合理，却是可以理解的。面谈过程中，接纳有助于营造一种开放、自由的氛围，使社区居民放心、安心地去表达内心的想法。尤其是生活陷入困境的居民，亟须一个宣泄之处，释放内心的压力及不良情绪。这种宣泄既能起到一定的治疗作用，同时也有助于社区工作者了解社区居民的感受与问题，以便于有针对性地开展工作。

（3）非批判原则。在非批判原则指导下，社区工作者的任务是了解和帮助社区居民，不能对其所作所为做出是非对错的评判。在工作过程中，社区社会保障服务面对的服务对象都是具有社会适应不良问题的社区居民，他们自身的境遇会让他们的自尊感及信心受损，也很容易在面对批评和指责时持有回避和对抗的态度。因此，社区工作者必须以非评判的态度了解社区居民及其问题，在适当的时候向社区居民说明社区工作者的工作是在帮助他，不是在歧视他、评判他、否定他，而尽力去理解社区居民行为背后的动机和原因。

（4）案主自决原则。社区居民作为社区社会保障服务的服务对象，拥有自己选择和决定的权利，社区工作者不能包办代替。在工作过程中，社区居民拥有自由决定的空间，社区工作者处于分担、支持、提示的地位，利用自身拥有的专业知识与技巧，帮助社区居民分析问题所在，进而共同探讨各种解决方案的利弊，让社区居民在多种方案中做出妥善的选择。需要注意的是，如果社区居民表现出要放弃、逃避或推卸"自我决定"，社区工作者也应尽力使其恢复自决的能力。

（5）保密原则。保密原则要求社区工作者在专业关系中保守社区居民所透露的隐私信息，尊重社区居民的隐私权。坚持保密的原则能使社区居民产生安全感，从而敞开心扉，透露生活中隐私的部分，不必害怕万一泄露出去，他们的声望和地位受损。具体来说，保密的方式包括不向他人透露社区居民的姓名、资料，不向他人谈及居民的问题，不让外人了解会谈过程、会谈内容，等等。

除掌握上述技巧和原则之外，社区工作者在提供个案服务的过程中还需要特别注意：

（1）注重个案管理的应用。社区居民的问题和需求很有可能是多重、多层面的，如社区居民既陷入生存困境，同时又身患疾病，无法就业，个案管理可以有效地对遭遇多重问题的社区居民提供多方面的服务，并协调服务网络中的各项服务，以满足社区居民的复杂需求。

（2）社区工作者不仅要尊重服务对象的独特性，还要注意处于困境中的社区居民有其自身的敏感性，需要社区工作者以平等、尊重的态度积极主动地与其接触，才能够切实了解其困境，用专业的工作方法帮助其摆脱困境。

（3）社区工作者不能简单地代替社区居民做决定，直接替他解决问题。因为直接替社区居民做决定可能会使社区居民错失能力提升的机会，难以获得真正的成长，遇到类似问题或更大挑战时，他仍然不能面对。并且社区工作者替代的效果也较易助长案主的依赖心理，从而弱化案主的能力，使之缺乏自信。所以在使用个案工作方法时，社区工作者要注意激发社区居民的积极性，让他参与到解决问题的过程中，通过社区工作者的教育、引导，逐步恢复其处理自身问题的能力，从而获得真正的成长与发挥潜能。

二、小组工作方法

小组工作方法可以通过有目的的小组活动和组员间的互动来学习解决问题的方法，处理个人、人与人之间、人与环境之间的问题，促进个人潜能的开发，从而获得个人成长。人的本质决定每个个体必须生活于种种不同的社会关系中，其中各种小组是一个人社会生活经验的核心，借助于小组动力过程、小组经验可以帮助社区居民提高其改善自身生活境况的信心和对社会生活的适应能力。

社区工作者在运用小组工作方法时掌握一定的技巧，可以更好地引导小组顺利向前发展，达到既定目标。这些技巧包括沟通技巧、讨论技巧、程序设计技巧等。

（1）沟通技巧。沟通在小组工作中非常重要，因为良好的沟通可以减少冲突，增强小组凝聚力，小组互动就能达到应有的效果。社区工作者在工作过程中要营造轻松、安全的沟通环境，利用语言和非语言的专注，积极回应组员的发言，在适当的时机下进行自我披露，及时对繁杂、散乱的信息做总结，以更好地达到与组员沟通的效果。为更好地促进组员间的沟通，社区工作者要及时关注小组中的互动模式，适时加以调整，提醒组员通过倾听营造良好的沟通环境，鼓励组员及时表达、相互理解、分享与回馈。

（2）讨论技巧。小组过程中会有一些内容需要通过组员共同讨论来完成，如小组目标、小组规范、小组中的问题等。为了更好地促进小组讨论的开展，社区工作者要在讨论前做好充分的准备，选择合适的主题、合适的讨论形式、安排好活动的环境、选择合适的讨论参与者等。在讨论过程中，社区工作者要运用好开场的技巧、提问的技巧、鼓励的技巧、沉默的技巧、中立的技巧等。

（3）程序设计的技巧。为了更好地实现小组的分目标与总目标，小组活动在程序设计上需要紧扣小组目标，充分考虑小组成员的能力及特点、小组的发展阶段，循序渐进地去设计小组活动程序。

在社区社会保障服务中，针对社区居民共同存在的一些问题及需求，可以设计以下小组活动：

（1）贫困单亲母亲小组。贫困单身母亲在很多方面都需要获得专业性的帮助，在由贫困单身母亲组成的小组中，可以通过讨论，促进单身母亲明确自身的问题和需求，学习应对各种困难的技巧；同时，参加小组活动也有助于缓解身心压力，增强生活信心。

（2）成长小组。社区中的儿童和青少年可以成为成长小组的主要参与者。在小组活动中，成长小组可以为儿童和青少年提供一个成长环境，帮助其相互接纳、相互支持，学习维持良好人际关系的技巧，培养其形成积极的生活态度。

（3）支持性小组。在由下岗失业人员组成的支持性小组中，小组成员可以宣泄情绪与压力，重拾自信心，促进其主体意识、自立能力发挥作用，并产生再就业的实际行动。

三、社区工作方法

与个案工作和小组工作不同，社区工作是以社区居民和社区整体为服务对象的工作方法。社区工作方法有目的地将社区居民组织起来参与集体活动，通过活动过程培养社区居民的自助、互助和自决精神，进而增进社区居民对社区的认同感与归属感，增强社区凝聚力。社区工作方法通过动员与组织可以很好地整合社区资源，为社区中处于困境的居民提供互助的社会环境，同时也能满足社区居民不同层次的需求。

社区工作者在使用社区工作方法提供服务时需要掌握以下技巧。

（1）社区分析技巧。社区工作者在进入社区之前就已经开始社区分析工作了。社区分析需要分析社区基本情况、社区问题、社区需要、社区资源等，在社区资料收集时可以运用文献法、观察法、访谈法和问卷法，然后对收集到的资料进行整理分析，形成社区分析报告。

（2）建立与维系社区关系的技巧。建立与维系社区关系技巧需要贯穿于社区工作的始终，建立与维系社区关系包含两个层面，一是与社区居民建立关系，社区工作者要掌握与群众初步接触的沟通技巧，同时要善于运用与社区居民开展街头谈话、家访、电话访谈等的技巧；二是与相关组织建立关系，如辖区政府部门、企事业单位、各种非政府组织及居民组织，要了解这些组织的运作情况，分析组织间的关系，准确把握组织之间的交往准则。

（3）动员群众的技巧。社区工作的开展需要居民的积极参与，居民的参与可以提升其对社区相关情况的关注，有利于提升居民对社区的归属感和认同感。社区工作者要具备接触群众的技巧，说服居民参与的技巧，能够运用技巧去挖掘和培育社区领袖。同时，社区工作者还要掌握召开记者招待会、居民大会，进行游说、请愿、谈判的技巧。

（4）社区教育的技巧。社区教育可以很好地为社区互助、领袖培养、社会行动、政策倡议等活动服务，传播知识和解决问题的有效方法，提升居民的意识和能力，争取社会环境的改善。在社区社会保障服务中常用的社区教育技巧主要包括社区社会保障知识的宣传以及开展就业辅导。社区工作者要经常性地利用宣传单、座谈会、研讨会等方式对社区居民进行相关政策和制度的宣传，如对失业人员介绍失业保险的申领程序，向社区贫困者介绍最低生活保障制度的申请方法等。就业辅导方面，社区工作者要运用专业的方法对具有劳动能力的居民提供就业辅导、技能培训和信息咨询，进行能力建设，提供就业信息，鼓励其自食其力。

（5）行政管理的技巧。社区工作是宏观视角的社会工作方法，因此社区工作者也需要掌握行政管理的技巧。这些技巧主要是涉及处理文件资料的技巧、财务管理的技巧、计划与评估的技巧等。

社区工作者在开展社区服务的过程中需要特别注意：

（1）资源链接。社区中有各种人力、物力、财力、文化和组织等各种不同类型的资源，社区工作者要及时了解、掌握社区中的各种资源，在社区居民寻求帮助时能为其提供所需资源，做到资源整合与共享。

（2）推动居民参与。居民参与社区事务能够增强个人对社区的认同感和归属感，社区工作者要注意运用多种技巧推动居民参与社区事务，尤其是处于困境中的居民以及有精神和物质需要的居民。居民的广泛参与能够为社区社会保障服务的开展提供深厚的群众基础。

（3）注重居民能力建设。通过社区教育，围绕居民认知思维能力、行为技巧、情感、价值观等方面开展能力建设和能力培养，有利于提升居民能力，为社区问题的解决及需求的满足提供可能。

（4）社区支持网络的建设。用各种方法去建立、强化和维系各种支持网络，能够为社区居民提供良好的社会支持，帮助其解决所面临的问题。针对社区居民不同的需要与问题，可以有针对性地建立各种形式的个人网络和互助网络，如与家庭成员、亲朋好友建立个人网络，与邻里建立互助网络。

四、社会工作行政

社会工作行政是一种间接的社会工作方法，通过行政程序来实现社会服务的目标，而不是直接向服务对象提供服务。社会工作行政可以分为宏观社会工作行政和微观社会工作行政。宏观社会工作行政是在较大范围内推行社会政策，常常与政府行为有关，表现为政府发挥其职能行为，是政府在一定范围内推行社会政策的过程，同时还包括指导、监督、检查、评估政策的落实情况的活动。例如，各级人力资源和社会保障部门通过行政程序推动社会保险制度的落实。微观社会工作行政是将社会政策转化为具体的社会服务的行政活动，常常表现为相关部门如何落实政策，将服务传递到服务对象手中，社会福利机构的管理活动等。

在社区开展社会保障服务的过程中,社会工作行政的作用主要体现在增进社区社会福利方面。社会工作行政要将社会政策转化为社会服务活动,在社区社会保障服务中主要体现在社区工作者如何利用和配置资源,将社会服务传递到社区居民手中。做好这项工作需要做到以下几点:①了解社区居民,尤其是社区中处于困境中的居民,了解其基本情况及基本需求。例如,享受低保制度的社区居民有多少,有哪些人符合低保申请的标准等。②准确把握社会政策,对社会政策内容有较准确的把握才能更好地将其转化为适合居民需要的社会服务。例如,准确把握低保制度的申请标准和申请流程。③根据社区实际情况配置相关资源,为居民提供相应的社会服务。社区工作者在掌握社区及社会政策各方面资源的情况下,才能够更好地、有针对性地提供服务。例如,为基本生存问题存在困难的社区居民提供物质帮助,为失业人员提供就业援助等。

典型案例

"突破自我,再出发"个案服务

一、基本资料

张某,女,35岁,龙源社区居民,家中缺乏稳定的经济来源。

二、背景资料

张某出生于普通的农民家庭,初中学历,找工作失败后在家帮父母经营小商店,23岁与丈夫余某结婚,家中现有一个10岁的男孩。丈夫余某是高中学历,高中毕业后一直在家务农。张某和余某的关系尚可,张某在婚后主要负责家中事务,余某在务农之余偶尔打零工,家中的经济条件不佳,孩子上学后,生活变得更困难。2018年,城市户籍制度改革,张某一家转变为非农业户口,没有了耕地,张某一家在余某父母的资助下在龙源社区购买了房子,并搬到了龙源社区。搬迁后,张某仍是负责家中事务,余某外出工作但是没有找到稳定的工作,家中没有稳定的经济来源。

三、主要问题

(1)自信心缺乏,逃避心理较强。

(2)对自我的角色定位不明确,就业意愿待激发。

四、问题分析

受传统观念影响,张某认为"女子无才便是德",在面对困难时总是选择逃避,缺乏自信心。她在初中毕业后就开始找工作,由于学历低在就业过程中屡屡受挫,于是放弃了找工作。在婚后,每天除了做家务、照顾孩子外,对未来生活没有任何规划。转户后,丈夫余某建议其外出工作,张某在经历了几次失败后再次放弃找工作,对找工作的抵抗心理更加强烈。

基于张某的情况,要引导其恢复自信心,在其肯面对自己的状况的情况下,改变其思想观念，激发其就业意愿，促使其积极寻找工作。

五、理论基础

每个人都有自我成长、自我实现的愿望。"自我"是人在内心深处关于自己的形象定位，不是别人对自己的看法和评价。"自我"概念是一套有组织的、连贯的关于自己的观感，如对自己身份的界定，对自己能力的认识等。

六、服务模式

人本治疗模式强调，是自我概念而不是经验性的自我决定人的行为。因此，社区工作者的首要任务在于创造一种和谐的治疗氛围，以利于案主自我成长。社区工作者不应该事先对案主做任何价值判断，对案主的问题应迂回地解决，通过社区工作者真诚、关怀、尊重、接纳的态度来改变案主原先的不适当观念，从而促进案主自发地改变自身行为。

七、工作计划

1. 总目标：增强案主的自信心，促使其勇敢面对现实，促进其就业。

2. 分目标

（1）帮助案主认清现实，促使其积极面对现实生活，重新恢复自信和勇气。

（2）增强案主的就业意愿，参加技能培训后找一份工作或是自主创业。

3. 具体计划

（1）与案主接触、沟通，建立专业关系。经常与案主打电话、谈心，了解其内心的想法。

（2）根据案主的问题及需求，与案主协商所要达到的目标。即：增强案主的自信心，促使其勇敢面对现实，促进其就业。

（3）输入希望，提供支持。社区工作者根据自身及案主的人际资源为其提供适度支持，使其能重燃希望，在助人自助的情况下，发挥潜能，实现改变；最终增强其就业意愿，强化其技能应用的本领，适当提供就业或培训信息。

（4）评估。与案主一起对服务效果进行评估，及时发现案主发生的明显变化，反思服务成效。

> **拓展阅读**

专业服务增进社区居民福祉

佳园社区地处城乡接合部，居民人数多，人口结构复杂，收入普遍较低，存在的问题也较多。两年前，佳园社区通过购买服务的方式，引入专业社工创建佳园社区社工服务中心，主要致力于为社区中的困难群体提供服务。

提起佳园社区社工服务中心，佳园社区居民樊某竖起了大拇指，因为樊某一家切实体会到了专业化的社工服务带来的甜头。樊某一家是低保户，五年前他因车祸导致双腿截肢，不能外出工作，让本来就不富裕的家庭更是雪上加霜，家庭的重担都落到了妻子杨某身上。杨某因为学历低，没有技能，只能靠做保洁工作来负担一家人的吃穿用度及儿子上学的费用，生活极其困难。妻子的付出樊某看在眼里，急在心里。像樊某这样生活困难的家庭，佳园社区有78户，这个情况引起了社工们的注意，经过研究和与相关企业接洽，最终推出了社区微企项目。社区微企针对社区内生活困难且行动不便的居民，采取居家工作的方式，使居民足不出户就可以在家完成缝制手套、串珠等工作，相关企业定期来发放原材料和收取成品，居民根据完成的件数来获得相应的报酬。这种不用投入成本、在家就能完成的工作，让樊某看到了希望，项目一推出，他就报了名，而此时很多居民却在犹豫和观望，对这个项目持怀疑态度。经过简单的培训，樊某选择缝制手套。第一个月他拿到了540元，钱不多，却让他信心倍增，让他觉得自己不再是家中的累赘。心情放松使他提高了工作效率，第二个月他拿到830元的工资。樊某的实例让社区居民有了尝试的兴趣，很多居民纷纷报名，一些专职在家带孩子的妈妈也参与了进来。

受社区微企项目的启发，社工服务中心又推出了免费培训项目，定期为社区居民举办各类免费的学习小组活动，如月嫂培训、面包制作、插花技巧等。免费培训项目让很多家庭贫困的社区居民拥有了一技之长，找工作有了方向。樊某的妻子杨某在学习了面包制作课程后开起了自己的面包店，并且生意越来越红火。

"四点半课堂"是社工服务中心的另一个项目。樊某的儿子也是这个项目的受益人之一。佳园社区的孩子很多，很多家长都是早出晚归忙于生计，基本无暇顾及孩子，很多孩子放学后独自在家，没有人辅导作业，既不能较好地完成学习任务，自身安全也无法保障。针对这种情况，社区社工服务中心为小学龄儿童开办了"四点半课堂"，进行作业辅导、开展公共安全知识普及活动，为有需要的中学生提供心理健康教育服务。如今，孩子们在放学后可以进入"四点半课堂"写作业，在暑假可以参加社区的夏令营活动，在六一儿童节可以参加社区的游园活动，学业问题和安全问题同时得到了解决，也解除了家长们的后顾之忧。

佳园社区社工服务中心为社区居民提供专业化的社工服务，使得社区居民逐渐认识了社工，并且与社工成了亲密的朋友，只要提起社工，社区居民无不啧啧称赞。正是社区居民的信任与鼓励，社工服务中心的社工才更有信心和干劲为社区居民提供更优质的服务。

任务三　设计与实施社区社会救助服务活动

任务描述

开展社区社会救助服务活动，既能帮助救助对象解决实际的困难，又能调动其参与社会生活的积极性。因此，社区工作者必须学会结合社区的实际情况，熟练地设计与实施社区社会救助服务活动。

> **案例导入**
>
> 社区居民陈某，男，55岁，年轻时因意外左腿被截肢，只能拄拐出行，没有工作。陈某的儿子，30岁，和妻子张某在社区开了一个小超市，陈某平时在超市帮忙，一家人的生活还过得去。不料，一天晚上，陈某儿子在将要关店打烊时，几个歹徒闯了进来，抢走了一家人半年的收入，还捅了陈某儿子几刀，导致其手臂、胸部、腿部多处受伤。经过医生的抢救，儿子的命总算保住了，但是由于伤到了神经，儿子的大腿不听使唤，成了残疾人。为了给儿子治病，陈某把超市卖了，儿子出院后，家中积蓄所剩无几。儿子不能接受变成残疾人的事实，在出院后脾气暴躁、情绪低落，儿媳妇也不愿和一个残疾人一起生活，丢下了5岁的女儿远走他乡。
>
> **案例思考**
>
> 作为一名社区工作者，请结合陈某一家的现实情况，组织开展社区社会保障服务活动。

> **知识链接**
>
> 在社会保障制度基本健全的前提下，社区居民依然会遇到因各种社会风险而导致其难以维持基本生活，社区社会救助服务能够为这些社区居民提供基本物质保障。社会救助服务主要包括基本生活救助服务、专项社会救助服务、急难社会救助服务。

一、社区社会救助服务活动方案设计的原则

1. 以救助对象为中心

社区工作者要充分了解救助对象的特点和需求，以满足救助对象的基本生存需要为出发点，策划和开展社区救助活动。社区工作者可以利用问卷、家访等方法，对服务对象的年龄、身体状况、家庭状况等基本信息进行考察，切实了解其在生活、工作等方面存在的困难，及其在问题解决方面可以利用的资源，形成适合救助对象的活动方案，尽量满足其个性化需求。

2. 尊重救助对象的权利

社区工作者在设计活动方案时要关注服务对象权利的发挥，针对不同对象的不同需求，使用不同的工作方法、不同的技巧，通过救助活动的开展让服务对象的自我价值得到体现，自我评价得到提高。例如，陷入生存困境的服务对象不仅仅需要得到物质救助，他们还需要合理的途径去发泄不良情绪，社区工作者既可以通过个案工作进行情绪疏导，又可以通过小组工作来进行情绪分享。

3. 注重服务对象能力的提升

社区工作者在设计活动方案时一方面要关注服务对象问题的解决，同时还要注重服务对象能力的提升。强调服务对象能力的提升与注重服务对象需求是不冲突的，这跟社会工作助人自助的宗旨是一致的。社区工作者在设计方案时要注意利用活动过程来让服务对象获得能力提升。

4. 注重资源整合与连接

服务对象问题的发生基本上都跟资源有关，社区工作者在活动方案设计时要调动一切可以利用的资源，联系相关部门，争取政策支持，发动社区各种组织（如志愿者组织），动员社区居民，共同参与到活动中来，为服务对象问题的解决提供可能。

二、社区社会救助服务活动方案设计的流程

1. 确定活动方案主题

社区工作者要掌握社区救助对象的基本情况，根据救助对象的需求设定活动方案主题。救助对象的情况可以从街道办事处、社区居委会等组织的相关统计记录中了解到，同时社区工作者在服务过程中也会发现潜在服务对象。对救助对象的基本情况进行分析，发现他们的共同需求后再来设定活动方案的主题。活动主题可以围绕低保制度服务、就业救助服务、临时救助服务等内容来设定。

2. 设计初步的活动方案

社区工作者在充分掌握救助对象的需求之后，经过综合分析，结合本社区现有的设施及社会资源设计出救助方案，包括活动主题、活动目标、活动内容、活动形式、活动所需物资、人员组织和培训、具体实施步骤、意外事故预防措施及注意事项等。

3. 确定活动方案

将初步设计的活动方案向有关机构工作人员、专家及社区居民代表做说明，征询其意见建议。根据咨询意见将初步设计的活动方案进行修改，调整不恰当的地方，形成最终的活动方案。

三、开展社区社会救助服务活动的技巧

开展社区社会救助服务活动的技巧

1. 提供具体服务

社区工作者在开展社会救助服务时要将解决服务对象的实际困难放在首位，如帮助寻找工作、进行职业培训、提供食物及临时住所等。需要注意的是，社区工作者要看服务对象是否真的有这方面的需求，以及服务对象是否愿意接受这样的帮助，同时要关注服务对象的

心理需求及心理变化。

2. 鼓励

鼓励是一种常用的支持方法，对于缺乏自信的服务对象来说非常有效。通过表扬和赞许的表达，可以让服务对象看到自己所取得的进步和成绩，可以很好地发掘服务对象的长处和潜能。需要注意的是，尽管服务对象的进步很小，也要毫不吝啬地加以肯定和鼓励，但鼓励时要避免使用一些含糊的、笼统的话，如"你真的很好""你变得很好"等，这样的话说多了可能会让服务对象觉得是敷衍或夸张。所以，鼓励一定要针对某些具体行为的改变或进步所进行的表扬和赞许。例如，"你今天看起来很精神嘛，走路都挺胸抬头的，我相信最近几个月的努力学习会有结果的，要对找工作有信心，加油！"

3. 情绪疏导

陷入各种困境的服务对象很容易受该情境影响形成不良情绪，如消沉、退缩、逃避等。服务对象的不良情绪会影响其对问题的客观分析，使简单问题复杂化或是陷入情绪困境。给予服务对象一个宣泄的机会，使其能够释放问题造成的不良情绪，服务对象可能会换一种视角客观地看待问题。社区工作者要在工作过程中构建一个安全、温暖、宽松、自由的环境，让服务对象自由地表达和宣泄自己被压抑的不良情绪，鼓励服务对象诉说他们经历的悲伤、恐惧、愤怒和紧张等情绪。

4. 观念澄清

服务对象对事件所持的看法和态度可能会影响问题的解决，所以对服务对象的观念进行澄清，改变其错误认知，也会促进服务对象问题的解决。在开展活动的过程中，社区工作者要利用对质、自我披露、总结、澄清等方式，帮助服务对象做自我反省，反思自己的态度、看法和思维方式，澄清、修正不合理信念，纠正其对现实的认识，改善自己的情感反应，形成更符合现实要求的逻辑思维。

5. 行为改变

改善服务对象的观念与认知，帮助其形成客观、合乎逻辑的认知可以培养服务对象重新开始的意愿，有助于服务对象行为的改变。社区工作者在活动开展的过程中，利用行为治疗的方法可以减少或消除服务对象的不良行为。行为治疗方法包括放松练习、系统脱敏、满灌疗法、厌恶疗法等，均可用于增加适应性行为。

6. 环境改善

"人在环境中"要求社区工作者不仅应着力于解决服务对象的问题，同时还要关注环境对人的影响。在活动开展过程中，社区工作者要通过增强服务对象的社会支持系统、整合社会资源、社会倡导等技巧去改善服务对象所在的环境。

> 典型案例

"暖冬行动——社区低保家庭慰问活动"方案

1. 活动名称：暖冬行动——社区低保家庭慰问活动。
2. 活动目的：了解社区低保家庭的基本状况，掌握不同家庭存在的具体需求，把慰问金及慰问物资及时发放到最困难的低保群众手中，为其送去关心与服务。
3. 活动参与对象：社区内的低保家庭。
4. 活动时间：2020年12月20日。
5. 活动程序：

时间	活动内容
2020年10月20日—11月20日	搜集社区低保家庭基本资料，整理并记录
2020年11月21日—12月1日	分析低保家庭的不同需求状况，尤其是社区中的特困户群体的需求状况
2020年12月2日—12月19日	制定慰问金及慰问物资发放标准，筹集资金及物资
2020年12月20日	入户慰问，将慰问金及慰问物资发送到低保家庭中，通过访谈了解其在生活、学习、工作等方面存在的其他需求，并做记录
2020年12月21日—12月31日	整理分析访谈内容，对低保家庭存在的特殊困难进行讨论分析，对需要进一步跟进的低保家庭做服务计划，总结评估慰问过程

6. 经费预算（略）。
7. 活动总结及评估。活动结束时，社区工作者可采用过程评估和结果评估的方法评估整个慰问过程，包括活动方案设计的合理性、慰问金及慰问物资发放标准的科学性、入户慰问中专业方法的使用合理性、慰问效果等方面的评估，总结评价活动的意义、成功之处与不足之处，以了解服务对象对本次活动的满意度，并供下次活动借鉴。

> 拓展阅读

促进社会力量参与　构建综合救助格局

2020年8月，中共中央办公厅、国务院办公厅印发了《关于改革完善社会救助制度的意见》，并发出通知，要求各地区各部门结合实际认真贯彻落实。计划用2年左右时间，健全分层分类、城乡统筹的中国特色社会救助体系。到2035年，实现社会救助事业高质量发展，改革发展成果更多更公平惠及困难群众，民生兜底保障安全网密实牢靠，总体适应基本实现社会主义现代化的宏伟目标。其中，从四个方面提出要促进社会力量参与构建综合救助格局。

（1）发展慈善事业。鼓励支持自然人、法人及其他组织以捐赠财产、设立项目、提供服务等方式，自愿开展慈善帮扶活动。动员引导慈善组织加大社会救助方面支出。按照有关规定，对参与社会救助的慈善组织给予税收优惠、费用减免等，有突出表现的给予表彰。建立政府救助与慈善救助衔接机制。加强对慈善组织和互联网公开募捐信息平台的监管，对互联网慈善进行有效引导和规范，推进信息公开，防止诈捐、骗捐。

（2）引导社会工作专业力量参与社会救助。通过购买服务、开发岗位、政策引导、提供工作场所、设立基层社工站等方式，鼓励社会工作服务机构和社会工作者协助社会救助部门开展家庭经济状况调查评估、建档访视、需求分析等事务，并为救助对象提供心理疏导、资源链接、能力提升、社会融入等服务。鼓励引导以社会救助为主的服务机构按一定比例设置社会工作专业岗位。

（3）促进社会救助领域志愿服务发展。支持引导志愿服务组织、社会爱心人士开展扶贫济困志愿服务。加强社会救助志愿服务制度建设，积极发挥志愿服务在汇聚社会资源、帮扶困难群众、保护弱势群体、传递社会关爱等方面的作用。

（4）推进政府购买社会救助服务。进一步完善政府购买社会救助服务政策措施，鼓励社会力量和市场主体参与社会救助，扩大社会救助服务供给。制定政府购买社会救助服务清单，规范购买流程，加强监督评估。政府购买社会救助服务所需经费从已有社会救助工作经费或困难群众救助补助资金等社会救助专项经费中列支。

课后作业

一、不定项选择题

1. 以下属于我国社会保障制度的主要内容的有（　　）。
   A. 社会保险　　B. 社会救助　　C. 社会福利　　D. 社会优抚
2. 下列关于社区社会保障服务描述正确的是（　　）。
   A. 社区社会保障服务的直接目的是保障社区居民的基本生活权利和需求
   B. 社区社会保障服务都是实质性的
   C. 开展社区社会保障服务的依据是国家的社会保障制度
   D. 社区社会保障服务的对象是社区居民
3. 以下不属于社区社会保障服务特征的是（　　）。
   A. 服务性　　B. 救困性　　C. 营利性　　D. 福利性
4. 社区社会保障服务的方法包括（　　）。
   A. 个案工作　　B. 小组工作　　C. 社区工作　　D. 社会工作行政

二、简答题

1. 简述社区社会保障服务的含义。
2. 简述社区社会保障服务的主要内容。
3. 简述社区社会保障服务的特征。

三、实训题

任务描述:将学生分成小组,以小组为单位选择某社区,对该社区的低保对象进行调研(包括低保对象的规模、特点及需求),并采用社会工作的方法提供服务。

任务引导:

1. 通过与该社区的居委会建立联系,了解该社区低保对象的基本情况、具体特点以及需求。

2. 以调研报告为依据,设计一份针对该社区低保对象的服务方案,方案应详细具体,具有可操作性。

3. 实施服务方案,组织开展具体的社区社会救助服务活动,包括活动前期的准备、活动的实施以及活动后的评估。

参考文献

[1] 王思斌. 社会工作概论 [M]. 3 版. 北京：高等教育出版社，2014.

[2] 刘静林，张蕾. 社区服务 [M]. 北京：中国轻工业出版社，2005.

[3] 王红阳，杜丹. 社区服务 [M]. 北京：机械工业出版社，2012.

[4] 高桂贤，廖敏. 社区服务 [M]. 2 版. 北京：电子工业出版社，2015.

[5] 陈云山. 社区服务 [M]. 北京：中国人民大学出版社，2011.

[6] 王小丽，沈菊. 社区建设理论与实务 [M]. 北京：机械工业出版社，2017.

[7] 李笑. 社区建设与管理实务 [M]. 北京：经济管理出版社，2014.

[8] 包红霏. 社区建设与管理 [M]. 大连：大连理工大学出版社，2012.

[9] 牟光远. 天津市社区工作者队伍建设的对策研究 [D]. 天津：天津大学管理学院，2010.

[10] 王世强. 社区服务项目设计（修订版）[M]. 北京：中国社会出版社，2018.

[11] 夏建中. 社区工作 [M]. 3 版. 北京：中国人民大学出版社，2015.

[12] 杨雅厦. 智慧社区建设对公共服务供给模式的变革及其优化研究 [J]. 中国行政管理，2018（11）：153-155.

[13] 中国标准出版社第六编辑室. 社区服务及相关标准汇编 [M]. 北京：中国标准出版社，2010.

[14] 沙平. 青少年社会工作基本技巧 [M]. 赵凌云，陈元元，译. 上海：华东理工大学出版社，2015.

[15] 陆士桢，王玥. 青少年社会工作 [M]. 3 版. 北京：社会科学文献出版社，2017.

[16] 卢玮，及晓涵，马玉，等. 青少年事务社会工作方法与实务 [M]. 北京：社会科学文献出版社，2018.

[17] 邬沧萍. 社会老年学 [M]. 北京：中国人民大学出版社，1999.

[18] 梅陈玉婵，齐铱，徐永德. 老年社会工作 [M]. 上海：格致出版社，2009.

[19] 汪晓鸣. 居家养老：如何在社区和家庭照护老人 [M]. 北京：中国劳动社会保障出版社，2013.

[20] 陈元刚. 我国城镇社区养老服务体系构建研究 [M]. 北京：光明日报出版社，2016.

[21] 李小鹰，何仲. 社区养老服务指导 [M]. 北京：人民卫生出版社，2018.

[22] 王伟进. 中国社区养老的实践探索与整合发展路径 [M]. 北京：社会科学文献出版社，2019.

[23] 隋玉杰. 老年人社区社会服务综合评估工具考量因素研究 [J]. 社会建设，2014，1（2）：11-12.

[24] 蔡立. 妇女社会工作实务 [M]. 北京：社会科学文献出版社，2009.

[25] 闫广芬. 妇女社会工作 [M]. 天津：天津大学出版社，2010.

[26] 江苏省妇女联合会. 妇女儿童家庭社会工作实务案例 [M]. 北京：中国人民大学出版社，2013.

[27] 全国妇联国际部. 妇女之家服务指南 [M]. 北京：中国妇女出版社，2014.

[28] 刘蔚玮，曹国慧. 妇女社会工作案例评析 [M]. 北京：中国社会出版社，2017.

[29] 周沛，曲绍旭，张春娟，等. 残疾人社会工作 [M]. 北京：社会科学文献出版社，2012.

[30] 王辅贤. 残疾人社会工作 [M]. 北京：北京大学出版社，2017.

[31] 赵芳. 社会工作伦理：理论与实务 [M]. 北京：社会科学文献出版社，2016.

[32] 杨福义，张福娟，章淼榕. 缺失与重塑：残疾人社会工作案例研究 [M]. 上海：华东理工大学出版社，2017.

[33] 中华人民共和国国务院新闻办公室. 平等、参与、共享：新中国残疾人权益保障70年 [M]. 北京：人民出版社，2019.

[34] 张昱. 社区矫正社会工作案例评析 [M]. 上海：华东理工大学出版社，2013.

[35] 范燕宁，谢谦宇，罗玲，等. 社区矫正社会工作 [M]. 北京：中国人民公安大学出版社，2015.

[36] 马辉，张文彪. 社区矫正实务 [M]. 北京：中国政法大学出版社，2015.

[37] 王丹丹，黎键. 社区矫正社会工作服务指南 [M]. 北京：中国社会出版社，2017.

[38] 全国社会工作者职业水平考试教材编写组. 社会工作实务：中级 [M]. 8版. 北京：中国社会出版社，2019.

[39] 李真. 从微观到宏观：流动人口社会工作服务项目案例集 [M]. 北京：中国社会出版社，2017.

[40] 范明林，林德立. 社会工作实务：过程、方法和技巧 [M]. 北京：社会科学文献出版社，2018.

[41] 杨伟民. 社会政策导论 [M]. 3版. 北京：中国人民大学出版社，2019.

[42] 刘晓梅，邵文娟. 社会保障学 [M]. 2版. 北京：清华大学出版社，2018.

[43] 孙光德，董克用. 社会保障概论 [M]. 6版. 北京：中国人民大学出版社，2019.

[44] 郑功成. 社会保障概论 [M]. 上海：复旦大学出版社，2018.